Mit den Menschen leben

Leopold Städtler
Ein Zeitzeuge

MICHAELA SOHN-KRONTHALER / MARKUS ZIMMERMANN

Mit den Menschen leben

Leopold Städtler
Ein Zeitzeuge

INHALT

JUGEND- UND STUDIENJAHRE:
IN SCHWIERIGEN ZEITEN DURCH VORBILDER GEPRÄGT

IN DER PFARRSEELSORGE:
MIT DEN MENSCHEN LEBEN

ALS GENERALVIKAR:
NEUE WEGE FÜR DIE STEIRISCHE KIRCHE BESCHREITEN

IM RUHESTAND:
ZURÜCKBLICKEN UND AKTIV BLEIBEN

Vorwort der Autoren

Mit dem vorliegenden Band werden Person und Wirken von Leopold Städtler, dem früheren Generalvikar der Diözese Graz-Seckau, beleuchtet. Der 1925 Geborene erlebte in seiner Kindheit und Jugend die Steiermark während der Ersten Republik und der nationalsozialistischen Diktatur, sodann als junger Soldat den Zweiten Weltkrieg. 1950 zum Priester geweiht, lernte er in seinen Kaplansjahren die Spiritualität der Katholischen Arbeiterjugend kennen. Städtler gestaltete als Arbeiterseelsorger, Pfarrer und Verantwortungsträger die Entwicklung der Diözese Graz-Seckau vor und nach dem Zweiten Vatikanischen Konzil (1962–1965) entscheidend mit und beschritt neue Wege in der Seelsorge. Er agierte als Brückenbauer im Dialog zwischen Kirche und Arbeiterschaft. Diese Publikation dokumentiert Erinnerungen eines fast 100-jährigen Zeitzeugen, eingebettet in den historischen und kirchlichen Kontext.

Nachdem von uns die Anregung von Pfarrer Matthias Keil und Kaplan Dominik Wagner aufgegriffen worden war, Lebenserinnerungen von Prälat Städtler der Öffentlichkeit zugänglich zu machen, erwuchs diese eigenständige Publikation, welche die ursprüngliche Idee an Umfang, Inhalt und Gestaltung bei Weitem übersteigt. Parallel dazu entstand ein von Kaplan Wagner betreutes Audioprojekt. Herbert Meßner, Chefredakteur des „Sonntagsblattes für Steiermark", führte im Jänner 2021 auf unsere Bitte hin Interviews mit Leopold Städtler. Diese bildeten eine wertvolle Quelle sowohl für die vorliegende biografische Publikation als auch für das Audioprojekt, durch das ausgewählte Interviewpassagen mit einem QR-Code im Buchinneren als Podcast abgerufen werden können. Daher ist Pfarrer Keil und Kaplan Wagner für deren Initiative sowie Herrn Chefredakteur Meßner für die Interviewführung besonders zu danken.

Diese Veröffentlichung wendet sich an ein größeres Lesepublikum, ohne auf einen wissenschaftlichen Anspruch zu verzichten. Die Literaturhinweise sind auf das Nötigste beschränkt. Mit den Darlegungen ist zugleich eine große Anzahl an prosopografischen Informationen verbunden, welche für die Erforschung der jüngeren Diözesangeschichte dienlich sein mögen. Wir waren bemüht, die erwähnten Personen bei der Erstnennung möglichst kurzbiografisch zu erfassen. Weiters zeichnet sich diese Publikation durch teilweise unveröffentlichtes Bildmaterial aus, wobei die auf den Fotografien abgebildeten Personen weitgehend identifiziert werden konnten.

Als Autoren danken wir in erster Linie Prälat Leopold Städtler, der uns in zahlreichen Gesprächen für Fragen und Auskünfte zur Verfügung stand und uns den Zugang zu seinem Privatarchiv ermöglichte. Nicht wenige der in diesem Band abgedruckten Fotografien kommen aus seiner umfangreichen, die gesamte Lebenszeit umfassenden privaten Fotosammlung, die er uns zur Publizierung überließ. Ein Teil der Fotoaufnahmen, vor allem aus seiner jüngeren Lebensphase, stammt von ihm selbst. Mit seiner Hilfe konnten viele Personen auf den Abbildungen zugeordnet und namentlich erfasst werden, um diese der Vergessenheit zu entreißen. Die Begegnungen mit Leopold Städtler waren für uns Autoren stets eine große Bereicherung, menschlich wie inhaltlich. Jedes Mal überraschte er uns aufs Neue mit seiner Gabe, erlebte Geschichte fesselnd zu erzählen.

Eine von Wertschätzung getragene persönliche Beziehung zu Leopold Städtler kennzeichnet die Grußworte von Diözesanbischof Wilhelm Krautwaschl, Landeshauptmann a. D. Hermann Schützenhöfer und Landeshauptmann-Stellvertreter a. D. Peter Schachner-Blazizek.

Die Katholischer Medien Verein Privatstiftung und die Diözese Graz-Seckau ermöglichten die Drucklegung. In besonderer Weise ist daher dem Vorsitzenden Othmar Ederer und Bischof Wilhelm Krautwaschl zu danken, ebenso Pfarrer Keil für seine Bemühungen um die Finanzierung des Drucks. Danken möchten wir auch Matthias Opis, Geschäftsführer und Verlagsleiter der Styria Buchverlage, Herstellungsleiterin Maria Schuster sowie Burghard List für die grafische Gestaltung.

Für das Korrekturlesen der Druckfahnen und für manche Hinweise sei herzlich Chefredakteur Herbert Meßner und Professor Andreas Sohn, Universität Sorbonne Paris Nord, gedankt. Wir durften Fotografien aus dem Bildarchiv des Sonntagsblattes zur Veröffentlichung verwenden, für deren Bereitstellung danken wir Gerd Neuhold sehr. Dem Diözesanarchiv Graz-Seckau mit seinem Leiter Matthias Perstling und den Mitarbeitern Norbert Allmer, Heidrun Boshoff und Claudia Glößl gebührt Dank für deren Hilfeleistungen, in gleicher Weise den Mitgliedern des Grazer Instituts für Kirchengeschichte und Kirchliche Zeitgeschichte, Christine Schönhuber, Michaela Wieser, Christof Müller und Adelheid Saringer.

Graz, im Juli 2022
Michaela Sohn-Kronthaler und *Markus Zimmermann*

Grußwort

Diözesanbischof *Dr. Wilhelm Krautwaschl*

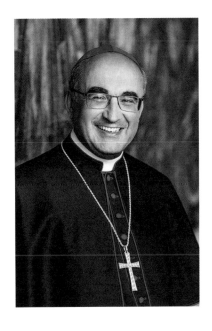

Die jüngere Kirchengeschichte der Steiermark ist reich an großen Persönlichkeiten. Als eine von ihnen darf Leopold Städtler, ein echter Steirer, bezeichnet werden, der, aus bescheidenen Verhältnissen stammend, wie sein Bruder Hannes der priesterlichen Berufung in der Diözese Graz-Seckau folgte. Auf seinem Weg erlebte jener, 1925 in Ligist geboren, die hellen und dunklen Phasen des 20. und beginnenden 21. Jahrhunderts: als Kind und Jugendlicher die Zeit der Ersten Republik und des grausamen NS-Regimes nach der Angliederung Österreichs an das Dritte Reich, verbunden mit der Unterdrückung des kirchlichen Lebens und der Judenverfolgung, als Maturant und als Soldat den Zweiten Weltkrieg, als Student und Kaplan die Jahre des Wiederaufbaus in der Zweiten Republik und als Pfarrer, Personalreferent und vor allem als Generalvikar die nachfolgenden Jahrzehnte eines deutlichen kirchlichen und gesellschaftlichen Wandels, in denen er gestalterisch gewirkt hat.

Alle diese Zeiten hat Leopold Städtler aus seinem christlichen Glauben zu bewältigen versucht. Was ihn auszeichnet, wurde immer wieder in seinen verschiedenen Ämtern und an seinen Wirkungsstätten spürbar und sichtbar: eine echte Dialogbereitschaft, eine tiefe Annahme der Gläubigen in ihren jeweiligen Lebenssituationen, ein authentisches Bezeugen der Liebe und Zuwendung Gottes zu den Menschen, verbunden mit persönlicher Bescheidenheit.

Als Kaplan in Mureck, Murau, Fohnsdorf und Judenburg und als Pfarrer der von ihm aufgebauten Pfarre Judenburg-St. Magdalena gelang es ihm, durch seine Menschennähe, durch Offenheit und Weite gegenüber Andersdenkenden Missverständnisse und Spannungen zwischen Kirche und Arbeiterschaft zu überwinden und neue Wege der Seelsorge zu beschreiten. Das Zweite Vatikanische Konzil wurde für ihn zur Bestärkung und Ermutigung sowie Leitlinie seines seelsorglichen Handelns.

Schon 1970 holte ihn Diözesanbischof Johann Weber für die Organisation der Diözese in das Ordinariat. Es war keine Überraschung, dass dieser ihn dann am 1. September 1976 zu seinem Generalvikar berief und damit zu seinem *alter ego* machte. Beide fanden zu einer vertrauensvollen, harmonischen und wirkungsvollen Zusammenarbeit zum Wohle der Menschen in der Steiermark, auch in Krisenzeiten. Viele Neuerungen wurden in diesen Jahrzehnten in unserer Diözese umgesetzt, um so den Gegebenheiten und dem Strukturwandel gerecht zu werden. Kirchlich-religiöse Großereignisse, wie der Steirische Katholikentag 1981 oder der Tag der Steiermark 1993, haben sich ins Gedächtnis vieler Steirerinnen und Steirer eingeschrieben.

Mit Altgeneralvikar Leopold Städtler verbinde ich so manche persönliche Erinnerung, sei es als Alumne des Grazer Priesterseminars, sei es als Kaplan und Pfarrer. Zwei Kleinigkeiten seien hier erwähnt. Während des Pfarrbefähigungskurses 1993 erinnerte er uns Kandidaten daran, dass wir Pfarrer würden in einer Zeit, in der die Notwendigkeit des Miteinanders in der Gesellschaft unter den Verantwortungsträgern schwinden würde, und mahnte uns an, dies beharrlich in Erinnerung zu rufen. Wie wahr! Und in einem Seitengespräch gab er zum Besten, dass er nach etwa zehn Jahren als Generalvikar dem Bischof gegenüber freudig festzustellen meinte: „In diesen Jahren habe ich, so glaube ich, alles Mögliche zumindest einmal erlebt." Er hielt kurz inne und ergänzte: „Ich machte die Entdeckung: Diese Einschätzung war weit gefehlt!" Wie wahr!

Mein großer Dank gilt zunächst meinem priesterlichen Mitbruder Leopold Städtler, der seinen 97. Geburtstag und den 72. Jahrestag seiner Priesterweihe im Jahr 2022 beging. Ich möchte ihm herzlich danken für seine Treue zur Kirche und für seinen langjährigen Dienst in der Diözese Graz-Seckau, ebenso für seine Bereitschaft, den Leserinnen und Lesern dieses Buches seine Erfahrungen und Erinnerungen als Zeitzeuge von beinahe 100 Jahren erlebter Kirchengeschichte mitzuteilen und auf diese Weise viele Menschen an seinem Leben Anteil nehmen zu lassen.

Ebenso danke ich sehr der Kirchenhistorikerin Professorin Dr. Michaela Sohn-Kronthaler, Leiterin des Instituts für Kirchengeschichte und Kirchliche Zeitgeschichte an der Katholisch-Theologischen Fakultät der Universität Graz, die anhand vieler Gespräche mit Leopold Städtler diese Publikation mit ihrem Mitarbeiter Univ.-Ass. MMag. Markus Zimmermann verfasst hat. Als Autoren haben sie, von den wertvollen Selbstzeugnissen Leopold Städtlers ausgehend, die Geschichte unserer Diözese kenntnisreich erhellt und mit aufschlussreichen, teilweise hier erstmals publizierten Fotos versehen.

Ein herzliches „Vergelt's Gott" allen Beteiligten für dieses Buch, das eine schöne und wertvolle Bereicherung der Veröffentlichungen zur Diözesangeschichte darstellt und dem ich viele Leserinnen und Leser wünsche.

Dr. Wilhelm Krautwaschl
Diözesanbischof von Graz-Seckau

Grußwort

Landeshauptmann a. D. *Hermann Schützenhöfer*

Liebe Leserinnen und Leser!

Mit Leopold Städtler begeht im Jahr 2022 eine für die Steiermark überaus prägende Priesterpersönlichkeit nicht nur den 97. Geburtstag, sondern auch den 72. Jahrestag der Priesterweihe. Als sogenannter „Industriepfarrer" gelang es ihm etwa, die Kluft zwischen der Welt der Arbeiter und der Kirche zu überwinden oder auch den Bereich „Kirche und Kunst" neu zu beleben. Es sind nur wenige Beispiele, die die Vielfalt seines seelsorglichen Wirkens widerspiegeln. Für mich ist Leopold Städtler neben seinem Einsatz und den großen Verdiensten in der Diözese aber vor allem: Ein Wegbegleiter! Mein Bundesbruder! Ein treuer Freund! Eine Seele von Mensch!

In einem Interview im Jahr 2016 sagte er einmal: „Ich weiß nur, dass der liebe Gott mit uns ein ziemliches Risiko eingegangen ist und uns allerhand zutraut. Ich kann nur an die große Barmherzigkeit Gottes glauben, die er hoffentlich auch mit mir hat. Ich kann nur glauben, mehr kann ich nicht." Dieser Satz ist mir gut in Erinnerung geblieben, weil er, wie ich finde, die gedankliche DNA von Leopold Städtler – den Grund, der ihn antreibt – in einer sehr scharfsinnigen Form äußert. Es sind seine menschliche Geradlinigkeit und die Suche und Offenheit gegenüber Andersdenkenden, die ihn als Menschen und Priester auszeichnen. Er ist ein Priester, dessen Platz bei den Menschen ist. Ein Priester, der bei den Menschen einen Gesinnungswandel in der Wertschätzung der Kirche erreicht. Einer, mit dem die Menschen reden können, der ihre Sorgen und Nöte wahrnimmt.

Das sind einige seiner Eigenschaften, die ihn seit der Priesterweihe am 2. Juli 1950 so vieles erreichen ließen – vom Aufbau der Kirche und Seelsorge in Judenburg-St. Magdalena bis zu seinem langjährigen Wirken als rechte Hand des verstorbenen Altbischofs Johann Weber als Generalvikar der Diözese. Seine Fähigkeit, den Weg aufzuzeigen und Lösungen zu finden, hat ihn abseits seines Schaffens in der Diözese aber ebenfalls hoch hinaufgebracht – oder besser gesagt: hohe Gipfel besteigen lassen. Leopold Städtlers große Begeisterung gehört den hohen Bergen. Es gibt kaum einen Gipfel in Europa, den er nicht erklommen hat. In seinen akribischen Aufzeichnungen, die er über jede einzelne

Tour führt, von der Route bis zum Wetter, sind auch über 300 Dreitausender zu finden. Den Naturmenschen Leopold Städtler, den es auch heute noch gerne in die Berge zieht, habe ich bei den traditionellen „Priesterwanderungen", die wir seit seinem 80er jährlich machen, erlebt und sein Wissen um die Landschaft schätzen gelernt. Die Erstellung der Route für die Priesterwanderungen hat Leopold Städtler Jahr für Jahr vorgenommen. Auch für 2022.

Die vorangegangenen Zeilen sind nur ein kurzer Abriss dessen, was die Persönlichkeit Leopold Städtlers ausmacht. Leopold Städtler hat „den Mut zum Aufbruch, die Ausdauer auf dem Weg und den Blick auf das Ziel", um es in den treffenden Worten von Herbert Meßner zu sagen. An dieser Stelle möchte ich mich bei all jenen bedanken, die zum Gelingen der vorliegenden Publikation und Erstellung dieser wichtigen zeitgeschichtlichen Dokumentation beigetragen haben. Sie zeigt den Unterschied zwischen den langen Wegen, die Leopold Städtler in der Natur geht, und den kurzen Wegen, die er zu den Menschen pflegt.

Ein steirisches „Glück auf!"

Hermann Schützenhöfer
Landeshauptmann a. D. der Steiermark

Grußwort

Landeshauptmann-Stellvertreter a. D. *Univ.-Prof. DDr. Peter Schachner-Blazizek*

Es gibt Menschen, die man besonders gerne haben muss. Leopold Städtler, der hohe kirchliche Amtsträger, der verehrte Priester und einfühlsame Seelsorger, fügt sich in diese Reihe von Persönlichkeiten ein.

Wir sind seit Jahrzehnten einander herzlich verbunden.

In den vielen Gesprächen, die wir bis heute immer wieder, ab und zu auch unter Einbeziehung von Freunden, wie dem leider bereits verstorbenen Univ.-Prof. Dr. Johann Trummer, geführt haben und führen, spannt sich der Bogen von Glaubensfragen und Theologie, Geschichte, Kirche und Staat, Demokratie und Gesellschaft bis hin zu persönlich prägenden Erlebnissen.

Es eint uns die Erkenntnis, dass unser postmodernes Leben, so wie es sich ausformte im Menschsein, eine Lücke hinterlässt, die Glaube und Hoffnung zu schließen vermögen.

Auch das Staatliche bedarf dieser Untermauerung, denn Demokratie ist umfassend gedacht Ordnungsfindung der Freiheit, dies auch deswegen, um Beliebigkeiten einzudämmen. Demokratie lebt dabei von der Auseinandersetzung mit verschiedensten Ideen, um einen gemeinsamen besten Weg zu finden, und sie bedarf dazu einer ausgewogenen Streitkultur. Die Stärke dieser Staatsform, der wir uns verpflichtet fühlen, liegt in der Zusammenführung von Menschen und der Ermöglichung von Zusammenhalt anstelle von Spaltung.

Ein Tag der dauerhaften und berührenden Erinnerung für uns beide ist der Besuch bei dem überaus geschätzten und beliebten Altbischof Johann Weber kurz vor seinem Tod. Er gewährte uns eine überlange Besuchszeit und erzählte tiefgründig über sein Leben und seine Berufung. Auch das besonders vertrauensvolle Verhältnis zwischen dem Altbischof und dem Altgeneralvikar prägte dieses Zusammentreffen.

In der Vergangenheit hat uns auch Profaneres zusammengeführt. Die Bau- und Sanierungsaufgaben der kirchlichen Kulturgüter sind auch zutiefst gesellschaftliche und damit politische Anliegen. Prälat Städtler hat sich als Generalvikar durch Organisationstalent, Verständnis, Geschick und Umsicht in der Realisierung zeitlose Verdienste erworben.

Schließlich: Der liebenswerte Mensch und Priester hat durch seinen persönlichen Einsatz, seine Gesprächs- und Hilfsbereitschaft und Offenheit die Arbeiterschaft seiner Pfarre in Judenburg für die Kirche gewinnen können und die tiefen Verstörungen der Vergangenheit eingeebnet. Die Aussöhnung zwischen Kirche und Sozialdemokratie musste auf dieser Ebene gelingen, um tragend zu werden, auch wenn dies von höchsten Amtsträgern und Entscheidern auf beiden Seiten schon erwünscht war.

Leopold Städtler hat in seinem langen Leben einer schwer geprüften Generation mit Kriegen und politischen Verwerfungen alles Gute an Menschlichkeit bis in bessere Zeiten und bis heute verinnerlicht und verwirklicht. Meine gesamte Familie ist ihm für sein Wirken dankbar.

Ich freue mich auf unsere nächste Zusammenkunft.

Univ.-Prof. i. R. DDr. Peter Schachner-Blazizek
Landeshauptmann-Stellvertreter a. D. der Steiermark

JUGEND- UND STUDIENJAHRE:

IN SCHWIERIGEN ZEITEN DURCH VORBILDER GEPRÄGT

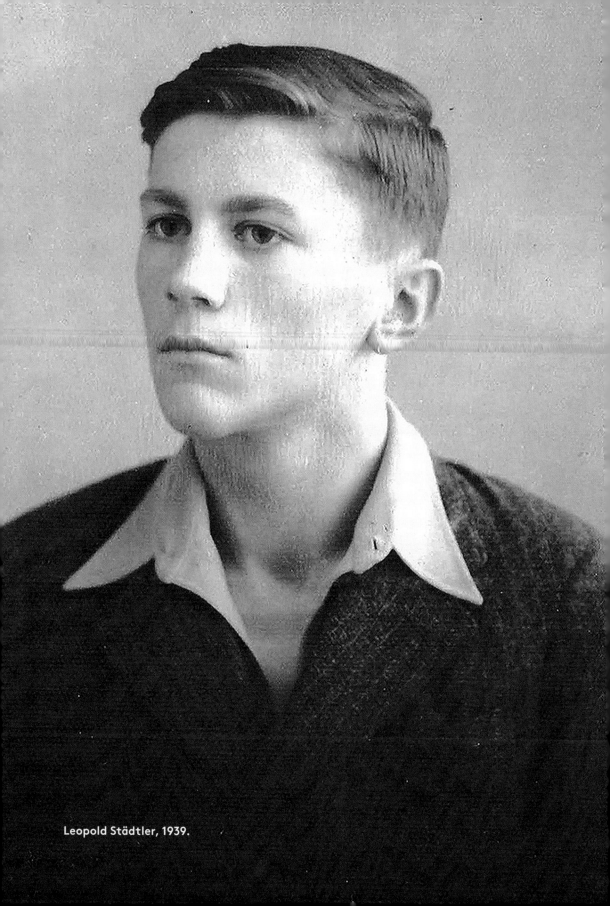

Leopold Städtler, 1939.

Familiäre Herkunft

Leopold Städtler erblickte am 23. April 1925, einem Donnerstag, in seinem Heimathaus in Ligist Nr. 3 das Licht der Welt.[1] In den Ort, der im weststeirischen Hügelland liegt, waren seine Eltern während des Ersten Weltkrieges im Jahre 1917 gezogen.

Drei Tage nach der Geburt wurde der Neugeborene in die Pfarrkirche zur heiligen Katharina in Ligist gebracht und dort von Kaplan Josef Friedrich (1897–1954)[2] auf die Namen Leopold Norbert getauft. Das Patenamt übernahm eine Verwandte des Vaters, nämlich Apollonia Pfeifer (1903–1969)[3], geborene König, aus Hinteregg bei Pöllau.

Leopold Städtler als Baby, 1925.

Leopold hatte einen um fünfeinhalb Jahre älteren Bruder namens Johannes. Dieser wurde am 13. Dezember 1919 nachmittags im Ligister Heimathaus geboren und ebenso drei Tage später vom damaligen Kaplan Franz Tonitz (1882–1945)[4], dem späteren Pfarrer von St. Martin im Sulmtale, getauft. Die Taufpatin war Antonia Heiling (1889–1982)[5], eine jüngere Schwester der Mutter.[6]

Die Eltern von Leopold und Johannes Städtler stammten aus einfachen bäuerlichen Verhältnissen. Ursprünglich kamen beide aus dem Pöllauertal in der Oststeiermark, wo noch heute viele entfernte Verwandte leben. Der gleichnamige Vater Leopold Städtler[7], geboren am 6. November 1882 in Winkl 38, einem Ortsteil von Pöllau, als Sohn des Leopold und der Maria Städtler, musste zu Beginn des Ersten Weltkrieges als Soldat einrücken und wurde dem k. u. k. Infanterieregiment Nr. 27 „Albert I. König der Belgier" zugeteilt. Recht bald nach Kriegsbeginn, bei einem Fronteinsatz in Galizien, erlitt er durch einen Ober- und Unterkieferdurchschuss schwere Verwundungen. Es folgten drei Jahre Aufenthalt in verschiedenen Lazaretten, zuletzt in Klosterneuburg.

Noch während des Krieges ehelichte der damals 35-jährige Leopold Städtler am 16. April 1917 die 33-jährige Maria Heiling in der Pfarrkirche Pöllau.[8] Die Braut wohnte in der gleichen Ortschaft wie ihr Bräutigam. Diese hatte als Kind des Bauern und späteren Gastwirts Johann Heiling und dessen Ehefrau Maria am 13. Dezember 1885 in Winkl 47 das Licht der Welt erblickt.[9] Sie war wie ihr Bräutigam in der Pfarrkirche

Erstkommunionandenken von Maria Heiling, 1896.

Eheschließung der Eltern Leopold und Maria Städtler in Pöllau, 1917.

Pöllau getauft worden und hatte dort auch die erste heilige Kommunion empfangen. Zum Zeitpunkt der Hochzeit von Leopold und Maria waren ihre jeweiligen Eltern bereits verstorben.

Dem ehemaligen Soldaten und Bräutigam Leopold Städtler stand aufgrund einer schweren Kriegsverletzung, unter welcher er Zeit seines Lebens leiden musste,[10] nach dem Gesetz die Führung einer Tabak-Trafik zu. Da zum damaligen Zeitpunkt nur jene in Ligist frei war, zog das frisch vermählte Ehepaar in die Weststeiermark. Dieses kaufte im Jahre 1917 die Liegenschaft Ligist Nr. 3 am Ortseingang, das Gasthaus Eckwirt, vormals Teichwirt[11], in der Nähe des Lederer-Teiches mit einer dazugehörigen Tabak-Trafik. Die kleine Landwirtschaft von etwa eineinhalb Hektar mit einer Kuh, einem Schwein und einigen Hühnern reichte gerade für das Leben. Damit konnten sich die Eheleute mit den beiden Söhnen Johannes und Leopold selbst versorgen.

Anfang der 1920er Jahre zählte Ligist, das bereits im 15. Jahrhundert von Kaiser Friedrich III. zum Markt erhoben worden war, etwa 2.400 Bewohnerinnen und Bewohner. Der Vater brachte sich in das örtliche Vereinsleben ein und war als Sanitäter bei der Freiwilligen Feuerwehr aktiv, die 1885 gegründet worden war.[12]

Ansichtskarte mit
der Ortsansicht von
Ligist, 1925.

Leopold Städtlers
Gastwirtschaft"
und „Tabak-Trafik",
um 1930.

50 Jahre Freiwillige
Feuerwehr Ligist
(1885–1935), 1935.
4. Reihe 1. v. l.:
Vater Leopold
Städtler.

Der im Alltag gelebte Glaube sowie die vorbildliche Religiosität der Eltern wurden lebensprägend für die beiden Städtler-Söhne. „Meine Eltern waren sehr einfache Leute. Beide waren aber sehr gläubig", so Leopold Städtler. Täglich wurde das Vaterunser in der Familie gebetet, am Samstagabend der Rosenkranz. Das Kreuzzeichen vor dem Schlafengehen war eine Selbstverständlichkeit.

Meine Eltern haben mein Leben durch ihr selbstverständliches christliches Lebensbeispiel sehr geprägt: Hatte Unwetter oder Hagel die karge Ernte vernichtet und wurde der Lebensunterhalt knapper, sie nahmen es an als Fügung Gottes. Reichte das Geld für das Studium nicht mehr (mein Bruder und ich waren im Bischöflichen Knabenseminar in Graz), dann verzichteten sie eben auf Dinge, die sie schon notwendig gebraucht hätten. Ihr eigenes Leben und ihre eigenen Bedürfnisse stellten sie immer hinten an.[13]

Nicht nur die Sonntagsmesse feierte die Familie in der Pfarrkirche mit, sondern auch die Gottesdienste an den kirchlichen Feiertagen sowie an den sogenannten „Bauernfeiertagen", die meist mit Prozessionen begangen wurden und für die ländliche Bevölkerung eine Unterbrechung des Arbeitsalltags darstellten. Mit Fackeln und Laternen besuchte man in der Adventzeit die Roraten, die vorweihnachtlichen Frühmessen. Zu Weihnachten gab es bereits einen mit Keksen und Äpfeln schlicht geschmückten Christbaum. Meist lagen darunter für den Lebensalltag „praktische" Geschenke, wie Fäustlinge oder etwas zum Anziehen.

Während der nationalsozialistischen Diktatur musste der Gasthausbetrieb der Eltern im Jahre 1943 eingestellt werden. 1962 verkauften Leopold und Maria Städtler den traditionsreichen Gasthof mit dem dazugehörigen Besitz, welchen die Familie Langmann (heutige Häuserzählung Ligist Nr. 7) erwarb. Das Ehepaar Städtler verließ den Ort, um zu ihrem Priestersohn Leopold nach Judenburg-St. Magdalena in den künftigen Pfarrhof zu übersiedeln.

Die Eltern von Leopold Städtler erreichten ein hohes Alter. Sie konnten sowohl ihr 40-jähriges Ehejubiläum in Mariazell als auch das 50-jährige in Judenburg begehen. Der Vater verstarb 88-jährig am 19. März 1970 in Judenburg und wurde auf dem dortigen Stadtfriedhof bestattet. Nach dem Tod ihres Ehemannes und der Übersiedelung von Leopold Städtler als Personalreferent im Bischöflichen Ordinariat nach Graz zog Maria Städtler in die Wohnung ihres Sohnes im Domherrenhof. Bis ins hohe Alter war die Mutter körperlich und geistig rüstig. Sie verstarb 94-jährig am 17. August 1979 in Graz und fand ihre letzte Ruhestätte im Familiengrab auf dem St.-Leonhard-Friedhof in Graz, wohin im Oktober desselben Jahres die sterblichen Überreste des Vaters überführt wurden.

Das Ehepaar Leopold und Maria Städtler, Anfang der 1960er Jahre.

Die „Priesteronkel" Anton und Rupert Städtler

Professor Dr. Anton Städtler, o. J.

Von väterlicher Seite hatten bereits zwei Cousins den Priesterberuf gewählt: Anton Städtler, geboren am 16. Jänner 1887 bei Koglhof[14], besuchte ab 1901 das Fürstbischöfliche Gymnasium in Graz, wo er 1909 mit Auszeichnung maturierte. Von 1909 bis 1913 studierte er Theologie an der Universität Graz. Nach seiner Priesterweihe im Grazer Dom im Jahre 1912 versah er zunächst den Kaplansdienst in Gamlitz. Ab 1914 war er als Präfekt (Erzieher) im Fürstbischöflichen Knabenseminar tätig. Er inskribierte mit Wintersemester dieses Jahres an der Philosophischen Fakultät und besuchte dort Vorlesungen und Übungen in Klassischer Philologie, Römischer Altertumskunde, Archäologie, Philosophie und Pädagogik. Seine Dissertation behandelte „Die politische Tendenz der vierten Satire des Aulus Persius Flaccus" und wurde von den Philologen Josef Mesk (1869–1946) und Richard C. Kukula (1857–1927) approbiert. Am 23. Mai 1918 wurde Anton Städtler zum Dr. phil. an der Karl-Franzens-Universität Graz promoviert.[15] Er unterrichtete Latein und Griechisch am Bischöflichen Gymnasium, wobei er den Ruf eines „strengen Professors" hatte, und wirkte am dortigen Knabenseminar, dessen Ökonom er ab 1922 bis zu seinem frühen Tod war. Leopold Städtler erinnert sich, dass „Onkel" Anton einmal im Jahr die Familie Städtler in Ligist besuchte und Orangen mitbrachte, was für die damalige Zeit und besonders für die Kinder nicht nur eine Freude, sondern etwas Außergewöhnliches war. Erst im 44. Lebensjahr stehend, verunglückte Anton Städtler am 4. Oktober 1930 tödlich bei einem Motorradunfall in der Grazer Grabenstraße.

Der zweite „Priesteronkel", Rupert Städtler, geboren am 8. August 1898 bei Koglhof,[16] war ein Halbbruder von Anton und wurde im Ersten Weltkrieg zum Kriegsdienst eingezogen. Nach Abschluss des Theologiestudiums in Graz empfing Rupert 1923 die Priesterweihe und versah den Kaplansdienst in Lang und Trautmannsdorf. Ab 1929 leitete er mit großer Freude als Provisor die Pfarre Donnersbachwald. Rupert Städtler, der auch die Jagd liebte, starb mit nur 37 Jahren am 16. September 1935 infolge langwieriger Lungenbeschwerden an Herzschwäche.[17]

Die „Priesteronkel" Anton und Rupert Städtler (vorne), o. J.

Besuch der Volksschule in Ligist (1931–1935)

Familie Städtler anlässlich der Firmung von Bruder Johannes. Dieser wurde am 19. Mai 1929 von Bischof Ferdinand Stanislaus Pawlikowski im Grazer Dom gefirmt.
V. l. n. r. Johannes, Vater Leopold Städtler, Mutter Maria Städtler, Leopold.

Von Ostern 1931, dem damaligen Beginn des Schuljahres, bis zum Sommer 1935 besuchte Leopold Städtler die örtliche Volksschule. Das Schulgebäude war im Jahr 1906 errichtet und sieben Jahre später durch einen Zubau erweitert worden. Die Volksschule in Ligist umfasste im Jahre 1933 fünf Klassen, darunter eine Parallelklasse. Eine weitere Volksschule bestand in Unterwald mit drei Klassen. An seine Schulzeit und an den Ablauf eines Schulalltags kann sich Leopold Städtler gut erinnern. Prägend für ihn war seine pädagogisch hervorragende Klassenlehrerin Johanna Brunner, die 1922/23 und von 1928 bis 1938 an der Volksschule Ligist wirkte.[18]

In der Volksschule waren wir 47 Schüler von der ersten Klasse weg. Der Schultag begann immer so: Man ist zuerst in die Kirche gegangen, dort war eine kleine Andacht. Manches Mal hat es sogar einen Gottesdienst gegeben. Dann sind wir gemeinsam von der Kirche hinunter ins Volksschulhaus gegangen. Dort hat um acht, viertel nach acht der Unterricht begonnen. Wir haben eine sehr gute Klassenlehrerin gehabt, Brunner hat sie geheißen, die hat sich wirklich um jeden einzelnen – so war mein Eindruck – bemüht. Wir haben ja wirklich sehr viel gelernt.

Wir haben jedenfalls alle gut lesen, schreiben und rechnen können, und der Religionsunterricht durch die Kapläne war eine selbstverständliche Sache.

Während der Volksschulzeit von Leopold Städtler unterrichtete Franz Eibel (1904–1934), der von 1930 bis 1933 Kaplan in Ligist war und sich besonders eifrig im kirchlichen Leben engagierte, das Fach Religion. Eibel wechselte 1933 als Arbeiterkaplan nach Kapfenberg-St. Oswald. Dort wurde er am 24. Juni 1934 Opfer eines nationalsozialistischen Bombenattentates. Auf ihn folgten in Ligist Julius Spann (1905–1992)[19], der dort nur für ein Jahr verblieb, sowie Franz Fastl (1910–1987)[20].

1. Klasse der Volksschule in Ligist, 1932.
Lehrpersonen stehend: Klassenlehrerin Johanna Brunner (2. v. l.), provisorischer Schulleiter Robert Salkowitsch[21] (3. v. l.), Kaplan Franz Eibel (rechts); letzte Reihe 2. v. r.: Leopold Städtler.

Jährlich wurde vom Dechanten von Voitsberg eine Schulvisitation durchgeführt:

Einmal im Jahr ist der Herr Kreisdechant Richteritsch [Johann Richteritsch (1887–1948)[22]] von Voitsberg zur Schulvisitation gekommen. Er wurde mit einer Kalesche in Krottendorf vom Zug abgeholt und nach Ligist hineingeführt. Am Ortsanfang, wo die Ortstafel war, wurde er dann von der Musik empfangen. Das war was: ein würdiger, etwas beleibter Herr. Verstanden haben wir zwar gar nichts von dem, was er uns in der Schule gesagt hat, aber jedes Jahr ist er einmal in der Schule gewesen.

Leopold Städtler feierte seine Erstkommunion im Jahre 1932 am Weißen Sonntag in der Pfarrkirche St. Katharina zu Ligist. Auf dieses besondere Ereignis freute er sich ebenso wie auf den Kakao und den Gugelhupf, der nach der Feier den Erstkommunionkindern im Speisezimmer des Pfarrhofs serviert wurde. Bereits ein Jahr später wurde der erst Achtjährige am 3. Juni 1933 im Grazer Dom durch Fürstbischof Ferdinand Stanislaus Pawlikowski (1877–1956) gefirmt.[23] Pawlikowski war überhaupt der erste Weihbischof und der erste Diözesanbischof (Graz-)Seckaus[24], der vom Heiligen Stuhl ernannt wurde. Er war auf Leopold Schuster (1842–1927)[25] gefolgt, dessen Ernennung noch der Salzburger Erzbischof vorgenommen hatte. Pawlikowski leitete die katholische Kirche in der Steiermark von 1927 bis 1954.[26]

Das damals niedrige Firmalter entsprach einer Verordnung der Österreichischen Bischofskonferenz aus dem Jahr 1933, wonach empfohlen wurde, „die Kinder, nachdem sie gebeichtet und das erstemal kommuniziert haben, wenn möglich noch im gleichen Jahre zur Firmung zu führen, also im achten oder wenigstens im neunten Lebensjahre".[27] Der Bischof spendete das Sakrament der Firmung nicht nur in seinen Visitationsorten. Eine augenfällig hohe Anzahl von Firmlingen empfing das Sakrament vor allem in Graz, nämlich in der Pfarr- und Wallfahrtskirche Mariahilf (3.410), im Dom (1.589) und in der Pfarre Herz-Jesu (1.245) sowie in Bruck an der Mur (1.199). So wurden in der Steiermark im Jahr 1933 insgesamt 17.315 Mädchen und Buben gefirmt.[28]

Das Patenamt für Leopold hatte sein „Onkel" Friedrich Städtler (1900–1943) übernommen. Dieser arbeitete als Tischler im Fürstbischöflichen Knabenseminar, weshalb die Firmung im Grazer Dom stattfand – für Leopold Städtler als Schulkind ein besonderes Ereignis. Friedrich Städtler war ein Bruder des Priesters Rupert Städtler und ein Halbbruder von Professor Anton Städtler. Noch im Jahre 1940 hatte Friedrich in der Pfarre Graz-Graben die Zimmermannstochter und Hausgehilfin Josefa Damisch (1907–1990) geehelicht.[29] Diese führte nach dem Tod ihres Ehegatten Friedrich, der 1943 allzu früh verstarb, den Haushalt ihres Trauungspriesters Franz Schuster (1913–1976)[30], des ersten Pfarrers von Heimschuh. Viele der Fotos aus der Kindheit und Jugendzeit von Leopold Städtler stammen von dessen Firmpaten. „Friedrich war leidenschaftlicher Fotograf und oft bei uns", erzählt er.

Die beiden Städtler-Brüder Hannes und Leopold waren sehr gute Schüler. Aufgrund der Körpergröße wurde Leopold während seiner Volksschulzeit „Spatz" gerufen.

Leopold Städtler blieb ein politisches Ereignis während seiner Kindheit in Erinnerung, als am 25. Juli 1934 die österreichischen Nationalsozialisten versuchten, durch einen Putsch gegen die Regierung an die Macht zu kommen, und Bundeskanzler Engelbert Dollfuß (1892–1934) ermordet wurde.

Leopold Städtler bei seiner
Erstkommunion, 1932.

Leopold Städtler mit seinem Firmpaten Friedrich Städtler, 1933.

Ich kann mich ans 1934er Jahr erinnern, wie dieser Nazi-Putsch war. Bei uns – unser Haus war am Eck vom Ort – ist der Heimatschutz mit Gewehren und Maschinengewehren gewesen, zur Sicherung des Ortes. Da habe ich zum ersten Mal mitgekriegt, dass da irgendetwas Gewaltiges los ist, was ich nicht verstehe und was ich nicht begreife. Erst später bin ich daraufgekommen, dass das der Heimatschutz war, eine Organisation des Dollfuß-Regimes, um den Ort vor den paramilitärischen Übergriffen der Nazis zu schützen. Ich habe gehört, wie sie dann versucht haben, Nazi-Führer bis auf die Alm hinauf zu erwischen. Davon haben wir viel mitgekriegt, aber kapiert haben wir als junge Leute noch nichts.

Kirchliches Leben in Ligist in den 1930er Jahren

Die Pfarre zur heiligen Katharina in Ligist, die im Mittelalter zur Mutterpfarre Piber gehörte, und deren Pfarrkirche sind urkundlich schon im Hochmittelalter nachweisbar. 3217 Katholikinnen und Katholiken lebten im Jahre 1933 in der Pfarre, nur neun Personen gehörten der evangelischen Kirche an, drei Personen waren ohne religiöses Bekenntnis.[31]

Das kirchliche Leben vor Ort wurde durch vielfältige Vereine geprägt. Der Reichsbund, den das Ehepaar Städtler stark unterstützte, umfasste zusammen mit den Mitgliedern des Jungreichsbundes und den für die Aufnahme in Vorbereitung stehenden Personen mehr als 150 Mitglieder. Die Pfarre bot für die Pfarrbevölkerung alle damals üblichen Standesvereine an: einen Christlichen Hausväter- und Hausmütterverein sowie einen Katholischen Jungfrauenverein mit 150 Mitgliedern (1930) und einen Burschenverein, der mit dem Jünglingsverein zusammengeführt worden war. Überdies weist das Visitationsprotokoll von 1927 eine Herz-Jesu-Bruderschaft und einen Rosenkranzverein aus.[32] 1930 wurde zudem ein Christlich-deutscher Turnverein ins Leben gerufen, der nach sechs Jahren bereits 75 Mitglieder zählte. Der Reichsbund besaß zusammen mit den anderen kirchlichen Vereinen einen Festsaal für Theateraufführungen und Turnstunden. Für die Pfarrangehörigen stand eine kleine Volksbibliothek zur Verfügung.

Was hat es im kirchlichen Leben gegeben? Einen Väterverein, einen Mütterverein, einen Jünglingsverein – Burschenverein hat er dann geheißen – und einen Jungfrauenverein. Der Mütterverein war sehr stark, der Väterverein ist kaum sichtbar gewesen. Der Burschenverein hat sich hauptsächlich mit Turnen und Theaterspielen beschäftigt.

Die Pfarrgeistlichkeit von Ligist hinterließ bei Leopold Städtler einen starken Eindruck. Sein langjähriger Heimatpfarrer war Heinrich Gsellmann (1883–1975). Der gebürtige Edelsbacher (bei Feldbach) stand ab 1926 über vier Jahrzehnte der weit ausgedehnten Pfarre Ligist vor und war auf Peter Wagner (1862–1926) gefolgt, welcher von 1907 an die weststeirische Pfarre geleitet hatte. Schon in seinem zweiten Amtsjahr hatte Pfarrer Gsellmann mit der Innenrenovierung der Pfarrkirche begonnen.[34]

Das bischöfliche Visitationsprotokoll aus dem Jahre 1936 bescheinigte Pfarrer Gsellmann „ausserordentlichen Eifer" und „unermüdliche Wirksamkeit" und dankte dem damaligen Kaplan Franz Fastl für die treue Mitarbeit. Gsellmann sei mit Gewissenhaftigkeit und vollem Einsatz bemüht, „alles zu tun, was der Entfaltung des religiösen Lebens bei der Pfarrbevölkerung dienlich ist". So habe die große Anteilnahme an der Visitation gezeigt, dass das religiöse Leben in Ligist seit der letzten Bischofsvisitation (1927) zugenommen habe: „Dazu hat gewiss die äussere politische

Katholischer Burschenverein Ligist, 1930er Jahre.
2. Reihe in der Mitte: Pfarrer Gsellmann, links von ihm Kaplan Fastl, rechts Diözesanseelsorger
Hermann Juri (1907–1981)[33].

Beruhigung viel beigetragen, noch mehr aber die grosse Anstrengung der Pfarrgeistlichkeit, den religiösen Kern in der Seele der Pfarrbevölkerung zur erhöhten praktischen Betätigung zu entfalten." Sowohl der Besuch des Sonntagsgottesdienstes wie
auch der Empfang der Sakramente hatten sich in jenen Jahren „bedeutend vermehrt".
Zudem erwiesen sich die Erwachsenen und Kinder in der Katechese als „gut unterrichtet". Auch habe es nur wenige Religionsveränderungen gegeben. Bischof Pawlikowski hegte die Hoffnung, dass „eine Belebung der Wirtschaft die vielen kleinen
Keuschler und Besitzer beruhige, wodurch eine stelle [sic, stete, Anm. d. Verf.] Unzu-
friedenheit und Neigung zu politischen Abirrungen am ehesten überwunden werden
können". [35]

Leopold Städtler wurde bereits vor seinem Schuleintritt Ministrant. Er erinnert
sich gerne daran, dass der Pfarrer für die Ministranten zu Weihnachten stets ein Festessen im Pfarrhof gab, später auch für die Priesteramtsstudenten.

Die Mutter hat interessanterweise großen Wert darauf gelegt, dass ich frühzeitig Minis-
trant werde. Als Fünfjähriger habe ich bereits von meinem sechs Jahre älteren Bruder
Hannes die lateinischen Gebete gelernt. Ich war der jüngste Ministrant in Ligist. Das habe
ich gerne gemacht.

Pfarrer Gsellmann wurde wegen seiner Güte und gewinnenden Herzlichkeit von der Pfarrbevölkerung allseits geschätzt. Die Marktgemeinde Ligist ehrte ihn aufgrund seines verdienstvollen Wirkens im Jahre 1951 mit der Ehrenbürgerschaft. Er trat 1967 in den Ruhestand, sein Nachfolger wurde Rupert Rechberger (1930–2021). Als Pfarrer Gsellmann am Karsamstag, dem 29. März 1975, verstarb, sprach Leopold Städtler in seiner Predigt den Dank der Diözese für dessen verdienstvolles Wirken aus.

Schüler des Bischöflichen Gymnasiums und des Akademischen Gymnasiums in Graz (1935–1943)

Pfarrer Gsellmann erkannte bei seinem Ministranten Leopold Städtler schon früh die intellektuelle Begabung, dessen Freude am kirchlich-religiösen Leben und eine mögliche geistliche Berufung. Auf Empfehlung des Heimatspfarrers besuchte der damals Zehnjährige ab dem Herbst 1935 das Fürstbischöfliche Gymnasium in Graz. Leopold Städtler wohnte so wie sein Bruder Hannes, der seit 1930 Zögling dieser Einrichtung war, im dortigen Bischöflichen Seminar, besser bekannt als Knabenseminar.

Der Pfarrer hat gesagt: „Na, der Bub ist gescheit, der soll ins Seminar gehen." Wenn der Pfarrer das sagt, haben die Eltern nicht mehr allzu viel zu reden gehabt, dann war das einfach so. Ich war zuerst drei Jahre im Bischöflichen Seminar, etwas anderes war damals nicht möglich. In der ganzen Weststeiermark hat es ja kein Gymnasium gegeben, keine maturaführende Schule, und deshalb war nur das Seminar denkbar.

Die Anfänge des Bischöflichen Seminars liegen im „Carolinum", das 1830 von Hofkaplan Franz Sebastian Job (1767–1834) in Graz für die Diözese Leoben als erste derartige Einrichtung in Österreich überhaupt gegründet wurde. Das „Carolinum" war so erfolgreich, dass der steirische Fürstbischof Roman Sebastian Zängerle (1771–1848) im Jahre 1842 mit dem „Augustineum" eine ähnliche Einrichtung für die Seckauer Diözese schuf. Er vereinigte beide Institutionen zum „Carolinum-Augustineum", welches ab jenem Zeitpunkt im Warnhauser'schen Haus (Ecke Lange Gasse/Grabenstraße) untergebracht wurde. Ein Neubau wurde 1844/45 angefügt. Der große Zustrom von Zöglingen ließ ab 1856 eine eigene Hauslehranstalt entstehen, die nach und nach achtklassig ausgebaut wurde. Das Bischöfliche Gymnasium erlangte 1892 das volle Öffentlichkeitsrecht, „mit Beginn des Schuljahres 1929/30 erreichte es einen nie zuvor dagewesenen Schülerstand von 425".[36] Das Lehrpersonal wurde in den ersten 100 Jahren fast ausschließlich vom Klerus gestellt. Die Leitung von Schule und Internat lag in einer Hand. Zwischen 1899 und 1933 gab es sogar ein bischöfliches Konvikt, das berufsungebunden war (es gab also keinerlei Verpflichtung, Priester zu werden). Die hohe Geldentwertung in der Zwischenkriegszeit machte das Stiftungskapital zunichte, sodass nur mithilfe von Klerusabgaben das Knabenseminar finanziell saniert werden konnte.

Aus dem Bischöflichen Seminar und Gymnasium gingen Generationen von Priestern sowie Personen des kirchlichen, politischen, kulturellen und öffentlichen Lebens hervor. Es bewährte sich über Jahrzehnte als Kaderschmiede für den steirischen Priesternachwuchs. Von den Anfängen bis zum Ende des 19. Jahrhunderts wählten 84 Prozent der Absolventen

Professoren des Bischöflichen Gymnasiums und Präfekten des Bischöflichen
Knabenseminars, 1938.
1. Reihe v. l. n. r.: Josef Wallner (1904–1992)[37], Spiritual Alois Kahr (1864–1953)[38], Regens Franz Seidl
(1893–1980)[39], Ferdinand Vockenhuber (1858–1943)[40], Florian Kraus (1880–1970)[41].
2. Reihe v. l. n. r.: Franz Schitter (1884–1938)[42], Karl Kowald (1912–2001)[43], Karl Lind (1904–1971)[44],
Alois Pollhammer (1910–1983)[45], Blasius Unterberger (1887–1961)[46], Ernst Maier (1902–1975)[47],
August Semlitsch (1887–1955)[48], N. N., Peter Flach (1893–1972)[49], Johann Walter (1901–1959)[50],
Johann Dinawitzer (1894–1980)[51], Franz Vollmann (1902–1985)[52].
3. Reihe v. l. n. r.: Anton Mayerhofer (1908–1985)[53], Blasius Reiter (1908–1995)[54].

den Priesterberuf, zwischen 1950 und 1961 noch die Hälfte. Nach 1848 nahm die Herkunft
der Zöglinge aus dem bäuerlichen Berufsstand mehr und mehr zu und dominierte später
sogar. Rund 80 Prozent der Seminaristen wiesen 1905 eine Herkunft aus den Berufsgrup-
pen des Handels und Gewerbes sowie der Landwirtschaft auf. In den Nachkriegsjahren
betrug der Anteil der Studierenden aus bäuerlichen Familien noch rund 50 Prozent, sank
allerdings gegen Ende der 1970er Jahre auf 19 Prozent. Die ersten Zöglinge aus dem Arbei-
terstand kamen erst in den 1880er Jahren, 1938 war ihr Anteil auf 25 Prozent gestiegen.

Zu den Seminar- und Klassenkollegen von Leopold Städtler zählten im Schuljahr
1937/38 des Bischöflichen Gymnasiums der Kirchenhistoriker Karl Amon (1924–2017)[55],
der 1948 zum Priester geweiht und 1960 Vorstand des Instituts für Kirchengeschichte an der
Katholisch-Theologischen Fakultät in Graz wurde, die Pfarrer Franz Fischer (1922–1998)[56],

3. Klasse am Bischöflichen Gymnasium mit Präfekt Kowald, 1938.
1. Reihe 4. v. r.: Leopold Städtler.

Alois Lackner (1923–1999)[57], Heinrich Suppan (1924–1989)[58] sowie die Weihekollegen Josef Gschanes (1923–2016)[59], Klement Moder (1924–2019)[60] und Franz Vollmann (1925–2014)[61]. Von acht Klassenkollegen weiß man, dass sie im Krieg gefallen sind oder als vermisst galten.

Auflösung des Knabenseminars durch die Nationalsozialisten

„Das Bischöfliche Seminar ist ja 1938 sofort gesperrt worden, und der größte Teil unserer Klasse ist dann ins Akademische Gymnasium gekommen", erläutert Leopold Städtler. Die Nationalsozialisten entzogen dem Bischöflichen Gymnasium wie allen anderen katholischen Privatschulen mit Erlass vom 19. Juli 1938 das Öffentlichkeitsrecht, die Professoren wurden teilweise in Frühpension entlassen. Vergeblich waren die Versuche, das Internat weiterbetreiben zu können. 293 Räume mussten den Nationalsozialisten übergeben werden, das Seminar musste aus dem traditionsreichen Gebäude ausziehen. Eine Abteilung des 2. Staatsgymnasiums (heute BG/BRG Carnerigasse) und ein nationalsozialistisches Schülerheim wurden dort untergebracht, später wurde das Haus für militärische Zwecke und als Lazarett in Anspruch genommen. Durch den beherzten Einsatz von Franz Vollmann und Karl Lind lebte das Seminar in dieser gefahrvollen Zeit im Untergrund fort. Beide betreuten die Seminaristen, indem sie diese privat bei vertrauten Familien und Bekannten sowie in Pfarrhöfen beherbergten, wodurch der fortlaufende Schulbesuch, Exerzitien und geistliche Betreuung weiterhin möglich waren.

Leopold Städtler erinnert sich an diese beiden zentralen Priesterpersönlichkeiten des Bischöflichen Seminars sowie an den damaligen Professor und Spiritual Alois Kahr, der 1938 pensioniert wurde:

Da war der berühmte Kahr, der für uns zu fromm war. Der hat bei der Beichte sofort zu weinen angefangen: „Was wird die Muttergottes jetzt sagen, was du da alles getan hast?" Darüber haben wir gar nicht nachgedacht, was die Muttergottes dazu eigentlich sagen würde. Es war schrecklich.

Den Vollmann haben wir gerne mögen. Mit dem Lind hatten wir wenig zu tun. Der Lind hat es organisiert, dass wir irgendwo unterkommen, das war im 1938er Jahr, als das Bischöfliche Seminar gesperrt worden ist. Die ersten Wochen waren schwierig. Auf einmal standen wir auf der Straße, aber der Lind hat Familien gekannt, die bereit waren, uns Seminaristen aufzunehmen: „Ja, der soll bei uns halt einmal schlafen und essen die paar Tage, bis es etwas Sicheres gibt."

Städtler blieb auch eine Begebenheit in Bezug auf Professor Dinawitzer in Erinnerung, der im Bischöflichen Gymnasium die Fächer Zeichnen und Handarbeiten unterrichtete und wegen seines politischen Engagements vom 11. November bis 5. Dezember 1939 inhaftiert wurde.

Bei Professor Dinawitzer haben wir festgestellt, dass er irgendwie politisch tätig sein musste, weil er plötzlich mit so einer Gruppe von Leuten gekommen ist. Die sind dann aufmarschiert, das war der Turnerbund. Wir hatten ja keine Ahnung, was das genau ist. Aber die waren von Dinawitzer politisch sehr organisiert. Die Gruppen sind da aufmarschiert, da haben wir nur so geschaut. Die waren also von der Dollfuß-Schuschnigg-Richtung.

Nach Auflösung des Bischöflichen Gymnasiums wurde Leopold Städtler mit einem Teil seiner Klassenkollegen dem Akademischen Gymnasium, damals 1. Staatsgymnasium, zugeteilt. Die anderen Schüler kamen in das 2. Staatsgymnasium. Der erst im Schuljahr 1937/38 ernannte Direktor des Akademischen Gymnasiums, Johann Vogelsang (1897–1985)[62], wurde von den Nationalsozialisten in Polizeihaft gesetzt und in die Konzentrationslager Buchenwald und Sachsenhausen überführt. An Stelle von Direktor Vogelsang leitete Viktor Gölles (gest. 1945)[63] als „Oberstudiendirektor" die Schule. Systemkritische Lehrer wurden entlassen bzw. durch systemkonformes Personal ersetzt. Der Unterricht erfolgte nach einem nationalsozialistischen Lehrplan, wobei Leibeserziehung an die Spitze gestellt, den Schülern die nationalsozialistische Ideologie indoktriniert und der Religionsunterricht dort 1939 abgeschafft wurde.[64]

Den Religionsprofessor Zottler [Johann Zottler (1899–1971)][65] *habe ich im restlichen Jahr 1938 und 1939 eine zeitlang noch gehabt, dann war er eh gesperrt. Und bei dem bin ich eingesessen, und warum? Im wunderschönen Klassenbuch steht vermerkt: wegen Rolf-Torring-Lesens*[66] *in der Religionsstunde – das war damals eine beliebte Abenteuerromanserie. Dafür habe ich zwei Stunden Karzer bekommen.*

In Deutsch hatten wir den Professor Mayer [Karl Adolf Mayer (1889–1957)][67]*, der ein schriftstellerisch begabter Mensch war. Der Geschichteprofessor Muralter* [Alois Muralter (1884–1946)][68] *hat den Ersten Weltkrieg mitgemacht, war an der Dolomitenfront und ist*

Leopold Städtler als Schüler des Akademischen Gymnasiums, 1941.

da einmal in den Bergen abgestürzt. Er hat auf die Italiener geschimpft, was es gehalten hat. Die hat er überhaupt nicht gemocht. Wenn er damit fertig war, hat er immer damit geendet: „Aber bitte, ich habe nichts gesagt über unsere jetzigen Freunde."

Prägende Jugendjahre – Erfahrungen in der NS-Zeit

Fahrschüler

Leopold Städtler wurde nach der Auflösung des Bischöflichen Seminars nur für eine kurze Zeit bei einer älteren Dame in Graz beherbergt. Er entschied sich, in jenen Jahren wieder bei seinen Eltern in Ligist zu wohnen und täglich als Fahrschüler zur Schule zu pendeln. Zu den Kameraden, die den Zug von Krottendorf nach Graz benutzten, zählte auch der später bekannte Maler und Bildhauer Franz Weiß (1921–2014), der aus Södingberg im Bezirk Voitsberg stammte und von 1938 bis 1940 seine Ausbildung an der Kunstgewerbeschule in Graz machte.

Ich bin als Fahrschüler von Krottendorf-Ligist nach Graz gependelt. Das bedeutete: Um 5 Uhr in der Früh aufstehen, 5:30 Uhr Abmarsch, zuerst Sterz gegessen und Kaffee getrunken, die zwei Kilometer nach Krottendorf hinaus zum Bahnhof gehen. Wenn's schön war, bin ich mit dem Rad gefahren, sonst die halbe Stunde zu Fuß gegangen. Als Jause haben wir zwei Äpfel und ein Stück Schwarzbrot mitgekriegt, mehr haben wir nicht gehabt. Eine Stunde bin ich nach Graz gefahren, um 7 Uhr waren wir in Graz. Dann sind wir durch die Annenstraße, die Herrengasse oder die Schmiedgasse ins Akademische gegangen. Für uns, die Fahrschüler, wurde die Schule früher aufgesperrt. Es gab einen Raum, in dem wir bleiben konnten, bis es um 8 Uhr losgegangen ist. In dieser Zeit konnten wir Aufgaben machen und uns vorbereiten. Insgesamt waren wir drei Waggons voll Fahrschüler, die von Köflach nach Graz in verschiedene Schulen fuhren.

Der berühmte Franz Weiß war auch einer dieser Fahrschüler. Ihn haben wir natürlich gebraucht mit seinem Malbrettl, das war für uns der Tisch fürs Kartenspielen, nämlich fürs Schnapsen. Die Fahrschüler hat niemand mögen. Die Bahnpolizei in Graz war heilfroh, wenn sie die Fahrschüler aus dem Bahnhofsgebäude draußen gehabt hat. Wenn irgendwo etwas passierte, waren sowieso wir Fahrschüler immer schuld.

Als Fahrschüler war Leopold Städtler gut geeignet, der Familie des späteren Bundeskanzlers Alfons Gorbach (1898–1972)[69], die in der Brunngasse im Grazer Bezirk Geidorf wohnte, heimlich lebensnotwendige Nahrungsmittel zu bringen. Gorbach selbst war früher Absolvent des Bischöflichen Gymnasiums in Graz, besuchte dort das Knabenseminar und war seit seinem Jusstudium politisch aktiv. Als Landesführer der Vaterländischen Front wurde er von 1938 bis 1945 in den Konzentrationslagern Dachau und Flossenbürg inhaftiert.

Unser Bürgermeister, der Arzt Dr. Anton Saurugg [1898–1969][70], war mit der Familie Dr. Gorbach bekannt. Die Familie Gorbach hat keine Lebensmittelkarten von den Nazis bekommen. Die Frau [Maria Gorbach (gest. 1981)] und die Tochter Alfi [Alfonsa Mittag (1925–2016)[71]] hätten

Leopold Städtler mit Prof. Franz Weiß in Voitsberg, 1979.

verhungern können, die sind von unserem Arzt praktisch versorgt worden. Als Fahrschüler habe ich alle drei, vier Tage, manches Mal alle zwei Tage Lebensmittel, Fleisch, Gemüse und Fett vom Arzt bekommen und in meiner ziemlich großen Schultasche in die Brunngasse getragen. Den späteren Bundeskanzler habe ich erst nach meiner Heimkehr von der Gefangenschaft kennengelernt. Er hat sich bei mir bedankt, dass ich seine Frau und Tochter gerettet habe. Als Fahrschüler war man dafür ja bestens geeignet, weil es keine Kontrolle gab. Zugpersonal und Bahnhofspersonal haben immer laut geschrien: „Hinaus aus dem Bahnhof, schaut, dass ihr weiterkommt!"

„Die Kapläne gingen bei uns ein und aus"

Schon als Kind und später als Jugendlichen imponierten Leopold Städtler die Kapläne seiner Heimatpfarre am meisten: „Die Kapläne gingen bei uns ein und aus", beschreibt er das enge Verhältnis zum jungen Klerus. Besonders beeindruckten Leopold Städtler die beiden Geistlichen Johann Lackner (1912–1944) und Franz Derler (1914–1961).

Ich bin oft gefragt worden, was für mich entscheidend war, dass ich Priester geworden bin. Ich habe gesagt: „Das kann ich nicht sagen, sicher hat es im Krieg Entscheidungen gegeben, aber das, wie ich die beiden Kapläne erlebt habe, den Derler und den Lackner, das hat mir imponiert. So etwas möchte ich vielleicht auch machen, das ist was, dachte ich mir."

Johann Lackner war als Seelsorger vom 1. Mai 1939 bis zum 30. April 1940 in Ligist tätig. Leopold Städtler beschreibt ihn als einen „sehr meditativen, spirituellen Typ, etwas still und zurückgezogen, aber unglaublich geschätzt von den Leuten". Lackner trat mit dem 1. Mai 1940 eine neue Kaplansstelle in der Pfarre Klein an. Er wurde zum Wehrdienst eingezogen und fiel, erst 32-jährig, am 19. Februar 1944 als Sanitätssoldat an der Ostfront. Franz Derler, aus Anger bei Weiz gebürtig, wurde 1938 zum Priester geweiht und kam nach einem Jahr Seelsorgetätigkeit in Kindberg mit 1. November 1939 nach Ligist.

Mit Kaplan Derler haben wir praktisch unser Leben geteilt. Wir waren in seiner Bude daheim, haben mit ihm Fußball gespielt, sind mit ihm zu den Christenlehren gegangen, und er war vor allem gegen die Nationalsozialisten aktiv.

Derler, den Städtler als „so einen richtigen ‚radikalen' Burschen" charakterisiert, war ständig unter Kontrolle der Nationalsozialisten. Die Briefe des Kaplans wurden geöffnet, man versuchte ihn zu isolieren. So wurde er vom Bischof ebenso nach nur wenigen Monaten Kaplanszeit zunächst nach Rottenmann, dann mit 1. Oktober 1940 nach Grafendorf bei Hartberg versetzt. Trotzdem folgte mit November 1941 der Kriegseinsatz im Osten. Als Priester kämpfte er vergeblich um seine Freistellung (bereits einberufene Priester wurden nicht mehr freigestellt) und brachte aus den schweren Jahren ein Asthmaleiden mit, worauf er als Marine-Sanitäter eingesetzt wurde. Nach der Heimkehr erlitt Derler 1946 aufgrund des Gefühls der Heimatlosigkeit einen Nervenzusammenbruch und erbat drei Monate Urlaub. Es folgten Kaplansjahre in Voitsberg (1946–1950) und Piber (1950/51), wo er als Lokalkurat für Bärnbach zuständig war und unter großem persönlichem Einsatz den Bau der Kirche in die Wege leitete. Derler wurde zum Gründungspfarrer von Bärnbach (1952–1960). Nur für kurze Zeit wirkte er bis zu seinem frühen Tod im Jahre 1961 als Pfarrer in Mürzzuschlag. Derler wurde nur 47 Jahre alt.[72]

„Der Altar als Mittelpunkt"

In Ligist waren die Kapläne Lackner und Derler die „Motoren" für eine volksliturgische Erneuerung, erzählt Leopold Städtler. Ende der 1930er Jahre führten sie dort nach dem Vorbild des Klosterneuburger Augustiner Chorherrn Pius Parsch (1884–1954)[73] die Betsingmesse ein. In dieser wurden Teile der Liturgie vom Volk in deutscher Sprache gesungen, dialogische Elemente eingeführt und Messtexte in Übersetzung vorgelesen, während der Zelebrant gleichzeitig die Texte auf Latein betete. Da die damaligen liturgierechtlichen Vorgaben berücksichtigt werden mussten, kam es zu Verdoppelungen der bei der stillen Messe (*Missa lecta*) lateinisch vom Priester rezitierten Gebete und Gesänge.

Parsch war überzeugt, dass Bibel und Liturgie für jede Christin und jeden Christen zugänglich und verständlich sein sollten. Er feierte bereits 1922 eine erste modellhafte „Gemeinschaftsmesse" mit dem Ziel, eine aktive Teilnahme (*participatio actuosa*) der Mitfeiernden zu fördern. Durch sein breites publizistisches Wirken – 1925 kam es zur Verlagsgründung des „Volksliturgischen Apostolats" – erreichte sein Einsatz für biblische und liturgische Reformen weite Popularität.

Die beiden Kapläne Lackner und Derler waren von der „Klosterneuburger Geschichte" begeistert, von der Liturgiereform und von der Verwendung der Muttersprache im Gottesdienst. Sie hatten gemerkt, das wäre eine gute Zukunft: Mit der Muttersprache erleben wir den Glauben tiefer und stärken auch den Glauben vieler. Mit unserem frommen Pfarrer mussten sie ständig darüber streiten, er war für die bisherige Form, alle Messfeiern in Latein. Aber die Kapläne haben sich durchgesetzt. Kaplan Derler war ein guter Sänger, von ihm lernte eine kleine Gruppe von Burschen und Mädchen entsprechende deutsche Lieder, die dann bei der Betsingmesse gesungen wurden. So wurde diese bei uns in Ligist eingeführt. Jeden Sonntag um acht Uhr war die Betsingmesse, in welcher der Priester Lesung und Evangelium still lateinisch las

und einer der Jugendlichen beides laut in Deutsch vortrug. Um 9:30 Uhr war das Hochamt,
von A bis Z in lateinischer Sprache. Beim Hochamt wurde an bestimmten Tagen auch Weih-
rauch verwendet, und es hat immer mit dem eucharistischen Segen geschlossen.

Bei der Betsingmesse waren die meisten Gläubigen in den Bänken. Wir Jugendliche standen
mit den von den Kaplänen abgezogenen Zetteln der deutschen Kirchenlieder in kleinen
Gruppen mitten unter den Kirchenleuten. Dabei wurden zum ersten Mal deutsche Lieder in
der Messe gesungen. Bisher hatte nur der Kirchenchor die Messgestaltung, der alles lateinisch
gesungen hat. Auch in der Osterliturgie war alles lateinisch. Gläubige waren kaum da, am
Karsamstag in der Frühe waren es drei oder vier fromme Frauen. Der Organist hat da die
Allerheiligenlitanei lateinisch gesungen, konnte aber nicht alle Heiligennamen richtig ausspre-
chen. In der Sakristei sagten dann die Kapläne: „Heute haben wir wieder ein paar neue Heilige
kennengelernt."

So hat das angefangen. Sehr bald entdeckten wir aber, wie sich das katholische Vereinshaus
– in Ligist hat es ein solches gegeben – mit der Kirche vertauscht hat. Der Altar ist auf einmal
der Mittelpunkt unseres religiösen Lebens geworden. Das gemeinsame Gebet, die Messfeier in
der Muttersprache hat uns wahnsinnig viel bedeutet. Beide Kapläne haben sich ungeheuer stark
für die Muttersprache bei der Messe eingesetzt.

In der Umsetzung der volksliturgischen Reformen gab es zwischen den Pfarren durchaus
einen Wetteifer, wobei die Kapläne die treibenden Kräfte für die gottesdienstliche Erneuerung waren und die Praxis der neuen Messformen in den Pfarren wesentlich von der Offenheit und der Person des Pfarrers abhängig war. So hat es diesbezüglich in der oberen Weststeiermark eine Konkurrenz zwischen den Pfarren Ligist, Stallhofen und Hitzendorf gegeben.

Das waren die drei starken Pfarren. Die hatten auch starke Kapläne, die schon ein wenig
konkurrierten, wer als erste Pfarre die Betsingmesse einführen wird. In den Pfarren gab es als
Gesangbuch nur das „Lobet den Herrn!"[74] Uns waren viele Lieder zu fromm und zu wenig
zeitgemäß. Die neuen Lieder, welche die Kapläne uns lehrten, kamen vielfach aus deutschen
Jugendzentren. Letztlich war alles von den Pfarrern abhängig. Manche waren heilfroh, dass
Kapläne da waren, denen etwas Neues einfällt. Andere Pfarrer waren dagegen: „Da wird nichts
geändert, das bleibt so, wie es immer war." Das ist ganz unterschiedlich gewesen.

Die Betsingmesse wurde vor allem von der jüngeren Bevölkerung angenommen. Die
aktive und bewusste Teilnahme aller an der Sonntagsmesse machte die Bedeutung des
Altars als Mitte der Pfarrgemeinde bewusst.

Sehr viele, vor allem die jüngeren Bauersleute, sind nur zur Betsingmesse gegangen. Die ist
immer stärker geworden. Bisher haben sie beim Hochamt still einen Rosenkranz gebetet. Jetzt

auf einmal können sie mitbeten, können sogar mitsingen, sind so mitten dabei, das hat viel gebracht. In Ligist gab es wirklich gute Erfolge. Stallhofen war großartig, war wahnsinnig gut. Die Betsingmesse, glaube ich, hat uns den Altar sehr nahegebracht. In Wirklichkeit sind wir langsam dahintergekommen, worum es da wirklich geht. Im Religionsunterricht haben wir die Katechismus-Fragen auswendig gelernt. Geschichten aus der Bibel kannten wir gar nicht wenige. Die konnten wir auch erzählen, aber der persönliche Glaube ist dadurch nicht gefördert worden. Wir waren wohl alle gläubig, nicht, weil wir alle das gleiche gedacht und gelebt haben, sondern weil es halt so üblich war. Von der Taufe haben wir nie etwas gehört. Wir wussten wohl, dass wir getauft sind, aber was das bedeutet, das hat wahrscheinlich auch kein Erwachsener gewusst.

Die steirische Kirche in der NS-Diktatur

Mit der grausamen NS-Diktatur brach für die steirische Kirche eine dunkle Zeit an. Bereits in den Märztagen des Jahres 1938 begannen die Nationalsozialisten mit Schikanen und Unterdrückungsmaßnahmen gegen das seelsorgliche und kirchliche Leben. 63 steirische Priester wurden in jenen Wochen verhaftet, darunter auch Bischof Pawlikowski. Dieser war der einzige Oberhirte im deutschen Sprachraum, der am 13. März 1938 für 24 Stunden inhaftiert wurde. Nur kurze Zeit später unterzeichnete Pawlikowski am 18. März 1938 in Wien die fatale „Feierliche Erklärung" des österreichischen Episkopats mit, bei der „Volksabstimmung" am 10. April für den bereits vollzogenen „Anschluss" zu stimmen. Die Verlesung dieses Textes in den Kirchen fand beim Klerus und den Gläubigen ein ambivalentes Echo: Ein Teil fühlte sich wie vor den Kopf gestoßen, der andere sah sich in seiner Haltung bestätigt. Bislang konnten rund 5 Prozent der steirischen Priester namentlich eruiert werden, die sich in der Presse begeistert für den „Anschluss" artikuliert oder in der sogenannten „Arbeitsgemeinschaft für den religiösen Frieden" mit dem Nationalsozialismus sympathisiert hatten.

Im Mai 1938 wurde das österreichische Konkordat von 1933/34 außer Kraft gesetzt. Kirchliche Gebäude und Kapellen wurden konfisziert, profaniert, teilweise als Museen oder Magazine zweckentfremdet. Der Caritasverband verlor durch Beschlagnahmungen praktisch seine äußeren Hilfsmittel und Einrichtungen; dieser durfte sich nur mehr der Fürsorge für alte und kranke Personen widmen. Zahlreiche Klöster fielen der Aufhebung anheim, deren Krankenhäuser und Heime wurden beschlagnahmt, kommissarische Verwalter bzw. Treuhänder bestellt, Ordensangehörige vertrieben. Katholischen Schulen wurde das Öffentlichkeitsrecht entzogen, Internate wurden geschlossen, das kirchliche Pressewesen wurde lahmgelegt, die obligatorische Zivilehe eingeführt. Das katholische Vereinswesen wurde verboten bzw. auf den rein religiösen Sektor beschränkt.

Durch gezielte antikirchliche nationalsozialistische Propaganda verließen 4 Prozent der Katholiken im Jahr 1938 die Kirche in der Steiermark. Mit der Enteignung des Religionsfonds zerschlugen die nationalsozialistischen Machthaber die vom Staat wesentlich mitgetragene Regelung der Kirchenfinanzierung. Der von ihnen eingeführte Kirchenbeitrag hatte das Ziel, die Kirche zu „liquidieren", indem Hitler mit diesem Gesetz den Kirchenaustritt bewusst fördern wollte.

Zu einem Widerstand der Kirchenleitung gegenüber der nationalsozialistischen Diktatur oder zu einer dezidierten Kritik am Herrschaftssystem kam es nicht, die Ausnahme bildeten einzelne Kirchenmitglieder. Der Grazer Theologieprofessor Johannes Ude (1874–1965)[75] protestierte als einziger im gesamten deutschen Sprachraum mit einem Brief an Reichsstatthalter Arthur Seyß-Inquart (1892–1946) und Gauleiter Sigfried Uiberreither (1908–1984) gegen die von den Nationalsozialisten organisierten Pogrome, die in der Nacht vom 9. auf den 10. November 1938 gegen die Jüdinnen und Juden verübt worden waren.

Priester und Laien wurden wegen ihres nichtsystemkonformen Verhaltens, ihrer politischen Gegnerschaft, ihres patriotisch oder christlich motivierten Widerstandes verhaftet, verhört, angeklagt, eingesperrt oder gar ermordet. Hoch ist allein der Anteil des Weltklerus, nämlich etwa 25 Prozent, der in der Steiermark in den Jahren 1938 bis 1945 vom NS-Regime verfolgt wurde. Über 200 Priester wurden mit Schul- oder Kongruaverbot (= Einstellung staatlicher Zuschüsse) oder mit Geldbußen belegt. Hinzu kamen weitere, die „Gauverweise" erhielten. An sieben Priestern aus dem Welt- und Ordensklerus, die entweder in der Steiermark geboren worden waren, in der Diözese (Graz-)Seckau gewirkt oder an der Grazer Theologischen Fakultät studiert hatten, haben die Nationalsozialisten das Todesurteil vollstreckt. 14 Priester aus der Steiermark wurden in Konzentrations- oder Arbeitslager deportiert, von ihnen überlebten elf.

Leopold Städtler hat einige der KZ-Priester in späteren Jahren persönlich kennengelernt, darunter Karl Quaß (1891–1971)[76]. Deren Schicksal hat ihn sehr berührt. Quaß war im September 1938 wegen des Verstoßes gegen das „Heimtückegesetz" zunächst zu einer zweiwöchigen Gefängnisstrafe verurteilt worden. Nach seiner Haft in der Strafanstalt Karlau und der Untersuchungsanstalt in Essen kam er im Jänner 1943 in das KZ Dachau.

Pfarrer Quaß zum Beispiel habe ich im Judenburger Dekanat kennengelernt. Bischof Pawlikowski hat die KZ-Priester nicht anerkannt. Er hat gesagt, die hätten schweigen sollen, dann wären sie nicht ins KZ gekommen. Das hat ihnen sehr weh getan. Der Quaß hätte nicht einmal eine Pfarre gekriegt, da mussten einige ältere Priester bitten: „Gebt's ihm wenigstens eine Pfarre, dass er leben kann."

Pfarre und Ortschaft Ligist während des NS-Regimes

Im Jahr 1934 umfasste die Bevölkerung der Marktgemeinde Ligist 2.453 Einwohner.[77] Deren soziale Zusammensetzung mitten in den durch soziale und wirtschaftliche Krisen dominierten Dreißigerjahren beschreibt Leopold Städtler als inhomogen. Durch die Arbeit in den nahegelegenen Industrien fanden viele Menschen ein kärgliches Auskommen, einzig die Landwirte konnten durch Eigenproduktion ihren Lebensunterhalt sicherstellen.

Die Arbeitslosigkeit war groß. Viele „Kleinkeuschler" fuhren täglich nach Zangtal, Köflach oder Voitsberg zur Arbeit in den Kohlegruben. In Tag- und Nachtschichten haben sie gearbeitet, um den Lebensunterhalt für ihre Familien zu erwerben. Das waren durchwegs arme Menschen, die viel arbeiten mussten, um leben zu können. Die Bauern konnten sich weitgehend selbst erhalten. Reiche gab es bei uns keine.

Die aufgeheizte Stimmung der 1930er Jahre war auch in der Marktgemeinde Ligist spürbar. Durch sichtbare Propagandaaktivitäten traten die unterschiedlichsten politischen Gruppierungen in Erscheinung. 1931 kam es zu einem Aufmarsch von Kommunisten aus Graz und dem Bezirk Voitsberg, der durch die Ordnungskräfte aufgelöst wurde. Bei den Nachwahlen zum Gemeinderat im Jahr 1931 konnten die Nationalsozialisten durch Losentscheid ein Mandat erringen.[78] Von 1932 an häuften sich die Versammlungen und Agitationen der 1933 für illegal erklärten NSDAP und ihrer Vorfeldorganisationen wie der Hitlerjugend (HJ) oder der in Ligist 1934 aufgelösten Deutsch-Völkischen Turngemeinde. Im Untergrund existierte jedoch eine Ortsgruppe der „Hitlerbewegung" weiter. Konflikte mit den Unterstützern der ständestaatlichen Vaterländischen Front blieben nicht aus.

Am 10. April 1938, dem Tag der „Volksabstimmung" über den „Anschluss" Österreichs an Hitler-Deutschland, hätten laut den in der gleichgeschalteten Presse veröffentlichten Zahlen 100 Prozent der Ligister Bevölkerung mit „Ja" gestimmt. Während der Unterdrückung durch die NS-Diktatur zeugen im gesamten Bezirk Voitsberg etliche Beispiele von einem ungebrochenen katholisch geprägten Widerstandsgeist. Dieser äußerte sich sowohl in kleineren Störaktionen gegen die neuen Machthaber als auch im Beharren auf kirchlichen Traditionen und Glaubensvollzügen.[79] Aktenkundig wurde beispielsweise ein Zwischenfall, in den die damaligen Ligister Kapläne verwickelt waren. Auf Anweisung von Kaplan Franz Gölles (1892–1949)[80] hisste man am 30. Jänner 1939 vom Kirchturm eine rot-weiß-rote Fahne mit dem Emblem des Ständestaates. Bei der darauffolgenden Hausdurchsuchung wurden bei seinem Kaplanskollegen Franz Hubmann (1913–2000)[81] Uniformen des mittlerweile verbotenen Jungreichsbundes gefunden. Die Diözesanleitung reagierte mit der Versetzung von Gölles und Hubmann. Noch am 25. November 1944 wurde Pfarrer Heinrich Gsellmann nach Abhaltung eines nicht gemeldeten Gottesdienstes bei der Gestapo wegen Missachtung geltender Vorschriften angezeigt und zur Leistung einer Geldbuße verpflichtet.[82]

Mit Blick auf die Ligister Bevölkerung weist Leopold Städtler in seinen Schilderungen auf eine unterschiedliche weltanschauliche und religiöse Gesinnung der Bewohnerinnen und Bewohner des Marktes und jener in den Ortschaften im Umland hin.

Im bürgerlichen Ort Ligist gab es viele Nazis. Die Umgebung, die bäuerliche Welt, das waren die „Katholen", das waren wirklich gläubige Katholiken, die jeden Sonntag bei der Messe waren und auch hinter den Kaplänen gestanden sind. In Ligist selber hat es nur drei Familien gegeben, die im katholischen Raum aktiv waren: die Familie des Arztes Dr. Saurugg[83], der im 1938er Jahr sofort eingesperrt wurde, weil er Bürgermeister war, die Kaufmannsfamilie Salchinger – Johann Salchinger [1884–1950][84] war Obmann vom Kirchenchor, hat sich sehr um die Kirchenmusik gekümmert –, und dann waren wir, die Städtler. Wir drei Familien waren die einzigen, die im Ort als gläubig gegolten haben. Jeder in Ligist hat genau gewusst, wer wohin gehört. Sonntags gingen wir und viele Bauern mit Begeisterung zur Kirche, vielfach als Protest gegen die Nazis. Die Kapläne haben uns Jugendliche öfters zu den Bauern geschickt, wenn sie am Sonntag eine besondere Predigt vorhatten. Möglichst alle sollten kommen. Wie „die Wilden" sind wir dann einige Tage vorher rund herumgerannt: „Die Kapläne haben am Sonntag etwas Wichtiges zu sagen!" Fast immer bekamen wir zur Antwort: „Selbstverständlich sind wir da." Das war vielfach eine stille Protestaktion.

Angst vor den Nazis hatten wir keine. Wir wussten, wir müssen vorsichtig sein. Fremdes Radio hören konnte die Todesstrafe bedeuten, „falsche Gerüchte" verbreiten war „Zersetzung der Heimatfront", so hat das geheißen. Wir müssten beim Reden sehr vorsichtig sein, sonst wären wir auch dran, bei den eigenen Freunden nicht. Wir wussten genau, mit wem man offen reden konnte: Jung und Alt, Groß und Klein, das wusste man genau. Für mich ist heute noch bedeutungsvoll, dass wir Junge bei unseren Bauern „daheim" waren, wie wenn das immer so gewesen wäre. Wir haben uns wahnsinnig gut verstanden, wir Jungen zusammen mit den Alten. Nein, man hat sich genau gekannt, der gehört auch dazu.

Die Nationalsozialisten liquidierten nach ihrer Machtübernahme in Österreich alle katholischen Jugendorganisationen. Von großer Bedeutung wurde nun „die direkte und individuelle Seelsorge", wie Leopold Städtler anmerkt. „Nicht nur der innere Widerstand gegen das Regime wuchs, wir entdeckten auch den Kirchenraum neu: als Ort des Zusammenkommens für Gebet und Gottesdienst." In jener Zeit wurden nun Glaubensstunden in der Pfarrkirche abgehalten, die Betsingmesse als neue Form der Messfeier wurde für die Menschen zur „religiösen Kraftquelle". Leopold Städtler gehörte zu den „Jüngsten in diesem Kreis", die sich vor Ort der liturgischen Erneuerungsbewegung angeschlossen hatten.[85] Im Stillen wurde eine Pfarrjugend aufgebaut, wobei sich bald Konflikte mit den nationalsozialistischen Organisationen ergaben. Diese überschaubare Gruppe katholischer Jugendlicher, unter der ein starkes Zusammengehörigkeitsgefühl erwuchs, nannte sich „Lubegastia", in Anlehnung an die aus dem Slawischen kommende Bezeichnung für das mittelalterliche Gut und die Burg Ligist. Auch Leopold Städtler wurde am Gendarmerieposten in Edelschrott einen ganzen Tag verhört und geschlagen, weil er einen Fahrradausflug mit Ministranten an den Packer Stausee organisiert hatte, der bei der Geheimen Staatspolizei (Gestapo) Verdacht erweckt hatte und beinahe Konsequenzen für seinen weiteren Verbleib in der Schule gehabt hätte.

Die Nazi-Zeit war ja nicht ganz einfach. Ich bin zum Beispiel angezeigt worden, weil ich einen Fahrradausflug mit den Ministranten gemacht habe. In Edelschrott wurde ich von der Gestapo abgefangen. Den ganzen Tag wurden wir geschlagen und gewatscht. Die Gestapo wollte wissen, ob der Kaplan das organisiert hat. Wir waren 14 oder 15, wir haben uns vorher nicht abgesprochen, wer das organisiert hat, aber alle haben gesagt: „Das haben wir selber gemacht." Heute denke ich noch immer, dass keiner den Kaplan als Organisator angegeben hat, verdanken wir einer höheren Macht: „Den Heiligen Geist, den gibt's halt einfach." Der Kaplan wäre in größter Gefahr gewesen, weil das verbotene Jugendarbeit war. Zwei oder drei Tage später ließ mich Direktor Gölles vom Akademischen Gymnasium rufen. Er hatte durch eine Mitteilung von der Staatspolizei schon alles genau gewusst: „Städtler, noch einmal – und du fliegst von der Schule!"

Der Klerus wurde von den Nationalsozialisten genauestens überwacht. Jugendarbeit war strengstens verboten, vor allem die Kapläne waren besonders gefährdet. Leopold Städtler erzählt von deren Courage und Mut, wobei sie besonders die Jugend bestärkten, sich zu Christus zu bekennen.

Wir begleiteten die Kapläne am Sonntagnachmittag zu den sogenannten Christenlehren, hinaus in die Dörfer zur Dorfkapelle. Da haben wir einmal in Grabenwarth[86] nach dieser Christenlehre vor der Dorfkapelle Fußball gespielt – ein bisschen herumgekickt. Am nächsten Tag war die Gestapo beim Kaplan und hat ihn gleich einmal mitgenommen.

Die Nazi-Zeit hat uns eines nahegebracht: Du musst dich entscheiden. Entweder bist du für oder gegen das kirchliche Leben. Der Kaplan Derler hat gesagt: „Christus ist unser Führer und nicht Adolf Hitler." Das war damals eine gefährliche Aussage, das habe ich natürlich geglaubt. Wir verdanken also den Kaplänen, glaube ich, sehr viel, was unseren persönlichen Glauben betroffen hat. Wir waren auch viel bei ihnen: Die Kaplansbude, das war unsere zweite Heimat. Die Mutter hat oft gesagt: „Was habt ihr denn dauernd drüben beim Kaplan zu tun?"

Wir sind draufgekommen, dass die Masse nie das Ziel sein kann. Das Einzige, wo früher versucht wurde, eine Masse zu haben, waren eben diese alten Vereine, beim Frauenverein, beim

Hausväterverein, beim Burschenverein, da sollten möglichst viele dabei sein, aber das alles war dann in der Nazi-Zeit einfach weg. Wir sind halt jetzt eine kleine Gruppe, entscheidend ist, wie wir den Glauben leben in der Situation, in der wir gerade sind. Das ist entscheidend, sonst gar nichts. Die Kapläne haben nie auf die Masse geschaut, die haben alles getan, dass mehr Tiefe da ist, dass wir kapieren, was eigentlich der christliche Glaube von uns verlangt: Du musst durch dein Leben Zeugnis geben, dass andere Leute, mit denen du lebst, sehen. Da ist ein Christ, der lebt wirklich so, wie es der Herr Jesus uns vorgelebt hat. Das versuchten die Kapläne uns nahezubringen. Nie ist es darum gegangen, wie viele wir überhaupt sind. Und wir waren überzeugt, dass wir das alles überleben. Die Kirche hat schon allerhand mitgemacht, davon haben wir manches gehört.

Die Kapläne haben uns immer wieder mit Informationen versorgt, es hat ja in der Nazi-Zeit nur den „Volksempfänger" gegeben. Man hat ja keine fremden Radiosender hören dürfen, aber die Kapläne hatten schon Informationsquellen, und ich bin ja auch draufgekommen. Der Arzt Dr. Saurugg, unser Nachbar, verlangte: „Wenn der Stromableser von Voitsberg kommt, dann musst du mich benachrichtigen." Wenn der da war, bin ich halt zum Arzt: „Herr Doktor, der Stromableser ist da." Ich durfte nie dabei sein, wenn die zwei miteinander in unserer Küche geredet haben. Nach dem Krieg fragte ich den Arzt: „Warum habe ich da nie dabei sein dürfen?" „Ja, du warst ja noch ein Kind. In Wirklichkeit hat der Stromableser eine geheime kommunistische Zelle in Voitsberg geführt, der hat allerhand Nachrichten gewusst, da haben wir uns ausgetauscht." Der schwarze Bürgermeister und der kommunistische Kämpfer in Voitsberg: Man hat sich gekannt, war Gegner des Regimes, aber man war sehr vorsichtig, es war alles gefährlich.

Auf Anraten des Kaplans und mit viel Geschick gelang es Leopold Städtler, eine Mitgliedschaft bei der Hitlerjugend vorzutäuschen, ohne dieser tatsächlich anzugehören.

Der Herr Kaplan Derler hat zu mir gesagt: „Du musst auf alle Fälle bei den Frühjahrswettkämpfen der Hitlerjugend mittun. Du gehst ins Akademische in Graz. Du rennst schneller, du hüpfst auch etwas höher als alle anderen Ligister. Du hast immerhin fünf Turnstunden, und das ist dann großartig, wenn der Herr Ortsgruppenleiter in seiner braunen Uniform dem Oberministranten Städtler Leopold als erstem die Siegernadel aufstecken muss." Wenn der Kaplan das sagt, dann macht man das, ist ja gar keine Frage. Das habe ich auch gemacht, und vier Jahre ist es auch gut gegangen, bis zu meiner Matura am Akademischen Gymnasium. Ich habe vier Jahre gut gelogen. In Graz habe ich immer gesagt: „Ich bin in Ligist bei der HJ." In Ligist habe ich gesagt: „Ich bin in Graz bei der HJ." Das hat gut funktioniert, aber vor der Matura musste ich als Beweis eine Bestätigung bringen. So bin ich in Ligist zum Schuldirektor Salkowitsch gegangen und habe ihn gebeten: „Ich brauche bitte eine Bestätigung, dass ich bei der Hitlerjugend bin." „Du warst nie bei der Hitlerjugend", hat er gesagt. „Ja, das stimmt, aber ich habe jedes Jahr an den Frühjahrswettkämpfen der Hitlerjugend teilgenommen." „Ja, das stimmt auch." Habe ich halt ein Papier bekommen, das am Akademischen Gymnasium genügte, um überhaupt zur Matura zugelassen zu werden.

Matura am Akademischen Gymnasium 1943

Völlig unerwartet wurde Leopold Städtler als Gymnasiast der achten Klasse Anfang Jänner 1943 mit der Tatsache konfrontiert, dass in drei Wochen die Maturaprüfungen bevorstünden:

Blöd geschaut haben wir in der achten Klasse am Beginn des 2. Trimesters. Am 7. Jänner, als wir in der Schule eintrafen, kam der Herr Direktor Gölles daher: „Meine Herren, am 31. Jänner muss die Matura vorbei sein, dann müsst ihr einrücken." Jetzt haben wir in diesen drei Wochen dann schriftlich Matura gemacht: in Latein, Griechisch, Deutsch und Mathematik, und mündlich im Wahlfach, das man frei wählen konnte. Wenn du schriftlich durchgekommen bist, war die Geschichte erledigt.

Speziell die Aufgabenstellungen für die Maturafächer sowie einige Professoren und der Ablauf der Reifeprüfung blieben Leopold Städtler im Gedächtnis:

Wir hatten ein paar gute Professoren wie den Mathematiker Leitinger [Richard Leitinger (1883–1952)][87]. *Mathematik habe ich ja nie mögen. Aber der ist uns sehr gerecht vorgekommen, und bei der Matura hat er gesagt: „Drei Aufgaben kriegt ihr: eine für die ganz Blöden, die wird wohl jeder zusammenbringen" – bei denen war ich auch dabei –, „eine für die mittlere Gruppe und eine einzige, die eh nur einer zusammenbringt, das ist der Herwig Palten", und so war es auch. Er war der große Mathematiker, und wir hatten ihn wirklich sehr gern. Einer unserer Priesterkollegen, der Vollmann Franzerl, war in Deutsch wahnsinnig gut und in Mathematik so schlecht, dass er sicher nicht durchgekommen wäre, aber wir haben ihn durchgebracht.*

Bei der Mathematik-Matura ist Folgendes passiert: Der Vollmann Franzerl sitzt im Zeichensaal allein in der ersten Reihe, dann war in der dritten Reihe wieder einer und so weiter, also keine Chance, einander zu helfen. Auf einmal meldet sich der Palten hinten in der letzten Reihe: „Bitte, ich habe keine Tinte mehr." „Ja, wer hat eine Tinte?" Totales Schweigen. Das war vorher unter uns genau ausgemacht worden. „Hat niemand eine Tinte?" Hat der Vollmann vorne aufgezeigt: „Bitte, bitte!" Der Leitinger hat sofort gewusst: Jetzt passiert etwas. Der Palten kommt vor in die erste Reihe, schraubt die Kapsel seiner Füllfeder herunter und dreht Tinte ein. „Danke, Herr Professor." Der Palten geht zurück auf seinen Platz, hat kein Wort gesprochen, aber der Vollmann hat eine Mathematikaufgabe richtig gehabt. Beide hatten die gleiche Füllfeder, nur die Kapsel haben sie getauscht.

Goldene Maturafeier, Bischöfliches Seminar, 1993.
1. Reihe v. l. n. r.: Josef Gschanes, Karl Kowald, Leopold Städtler, Blasius Reiter, Kurt Wagner (?).
2. Reihe v. l. n. r.: Karl Hermann[88], Johann Sturm[89], Helmut Passler[90], N. N., Klement Moder, August Stelzer[91], Johann Graf[92], Josef Köhldorfer[93], Wilhelm Klepej[94], Franz Vollmann, Heribert Schimann[95], Karl Amon.

Für die Maturafeier beim „Telegrafen"[96] in der Grabenstraße haben wir von daheim ein bisschen Speck und Most mitgebracht. Sagte der Leitinger: „Wie habt ihr das gemacht, da war doch etwas?" Haben wir gesagt: „Aber Herr Professor, das Maturazeugnis ändert sich nicht mehr?" „Jaja, das bleibt auf alle Fälle." Da haben wir ihm das erzählt. Hat er uns angeschaut und gesagt: „Die Schüler sind noch immer gescheiter als die Professoren."

Als mündliches Wahlfach wählte Leopold Städtler Geschichte, da ihn die Geschichte der österreichischen Monarchie „schon immer interessiert hat und weil mir der Vater erzählt hat, dass er als erstes und einziges Mal im Ausland in Bosnien war. Er war bei einem Manöver da unten." Städtlers Maturaaufgabe war die Dynastie Karađorđević, die bis 1945 etliche der Könige Serbiens, ab 1918 des Königreichs der Serben, Kroaten und Slowenen bzw. Jugoslawiens stellte. Schließlich wurde das Reifeprüfungszeugnis für Leopold Städtler mit 15. Februar 1943 ausgestellt.

„Der Krieg war schon im Gymnasium spürbar"

Für Leopold Städtler war „der Krieg schon im Gymnasium spürbar". In der Schule wurden die Schüler ab der fünften Klasse zu „Wehrübungen" verpflichtet, als Helfer für die Luftwaffe oder zum Bau von Splitterschutzgräben in der Südsteiermark eingesetzt.[97]

„Wehrertüchtigungslager" auf der Schmelz (Seetaler Alpe), 17.–24. Februar 1941.
1. Reihe hockend v. l. n. r.: N. N., Johann Sturm, Manfred Bauer, Konrad Friedrich.
2. Reihe stehend v. l. n. r.: Leopold Städtler, Wolfgang Plechinger, Helmut Fitzek, N. N., Harald Schmutz, Johann Friedrich, Herwig Palten, Max Stühlinger, Karl Otschko, Franz Payer.

Wir haben am Gymnasium eine Ausbildung im Luftschutzdienst erhalten und im Laufe des Jahres vier, fünf Mal Luftschutzübungen gemacht, anfangs war vom Krieg wenig bemerkbar. In der 6. Klasse ging es aber los. Während der Sommerferien wurden wir in ein aufgelassenes Mädchenlager des Reichsarbeitsdiensts in Weniggleinz[98] einberufen und von der SS ausgebildet: schießen, Gewehr und Pistolen behandeln, Kompass bearbeiten, Feldübungen durchführen und so weiter. Ein Jahr später wurden wir auf die Schmelz bei Judenburg zu einem Winter-„Wehrertüchtigungslager" durch Gebirgsjäger geführt.

Immer wieder kamen Offiziere der SS, der Luftwaffe und Marine in die Schule, um für den Offiziersdienst zu werben. Junge Offiziere wurden vor allem im Heer stark gebraucht, weil sie bei Angriffen als Vorbild für die Soldaten als erste aus den Schützengräben heraus mussten. Viele sind nach kurzer Zeit schon gefallen. Die Herren von der Luftwaffe und Marine wirkten sehr nobel, während die SS-Leute wegen ihres überheblichen Auftretens nahezu keiner mochte. Interessanterweise hat sich von unserer Klasse kein einziger freiwillig für eine dieser Waffengattungen gemeldet. Fast alle meinten wir: „Wir melden uns am besten zur schweren Artillerie, die ist an der Front immer etwas weiter hinten", das haben wir in der Kriegswochenschau im Kino immer so gesehen.

Erinnerungen an die Kriegszeit

Porträtfoto, Reichsarbeitsdienst in
Weißenbach bei Liezen, 1943.

Wenige Wochen nach Absolvierung der Matura im Februar 1943 wurde Leopold Städtler zum Reichsarbeitsdienst (RAD) eingezogen und der Abteilung 2/363 „Karl Ritter von Ghega" zugewiesen. Ein halbes Jahr, vom 15. April bis zum 30. September 1943, verbrachte der zum Zeitpunkt der Einrückung gerade noch 17-Jährige im Barackenlager Weißenbach bei Liezen. Der für Maturanten verpflichtende RAD bildete eine wichtige Säule der vormilitärischen Erziehung im Sinne der nationalsozialistischen Ideologie. Durch strengen Drill und Exerzierübungen, anstelle von Waffen diente der Spaten, wurden die Jugendlichen an militärische Gepflogenheiten herangeführt. Dieser „Ehrendienst am deutschen Volke", wie die Arbeitseinsätze überhöht betitelt wurden, bestand für die Abteilung im Lager Weißenbach unter anderem aus Aufforstungsarbeiten, der Arbeit im Stahlwerk „Schmidhütte" und dem Bau von Verwaltungsbaracken in Liezen, wie etwa dem Arbeitsamt. Kurz vor der Entlassung aus dem RAD rückte Städtler vom „Arbeitsmann" zum „Vormann" auf, was bescheidene Vergünstigungen in Bezug auf die sonst sehr rigide geregelten Ausgangszeiten mit sich brachte.

Am 6. Oktober 1943 wurde Leopold Städtler zur Deutschen Wehrmacht bei der 4. Kompanie des Reserve-Gebirgsjäger-Regiments 139 in Klagenfurt einberufen, wo er am schweren Maschinengewehr, dem damals neuen (S)MG 42, ausgebildet wurde.

Ich wurde eingezogen, nicht zur schweren Artillerie, wie ich immer wollte, sondern zu den Gebirgsjägern nach Klagenfurt. Da kam ich zur vierten Kompanie, das war die schwere Maschinengewehrkompanie. Das SMG 42 war dieses berühmte neue Maschinengewehr, das die Deutschen erzeugt haben, das hat, glaube ich, das Österreichische Bundesheer nachher auch noch verwendet. Während der Ausbildung wurden wir sauber geschliffen. Aber wir waren junge Leute, so ernst haben wir das alles auch wieder nicht genommen: Das müssen wir jetzt machen, also machen wir es halt. Es nicht zu machen wäre undenkbar gewesen.

Exerzierübungen im RAD-Lager Weißenbach bei Liezen, 1943.

Und der Eid, den wir schwören mussten, der war uns eigentlich egal, die Eidesformel haben wir einfach heruntergeredet und nicht nachgedacht, was der Eid überhaupt bedeutet. Die Kapläne hatten zu uns vorher gesagt: „Sagt das halt einfach auf!"

In der Freizeit war es den Soldaten freigestellt, das Kasernengelände zu verlassen und auch an Gottesdiensten teilzunehmen. Leopold Städtler kann sich noch gut an die einprägsamen Predigtworte von Erzbischof Andreas Rohracher (1892–1976)[99] anlässlich des Christkönigsfestes Ende Oktober 1943 im Klagenfurter Dom erinnern. Rohracher, ein entschiedener Gegner der nationalsozialistischen Ideologie, leitete von 1939 bis 1945 als Kapitularvikar die Diözese Gurk. Der bisherige Gurker Weihbischof wurde im Frühjahr 1943 durch das Salzburger Domkapitel zum Erzbischof gewählt. Am 10. Oktober 1943 nahm Rohracher von der Erzdiözese Salzburg Besitz.

Ich habe Erzbischof Andreas Rohracher im 1943er Jahr in Klagenfurt bei der Christkönigsfeier miterlebt. Der Dom war gesteckt voll mit jungen Leuten, auch wahnsinnig viele Soldaten in Uniform waren dabei. Der Bischof hat eine so großartige Predigt gehalten, da haben wir uns gedacht, wenn der jetzt sagt: „Kommt, Burschen, marschieren wir los!", wir wären losmarschiert.

„Achtung, Feind hört mit" –
Warnung vor Abhöraktionen, Barackenausmalung in Prestrane/Prestranek, 1943/44.

ROB 2 Lehrgang in Kufstein, 1944.
1. Reihe 1. v. l.: Leopold Städtler, 2. Reihe v. l. n. r.: Franz Schurz, Roland Reif, Emmerich Pflegerl.

Städtlers Einheit wurde zunächst nach Friaul und drei Wochen später weiter nach Prestrane, dem heutigen Prestranek in Slowenien, verlegt. Den Heiligen Abend und die Wintermonate 1943/44 verbrachte er in Istrien.

Wir wurden dann sehr bald nach Istrien versetzt, wo es eine starke Partisanenbewegung gab. Dort traf ich plötzlich einen gewissen Hasenhütl[100], der zwei Jahre vor mir das Akademische Gymnasium besucht hat und dessen Bruder Franziskaner[101] war. Dieser Hasenhütl war Ordonanzoffizier beim Kommandanten Oberst Heinrich Christl [1894–1947]. Er riet mir: „Du, hörst, mach die Reserveoffiziersschule, da bist du noch ein paar Monate daheim und bist sicher." Ich hatte ja keine blasse Ahnung von dieser Ausbildung und was ich tun sollte. „Du, melde dich, und ich werde das beim Oberst Christl schon durchdrücken, dass er dich gehen lässt."

Im hohen Norden

Leopold Städtler absolvierte ab 15. Februar 1944 die Ausbildung zum Reserveoffiziersbewerber (ROB) in Glasenbach bei Salzburg und Kufstein. Dazu gehörten politische und militärische Schulungen, wobei besonderer Wert auf das Kommandogeben in jeder erdenklichen Lage gelegt wurde, sowie taktische Übungen und ein Skikurs am Hochkeil in Salzburg.

So wurde ich durch den Hasenhütl zum Reserveoffiziersanwärter. Die Ausbildung erfolgte in Salzburg und Kufstein. Das war wirklich ein Glück für mich, weil es eine sichere Zeit war, die ich in der Heimat verbringen konnte. Zwar wurden wir ziemlich geschliffen, aber wir hatten genug zu essen. Unser Chef war ein Offizier, der schwer verwundet worden war. Der war recht väterlich zu uns, muss ich sagen.

Im Sommer 1944 wurde Leopold Städtler für wenige Wochen wieder nach Italien abkommandiert, um ab 24. Oktober 1944 in Lappland im Norden Finnlands als Teil der Gebirgsjäger-Brigade 139, die der Divisionsgruppe „Kräutler" unterstand, zur Verstärkung an der Front eingesetzt zu werden. Dort befanden sich die deutschen Truppen gegen die sowjetische Armee bereits in der Defensive. Durch den am 19. September 1944 zwischen Finnland und der Sowjetunion geschlossenen Waffenstillstand wurde die Lage für die deutschen Einheiten umso prekärer. Zur sowjetischen Offensive kamen nun auch einzelne Angriffe finnischer Truppen, weshalb der Rückzug auf norwegisches Gebiet angeordnet wurde.[102]

Die Anreise nach Finnland erfolgte im Militärzug von Klagenfurt nach Berlin. Anstatt umgehend zur Nächtigung die Kaserne aufzusuchen, wollte eine kleine Gruppe mit

Leopold Städtler die deutsche Hauptstadt kennenlernen. Prompt wurden die Kameraden angehalten und verhaftet, da es nicht erlaubt war, dass sich mehr als zwei Personen
nebeneinander auf der Straße aufhielten. Nach dem kurzen Aufenthalt in Berlin ging es
von Aarhus in Dänemark per Schiff in den norwegischen Hafen Tromsø und von dort
weiter an die Front nach Lappland. Der Kampfeinsatz im hohen Norden gestaltete sich
als Stellungskrieg. Leopold Städtler wurde als SMG-Führer 1 eingesetzt und war damit für
das Richtgerät des Maschinengewehrs zuständig. Im Schützengraben sollte durch häufige
Positionswechsel des SMG-Trupps verhindert werden, dass die gegnerischen Soldaten
den Standort der Waffe lokalisieren konnten. Geschlafen wurde in Erdbunkern, die mit
kleinen Kanonenöfen ausgestattet waren und mit dem überall anzufindenden Birkenholz
befeuert wurden.

*In Finnland erlebte ich das Kriegsende mit, das war ein Stellungskrieg. Es war saukalt. Bei den
Sternen kannten wir uns ziemlich gut aus. Was sollst du sonst im Schützengraben beim Posten-
stehen tun? Sterne schauen halt. Oft war es so kalt, dass die Waffen gar nicht funktionierten,
bei den Russen genauso. Wir haben nie gewusst: Kommen die Russen, oder kommen sie nicht?
Zum Glück sind sie nicht gekommen. Es hat nur kleine Spähtrupps gegeben. Wir hatten bei
unserer Truppe auch einige finnische Soldaten. Das waren radikale Burschen, die waren in
ganz kleinen Gruppen beieinander und haben mit dem Messer „gearbeitet", keine Schusswaf-
fen, alles still und leise, schrecklich, wirklich schrecklich.*

*Dort erlebte ich zum ersten Mal, wie ein Gebietsführer der Hitlerjugend aus München
von unserem Bunkerkommandanten, einem Tiroler Oberfeldwebel, zusammengeputzt wurde.
Einige Obere der HJ machten so kurze Einrückungseinsätze, damit sie hinterher stolz sagen
konnten: „Ich war im Krieg." Obwohl wir nichts zu sagen hatten, merkten wir gleich: „Der
passt ja überhaupt nicht zu uns, der soll wieder zurück nach München zu seinen HJlern
gehen." Es war interessant zu sehen, wie unser Oberfeldwebel den gleich rausgeschmissen hat.*

*Das Schlimmste war, aus dem Bunker hinauszugehen, wenn du aufs Häusl musstest. Das
Häusl waren einige Birkenstämme auf Stelzen im Schnee. 35 Grad Minus waren normal. Die
ganze Zeit über hatten wir wenig zu essen, Hunger hatten wir immer. Unseren Tiroler Oberfeldwebel habe ich sehr geschätzt. Er schaute wie ein Vater auf uns, auf die paar Jungen, die
wir als Ersatz zu dieser Einheit hinaufgekommen sind.*

*Am 13. Dezember 1944 ging der Rückzug los. Der Chef unseres Frontabschnitts sagte:
„Auf norwegisches Staatsgebiet müsst ihr gelangen, ihr werdet sicher auch an der schwedi-
schen Grenze vorbeikommen. Geht aber auf keinen Fall nach Schweden." Das hatten wir
eigentlich eh nicht vor. Über Norwegen waren wir schließlich hinaufgekommen, auf dem-
selben Weg wollten wir wieder zurück. Der Rückzug nach Norwegen war gefährlich, weil es
keine Unterstützung durch die Deutsche Luftwaffe mehr gab und russische Tieflieger über uns
drüberflogen und herunterschossen. Da hatten wir Tote zu beklagen. Die größte Gefahr aber*

war das Erfrieren. Wir bekamen Hinweise für das Ruhen und Schlafen im Freien auf Schnee: „Maximal zwei Stunden schlafen, einer muss immer auf sein und wachen, dass ihr nicht verschlaft, sonst überlebt ihr nicht." Genauso machten wir es auch: Es lag viel Schnee, vor Müdigkeit fielen wir fast um, schliefen wie die Rösser, und abwechselnd stand immer einer auf Wache. Nach zwei Stunden ging es weiter. Orientiert haben wir uns an den Sternen, die Devise lautete: „Immer nach Westen!"

So kamen wir dann im Februar 1945 auf norwegisches Staatsgebiet, ungefähr 60 Kilometer nördlich von Narvik. Wir hatten unendlich großen Hunger. Als wir eine riesige Halle sahen, in der es warm war, dachten wir uns: „Endlich kriegen wir etwas Warmes zu essen." Dort waren einige Frauen, sogenannte Frontfrauen, die zu uns sagten: „Jetzt legt ihr euch erst einmal hin. Ihr kriegt noch nichts zu essen, das vertragt ihr nicht." Das konnten wir zunächst überhaupt nicht verstehen, wieso wir das nicht vertragen sollten, wir hatten ja unendlichen Hunger. Die Frauen wussten genau, dass unser Körper keine Nahrung vertragen konnte. Sie ließen uns zwei Tage liegen, gaben uns nur ein bisschen Wasser, und dann bekamen wir eine Suppe. So haben sie uns aufgepäppelt. Erst jetzt merkten wir, wie miserabel wir beieinander waren. In diesem Lager in Kvesmenes nördlich von Narvik waren wir ungefähr zehn oder 14 Tage. Mit einem Kohlenboot wurden wir nach Narvik hinuntergebracht, wo wir uns bei der Frontleitstelle melden mussten. Dort erhielten wir sofort den schriftlichen Befehl zum Einsatz in Berlin. Das wollte keiner von uns, es gab Gerüchte, die Russen seien schon in Berlin. Genaueres wussten wir aber nicht. Im Hafen sahen wir ein deutsches Kriegsschiff mit einem großen Loch vorne. Es war ein Katapultschiff mit zwei Flugzeugen für die Nahaufklärung darauf, das von einem englischen U-Boot getroffen worden war. Wir – unsere Gruppe bestand aus zehn Kameraden – fragten den Posten: „Fahrt ihr hinunter Richtung Trondheim, oder bleibt ihr da?" „Nein, wir fahren irgendwann einmal nach Trondheim hinunter." „Können wir da mitfahren?" „Das kann nur der Kapitän entscheiden." „Können wir mit dem Kapitän reden?" Der Kapitän sagte zu uns, dass er uns schon mitnehmen würde, wir aber eine Genehmigung der Frontleitstelle bräuchten. Was sollten wir jetzt machen? Einer unserer Gruppe, der Emmerich Pflegerl, sein Vater war Postenkommandant in Spittal an der Drau, schlug vor, wir zehn sollten schauen, dass wir dort einen Termin bekommen und bitten, ob wir mit dem Schiff nach Trondheim mitfahren könnten. Er würde für uns alle sprechen. Wir bekamen tatsächlich einen Termin, standen in Habt-Acht-Stellung vor dem zuständigen Offizier. Der schaute uns alle an: „Was wollt ihr?" Fing der Pflegerl zu reden an: „Wir möchten für Führer, Volk und Vaterland unser junges Leben zur Verfügung stellen. Wir sind zum Einsatz nach Berlin abkommandiert worden und möchten gerne mit diesem Schiff da mitfahren, damit wir möglichst schnell nach Berlin kommen." Der Major, ich sehe ihn heute noch vor mir, wie er jeden einzelnen von oben bis unten schweigend anschaute, sagte schließlich: „Dann will ich's auch nicht hindern." Uns wurde ein „Wisch" mit Stempel ausgestellt, der es uns erlaubte, mit diesem Schinakel mitzufahren.

Der Kapitän dieses Schiffes sah genauso aus, wie ich mir einen Kapitän vorgestellt habe, weißer Bart und blaue Mütze. Die Fahrt ging an den Lofoten vorbei bis zu einem Schiffslandeplatz nördlich von Trondheim. Mit dem Zug fuhren wir weiter und kamen in der Nacht des 18. April 1945 in Oslo an. Einen Tag zuvor war das letzte deutsche Schiff aus Oslo ausgelaufen, die ganze Nordsee war unter englischer Kontrolle. Das spürten wir als unsere Rettung, Berlin hätte wahrscheinlich keiner von uns überlebt. Am Bahnhof in Oslo kontrollierten uns Feldgendarmen der Wehrmacht, „Kettenhunde" genannt, die uns in die Seefestung Akershus führten. In einer alten Holzhütte untergebracht, praktisch eingesperrt, wurden wir einige Tage lang verhört, woher wir kamen, wer wir waren und warum wir da seien. Erst nach einigen Tagen bekamen wir etwas zu essen und den Auftrag, dieses uns selbst zu holen. Da hatte der Emmerich Pflegerl wieder die rettende Idee: „Verpflegung gehe ich holen, da werde ich sicher irgendwo Frauen treffen, denen ich unser Schicksal erzählen und sie bitten werde, uns zu helfen." Und genauso war es. Er fand tatsächlich in der Verpflegsstelle Rotkreuzschwestern und bat sie, uns zu helfen: „Wir sind zehn Mann aus Finnland heruntergekommen und haben seit ein paar Tagen überhaupt nichts zu essen bekommen." Die Frauen vom Roten Kreuz schauten tatsächlich, dass wir etwas zu essen bekamen. Ungefähr einen halben Tag später kam ein Offizier, der uns befahl: „Nehmt euer Zeug, und kommt mit!" Wir kamen in ein ganz anderes Eck der Seefestung, wo uns erklärt wurde: „Ihr kennt euch bei den Waffen eh aus." „Ja", antworteten wir, ohne zu wissen, welche Waffen überhaupt gemeint waren. „Das passt gut, wir haben hier zwei Geschütze, bei denen sich niemand auskennt, das ist euer Einsatz für die Seefestung." Nun standen wir da vor zwei Kanonen, aber keiner von uns zehn hatte jemals zuvor mit einer Kanone zu tun gehabt. Einen Schuss aufs Meer ließen wir hinaus. Wir wussten so ungefähr, wie das ging. Es machte einen lauten Pumperer. Dieser eine Schuss war die ganze Verteidigung der Seefestung, die wir zehn durchführten. Wir trafen auch mit zwei Piloten zusammen, die bereits in Italien und in Deutschland kapituliert hatten und jetzt mit ihrem Flieger in Norwegen waren. Es herrschte ein totales Durcheinander. Der Reichskommissar für Norwegen, Josef Terboven [1898–1945], wollte nach der deutschen Kapitulation am 8. Mai 1945 in Norwegen weiterkämpfen, da Munition und Verpflegung für die über 500.000 deutschen Soldaten für ein halbes Jahr im Land zur Verfügung standen. Nach einem Alkoholgelage mit SS-Offizieren beging er Selbstmord. Erst drei Tage später wurde die Seefestung Akershus an die Norweger übergeben.[103]

In norwegischer Kriegsgefangenschaft

Durch einen Funkspruch amerikanischer Fallschirmjäger hörten wir, dass wir nun Kriegsgefangene wären, keine Waffen mehr gebrauchen dürften, sie aber sauber gereinigt in einem Raum aufbewahren müssten. Österreichische Soldaten sollten eine Rot-Weiß-Rot-Markierung auf die Mütze geben. Das Rot nahmen wir von den Nazifahnen, weißen Stoff gab es aber kaum. Ungefähr drei oder vier Kilometer entfernt befand sich ein großes Verpflegungslager. Auf unsere Frage, ob wir uns da etwas nehmen könnten, sagten die Amerikaner: „Holt euch, was ihr wollt.“ Zum ersten Mal im Krieg konnten wir uns richtig satt essen.

Die norwegische Staatsregierung, die während des Krieges in London im Exil war, kam schon einige Tage nach Kriegsschluss nach Oslo zurück. Die Kriegsgefangenen wurden ihr unterstellt. Ziemlich rasch wurden wir dann zur Holzschlägerei für die norwegische Staatsbahn, deren Lokomotiven noch mit Holzgas betrieben wurden, eingeteilt. Wie man einen Baum fällt, wusste ich, da ich öfters dabei war, wenn mein Vater alte Fichten umsägte. Zehn Kriegsgefangene wurden mir zum Holzfällen anvertraut, und mit meinen geringen Englischkenntnissen von der Schule wurde ich zum „Verbindungsmann“ für die Auftraggeber. Ungefähr vier Wochen dauerte diese schöne Tätigkeit. Überraschend wurden wir zu einer schwereren und gefährlicheren Arbeit abgezogen. Einige Tage vor Kriegsende hatten die Engländer ein großes Werk bombardiert, in dem angeblich Schweres Wasser zur Produktion von Atombomben hergestellt wurde.[104] *Um das ganze Werksgelände war ein Minengraben angelegt worden, der ebenfalls zerstört worden war. Einen halben Meter tief mussten wir hier die Erde umgraben. Dabei gab es einige Tote. Auch in meiner Nähe stieß ein Landsmann aus Stallhofen auf eine Mine, die explodierte und ihn tötete. Völlig unerwartet kamen eines Tages Vertreter des Internationalen Roten Kreuzes und erklärten: „Österreicher sind keine Kriegsgefangenen, sondern Befreite und gelten als Zivilinternierte, außerdem dürfen Kriegsgefangene zu keinen lebensgefährlichen Arbeiten herangezogen werden.“ Einige Tage später wurden wir abgezogen und nach Hamar, einer kleinen Stadt nördlich von Oslo, in das sogenannte „Österreichlager“ gebracht, in dem wir bis November 1945 blieben, bis genug Österreicher da waren und der Transport in die Heimat möglich wurde.*

Heimkehr in die Steiermark

Von Norwegen kamen wir mit dem Schiff nach Bremerhaven, dort mussten wir bei strömendem Regen zu einem Zeltlager marschieren. In diesem Lager – wir schliefen auf dem durchnässten Erdboden – hatten wir sicher zehn Tage zu warten, bis für einen Heimtransport mit dem Zug genug Österreicher beieinander waren.

Ich glaube, 900 Österreicher waren wir dann in diesem Viehwaggonzug. Von Bremerhaven bis Frankfurt am Main fuhren wir fast ununterbrochen durch. In Frankfurt sah ich zum ersten Mal eine zerstörte Stadt: zerbombte Häuser, am Bahnhof Gleise, die kreuz und quer in die Höhe gebogen waren. So etwas hatten wir bisher noch nicht gekannt. Bis Salzburg ging es wieder ziemlich rasch weiter. In Salzburg wurden wir den Amerikanern übergeben, die uns Österreicher aufteilten. Wir Steirer mussten irgendwo auf einem Abstellgleis in einem versperrten Viehwaggon einige Tage verbringen, in dem wir auch alles zu „erledigen" hatten. An der Zonengrenze im Ennstal fand die Übergabe an die Engländer statt. In der Gegend nach Gröbming haben wir gepumpert und geschrien: „Wir wollen raus!" Die englische Bewachung hat sofort verstanden, was wir wollten. Sie öffneten die Türen, und wir alle liefen hinaus auf die Wiese, damit wir uns erleichtern konnten.

In Selzthal konnte ich zum ersten Mal mit einem Eisenbahner reden. Ich fragte ihn, ob er wüsste, wie es in meiner Heimat Ligist aussehe. „Dort sind die Russen", sagte er. Wir kamen dann rasch nach Kapfenberg, es war der 13. November 1945. In der Nähe, wo heute die Pfarrkirche zur Heiligen Familie steht, war das große Auffanglager für Volksdeutsche. Dort befand sich auch die Entlassungsstation der Engländer. Die ließen uns einige Papiere ausfüllen, gaben uns 20 Militärschillinge, packten uns auf einen Lkw und fuhren uns zum Bahnhof in Bruck an der Mur. „Jetzt schaut, dass ihr nach Graz kommt!", lautete die Anweisung. In Bruck fragten wir den Bahnhofsvorstand: „Fährt heute noch ein Zug nach Graz!" Das wusste er nicht. „Man kann nicht sagen, ob überhaupt ein Zug kommt." „Ja, was sollen wir dann tun?" „Wartet's halt einmal." Ungefähr zwei Stunden später kam tatsächlich ein Zug, der komplett überfüllt war. Als die Leute sahen, dass da ein paar Heimkehrer waren, die hinein wollten, machten sie Platz. Ich kann mich noch gut erinnern, wie ich in den Waggon gekommen bin: Ein kleiner Bub wurde ins Gepäcksnetz hinaufgehoben, damit ein Platz für mich frei wurde. Nach Frohnleiten kam der Bahnbeamte, der Herr Schaffner. Weil wir keine Fahrkarte hatten, mussten wir Strafe zahlen. Das erste, was wir nun freie Kriegsgefangene im befreiten Österreich machen mussten, war Strafe zahlen, aber das war uns völlig egal. Um viertel nach neun kamen wir in Graz an, da fuhr kein Zug mehr in die Weststeiermark. Um zu übernachten, ging ich in die Schmiedgasse 23a zur Familie Goldner. Die Mutter von Erich Goldner [1922–1992][105] habe ich gut gekannt, denn sie hatte Verwandte in Ligist. Meine Eltern versorgten sie noch lange über das Kriegsende hinaus mit Lebensmitteln.

Am 14. November 1945 konnte Leopold Städtler schließlich in seine Heimat Ligist zurückkehren. Beim Betreten des Elternhauses drückte er zweimal laut hörbar die Türschnalle. Dieses Zeichen hatten sich sein Bruder Hannes und er zu eigen gemacht, dass die Eltern gleich wussten, einer ihrer beiden Söhne kommt heim. Die Freude über den Rückkehrer war groß, seit Jänner 1945 hatte man nichts mehr voneinander gehört: „Der letzte Brief, den ich von meinen Eltern erhielt, war vom 3. Jänner 1945. Danach hat es keine Feldpost mehr gegeben." Die Eltern wussten nichts über den Verbleib ihres Sohnes. Im Markt Ligist verbreitete sich die Nachricht schnell: „Der Poldl ist wieder daheim!"

Jeder wollte überleben

Insgesamt etwas mehr als zweieinhalb Jahre verbrachte Leopold Städtler beim Reichsarbeitsdienst, im Kriegseinsatz und in Gefangenschaft. Diese Erlebnisse prägten sowohl sein Leben als auch das vieler Gleichaltriger. Nicht nur für ihn stellte sich die Frage nach dem Sinn dieses grauenvollen Krieges, die Frage nach der Zukunft und dem Grund durchzuhalten.

Ununterbrochen war der Wunsch da: Ich will leben! Manches war mir völlig unbegreiflich: Wozu das eigentlich? Durch Gewalt wird ja nichts besser, Kriege haben noch nie gute Lösungen gebracht. Man wird sehr nachdenklich, wenn neben dir in der Stellung ein Kamerad tödlich getroffen wird, es hätte ja auch dich treffen können. Das habe ich in Finnland erlebt. Fragen nach der Zukunft verunsicherten tief: Welche Zukunft gibt es überhaupt für uns? Wie geht es weiter? Mit niemandem konnte man darüber offen reden. Viele ältere Kameraden, die „altgedienten Hasen", hatten genug vom Krieg, alle wollten nur eines: heim, nach Hause. Wir Jugendlichen waren keine Helden. Fast jeden Tag hörte man von irgendeinem, wohl auch wegen des Hungers, den wir immer hatten: „Ich will überleben, hoffentlich komme ich heim."

Während des Krieges habe ich nur einmal einen Militärgeistlichen bei einer Feldmesse erlebt. Das war in der Gefangenschaft. Nie mit einem Priester über alles Mögliche reden zu können, hat mich innerlich sehr getroffen. Dann und wann kamen Gedanken, wo und wie ich etwas tun kann, dass Menschen friedlicher miteinander auskommen und mehr füreinander leben wollen. Vielleicht hatten diese Überlegungen etwas damit zu tun, dass ich Priester geworden bin.

Eine große Frage als Theologe war für mich, im Kriegseinsatz jemanden getötet zu haben. Wir mussten mit dem schweren Maschinengewehr zwar immer nur auf weite Entfernung schießen, wussten aber nie, ob wir jemanden getroffen hatten. Diese offene Frage beschäftigte mich immer wieder. Bei Exerzitien habe ich das mit einem Jesuiten besprochen, der mir sagte: „Was du nicht weißt, soll dich nicht beunruhigen. Lege dein Leben mit Vertrauen in die Barmherzigkeit Gottes." Diese Worte gaben mir Trost und innere Sicherheit.

Hannes Städtler als Theologiestudent und Priester

Nach der Rückkehr in die Steiermark setzte sich Leopold Städtler intensiv mit Fragen nach der eigenen Zukunft und der Studienwahl auseinander. Inspirierend für ihn war ohne Zweifel sein eigener Bruder Hannes. Von 1930 bis 1938 hatte dieser das Bischöfliche Gymnasium besucht und konnte dort gerade noch rechtzeitig vor dessen Schließung durch die Nationalsozialisten am 1. Juni 1938 mit Auszeichnung maturieren.

Matura am Bischöflichen Gymnasium, 1938.
Vorletzte Reihe 4. v. l.: Hannes Städtler.
1. Reihe v. l. n. r.: Lind, Vollmann, Erich Klautzer (1908–1983), Semlitsch, Schitter, Kahr, Seidl, Kraus, Unterberger, Maier, Mayerhofer.

Nachdem er zum Reichsarbeitsdienst in Nötsch im Gailtal und in Hengsberg eingezogen worden war, konnte Hannes Städtler erst am 1. November 1938 das Studium der Katholischen Theologie an der Karl-Franzens-Universität Graz beginnen. Allerdings wurde von den Nationalsozialisten die Theologische Fakultät am 1. April 1939 „wegen ihrer Weltanschauung" geschlossen; sie sprachen getarnt von einer Zusammenlegung mit der Wiener Theologischen Fakultät, was einer Aufhebung gleichkam.[106] Bereits vierzehn Tage später studierte Hannes Städtler mit seinem Kollegen Franz Leopold (1915–2011)[107] ab Sommersemester 1939 Theologie in Bonn, dann ab dem Wintersemester 1939/40 in Wien, und am 16. September 1940 inskribierte er in Tübingen.

Der Bruder hat mir sehr imponiert, zusammen mit dem späteren Hofrat Leopold. Die zwei haben Theologie studiert und die Nazis ein bisschen an der Nase herumführen können. Sie haben nämlich immer wieder die Fakultät gewechselt. Graz wurde ja zugesperrt. Dann waren sie in Bonn, von Bonn sind sie nach Wien, von Wien nach Tübingen. Sie haben einige Semester Theologie dadurch zusammengebracht, bis sie von den Nazis erwischt und für den Krieg eingezogen worden sind.

Am 4. Oktober 1940 musste Hannes Städtler zur Deutschen Wehrmacht einrücken. Während des Zweiten Weltkrieges wurde er mehrmals verwundet.

Er wurde in Albanien das fünfte Mal verwundet und mit dem Lazarettzug nach Klagenfurt geführt. Dort hatten sie keinen Platz. Der Zug musste weiter nach Innsbruck, dort war auch kein Platz, dann weiter nach Vorarlberg. So ist er in Bludenz, glaube ich, ins Lazarett gekommen. Die Franzosen waren zu den Priestern und Theologiestudenten sehr großzügig. Ein französischer Militärgeistlicher kam ins Lazarett und fragte, ob es da Priester oder Theologen gäbe. „Wo er hingehört?" „In die Steiermark." „Ja, das werden wir gleich machen. Wir werden schauen, wie lange sie mit deiner Hand noch brauchen." Hannes hatte eine schwere Handverwundung. Der Militärgeistliche hat es zustande gebracht, dass mein Bruder ein Papier von der französischen Besatzungsmacht bekommen hat. Er sei besonders zu befördern, damit er rasch nach Hause käme. Er ist Theologe. Und so ist er durch die französische Zone in Tirol mit französischen Militärautos geführt, ruckizucki den Amerikanern in Salzburg übergeben worden, die hatten auch geschaut, dass sie ihn weiterbringen. Die Engländer waren im Ennstal. Da kam er drauf: Nach Ligist kann er ja gar nicht, weil da die Russen sind, aber nach Lankowitz könnte er, dort waren die Engländer. So ist er von Tirol nach Lankowitz gekommen und hat im Franziskanerkloster gewartet, bis Ende Juni 1945 die Russen weg waren. Der Bruder war schon früher vom Krieg daheim als ich.

Hannes Städtler setzte das Theologiestudium an der Universität Graz fort. Die Theologische Fakultät wurde offiziell am 22. September 1945 wiedererrichtet. Die Priesterweihe empfing er durch Bischof Pawlikowski am 7. Juli 1946 im Grazer Dom. In seiner Heimatgemeinde Ligist feierte er die erste heilige Messe als Neupriester am 14. Juli 1946. Für die örtliche Bevölkerung war dies ein besonderes Ereignis, zumal eine solche Primiz – mit Johann Wagner (1901–1992)[108] im Jahre 1924 – mehr als zwei Jahrzehnte zurücklag. Hannes Städtler wählte Joseph Ernst Mayer (1905–1998), den großen Wegbereiter der Liturgie- und Bibelbewegung im deutschsprachigen Raum, zu seinem Primizprediger. Dieser kam aus dem Bund Neuland, einer einflussreichen kirchlichen Erneuerungsbewegung in der Zwischenkriegszeit. In seiner Pfarre Hetzendorf in Wien XII, wo Mayer mehr

Hannes Städtler als Student nach dem Krieg.

als drei Jahrzehnte wirkte (1946–1979), setzte er bereits viele Ideen um, welche das Zweite Vatikanische Konzil erst mit der Liturgiekonstitution verwirklichen sollte. Er forderte eine missionarische Kirche, die sich den Fragen des heutigen Menschen stellt, und zählt mit seinem pastoralen Programm zu den Pionieren der modernen Großstadtseelsorge.

Primiz von Johannes Städtler, 1946.
V. l. n. r.: Leopold, Mutter Maria, Johannes, Vater Leopold.

Hannes Städtler verblieb als Seelsorger zunächst in der Steiermark: als Kaplan von 1947 bis 1954 in Eibiswald und in den Grazer Pfarren Gösting, Karlau und Schutzengel. Von 1954 bis 1956 nahm er sich als Diözesanseelsorger der weiblichen Katholischen Arbeiterjugend (KAJ/M) an und war zugleich Aushilfskaplan in Graz-Liebenau, von 1956 bis 1958

Hannes Städtler in Rom, o. J.

Domvikar in Graz. In jenen elf Jahren war er auch als Religionslehrer tätig. 1957/58 wirkte er kurzzeitig in der Industriepfarre Kapfenberg-Hl. Familie. Anschließend wechselte er in die Militärseelsorge nach Niederösterreich, zunächst als Militäroberkurat (1960), dann als Militärsuperior (1963), von 1971 bis 1980 als Militärdekan. Hannes Städtler organisierte Soldatenwallfahrten nach Lourdes. Er schloss sich der geistlichen Gemeinschaft „Bewegung für eine bessere Welt" an, die 1952 vom Jesuiten Riccardo Lombardi (1908–1979) gegründet worden war und die geistliche Erneuerung von Pfarren zum Ziel hat. Seit 1973 fuhr er jährlich mit fast 100 Personen nach Rocca di Papa am Albaner See, wo sich das Zentrum der Bewegung befindet. Hannes sammelte wie sein Bruder Leopold mit großer Leidenschaft Briefmarken, den Erlös aus dem Verkauf seiner Sammlung vermachte er der Caritas. Nur eine kurze Zeitspanne war Hannes Städtler nach seinem Eintritt in den Ruhestand vergönnt, der mit 1. Juli 1980 erfolgte. An den schweren Folgen seiner Kriegsverwundungen zeitlebens leidend, verstarb er bereits am 19. Dezember 1982 in St. Pölten und wurde im Familiengrab auf dem St.-Leonhard-Friedhof in Graz beigesetzt. Dem Requiem in der Grazer Pfarrkirche St. Leonhard stand sein Bruder Leopold vor, die Predigt hielt Militärgeneralvikar Franz Gruber (1921–2009) in Vertretung von Militärbischof Franz Žak (1917–2004)[109].

„Fang Theologie halt einmal an!" – Studium in Graz (1945–1950)

Zurückgekehrt aus der Kriegsgefangenschaft, suchte der noch 20-jährige Leopold Städtler sein persönliches Lebensziel sowie Orientierung für den beruflichen Weg. Sein Bruder Hannes gab dem Heimgekehrten den Rat, mit einem Theologiestudium zu beginnen: „Was tust du jetzt überhaupt? Willst du studieren? Sollst du Theologie anfangen? Ich war total unsicher. Da hat mein Bruder, der Hannes, gesagt: ‚Fang Theologie halt einmal an!'"

Als Kriegsheimkehrer kam Leopold Städtler entgegen, dass die Immatrikulationsfrist von der Universität bis Dezember 1945 verlängert worden war. Nachdem er erst am 13. November 1945 in Kapfenberg entlassen wurde, inskribierte er zwei Tage später, am 15. November 1945, an der Universität Graz das Studium der Theologie, das damals fast ausschließlich von Männern gewählt wurde, darunter ein hoher Anteil derjenigen, die sich auf das Priesteramt vorbereiteten. Unter den 87 Theologiestudierenden im Wintersemester 1945/46 befand sich erstmals eine Frau als ordentliche Hörerin, nämlich Inge Nagele (1923–2006), die Leopold Städtler persönlich kannte, da sie sich während der NS-Zeit im RAD-Mädchenlager in Ligist befand und zu den örtlichen Kaplänen Kontakt hatte.[110] Frauen konnten nun nach dem Krieg de facto an den Katholisch-Theologischen Fakultäten Österreichs unter den gleichen Bedingungen studieren wie Männer, Prüfungen ablegen und sogar erstmals promoviert werden, was aufgrund eines Beschlusses der Bischofskonferenz in der Zwischenkriegszeit noch untersagt gewesen war. Allerdings wurde die erste Frau – Ingeborg Janssen (1926–2014)[111] – erst im Jahre 1961 in katholischer Theologie promoviert. Die Anzahl der ordentlichen und außerordentlichen Hörerinnen war in den Jahren nach 1945 verhältnismäßig gering, jene der Gasthörerinnen wesentlich höher.[112]

Im Wintersemester 1945/46 begann der Studienbetrieb erst allmählich anzulaufen. Die Hörsäle waren wegen mangelnder Heizstoffe sehr kalt, es gab sogar „Kohle-Ferien". Aus diesen Gründen und nach einer Orientierungsphase widmete sich Leopold Städtler dem Studium erst gänzlich ab dem Sommersemester 1946.

Der überschaubare Lehrkörper an der Theologischen Fakultät bestand zunächst ausschließlich aus Klerikern. Das Professorenkollegium setzte sich weitgehend aus jenen zusammen, die bei der Aufhebung der Theologischen Fakultät mit 1. April 1939 durch die Nationalsozialisten als „völlig überflüssig", „sehr gefährlich" für die Universität oder als „Hasser des Nationalsozialismus" eingestuft und daher entweder entlassen oder in den Ruhestand bzw. pro forma an die Wiener Theologische Fakultät versetzt worden waren:[113] Als Dekan fungierte der Dogmatiker Oskar Graber (1887–1976)[114]. Andreas Posch (1888–1971)[115] lehrte Kirchengeschichte und Patrologie, Otto Etl (1880–1952)[116] Katechetik und Pädagogik, Johann Fischl (1900–1996)[117] Christliche Philosophie und Apologetik, Josef

Ausweiskarte des Studenten Leopold Städtler, 1946.

Trummer (1890–1967)[118] Kirchenrecht, Blasius Unterberger Fundamentaltheologie, Johann List (1893–1977)[119] Pastoraltheologie und Gottfried Stettinger (1887–1951)[120] Neutestamentliches Bibelstudium. Neu unter den Lehrenden im Wintersemester 1945/46 waren Franz Sauer (1906–1990)[121] für Alttestamentliches Bibelstudium und orientalische Dialekte, Johann Dinawitzer für christliche Archäologie und Kunstgeschichte – den Städtler bereits aus seiner Zeit am Bischöflichen Gymnasium kannte – sowie für Moraltheologie und Ethik Leo Pietsch (1905–1981)[122], der 1948 zum Weihbischof für die Diözese (Graz-)Seckau ernannt wurde.

Viele Lehrende der Theologischen Fakultät hinterließen beim Studenten Leopold Städtler den Eindruck, eine veraltete und lebensferne Theologie zu dozieren und die Lehrinhalte nur ungenügend didaktisch zu vermitteln.

Einige Professoren, die wir damals hatten, konnte man vergessen. Der Dogmatiker Oskar Graber wollte in Latein lehren. Das haben wir abgelehnt, weil viele durch die langen Kriegsjahre ihr Latein verlernt hatten. Dann lehrte er doch in Deutsch. Außerdem hat er jeden im Hörsaal sofort fertiggemacht, wenn er etwas fragte, was nicht „seiner" Dogmatik entsprach. Der Professor Stettinger – eine Katastrophe. Der interessanteste war Professor Posch, der Kirchengeschichtler. Ganz offen gab er Erklärungen über päpstliche Aussagen und Schreiben ab, wenn er anderer Meinung war. Begeistert hörten wir die Vorlesungen von Professor Johann Fischl, der uns die Hauptströmungen des Materialismus der Gegenwart nahebrachte. Nur Bildung und wissenschaftlich begründete Weltanschauungen können eine gute Zukunft bringen. Für uns war er der beste und bedeutendste Professor.

Unter den Theologiestudierenden war das Bestreben stark, das Studium rasch zu absolvieren: „In der Theologie haben wir zusammengehalten wie Pech und Schwefel. Jeder von uns wollte schnell mit dem Studium fertig werden." Nach dem Eindruck von Leopold Städtler fehlten im Fach Pastoraltheologie, das Professor List lehrte, Zielvorgaben und Praktika, um notwendige Kompetenzen in der Ausbildung zum Seelsorger zu erwerben: „Gelernt haben wir in der Pastoral beim ‚List-Papa' wenig. Praktische Erfahrungen oder Zielsetzungen für die Seelsorge wurden kaum vermittelt; Praktika gab es keine." Daher musste jeder seine Erfahrungen in der Seelsorge selbst sammeln, sei es in der im Aufbau befindlichen pfarrlichen Jugendarbeit oder in der Betreuung von Ministrantengruppen.

Die Ligister Pfarrjugend, darunter Leopold Städtler, unterstützte mit großer Begeisterung ihren früheren Kaplan Franz Derler, der inzwischen in die Pfarre Voitsberg gewechselt hatte, beim Bau der St.-Barbara-Kirche in Bärnbach. Der Spatenstich dieses anfangs nicht unumstrittenen Gotteshauses fand am 21. Oktober 1948 statt, erst im Februar 1949 wurde eine Baubewilligung beim Bischöflichen Ordinariat nachgereicht.[123] Dabei machte Leopold Städtler dort die ernüchternde Erfahrung, dass der Kirche im Arbeitermilieu ein rauer Wind entgegenwehte.

Ich habe jedenfalls dem Derler geholfen. Nach dem Krieg ist er Kaplan in Voitsberg geworden, dann hat er Bärnbach bekommen und aufgebaut. Da haben wir ihm geholfen, den ganzen Baugrund für die Kirche händisch auszugraben. Angespuckt sind wir worden von Glasarbeitern: „Wir brauchen da keine Kirche!" – Das hat uns überhaupt nichts ausgemacht. „Da kommt eine Kirche her, könnt ihr uns anspucken, wie ihr wollt!" Alle, die wir geholfen haben, haben das erlebt.

Städtler absolvierte die Fachprüfungen an der Universität mit Bestnoten und schloss das Theologiestudium am 21. Juni 1950, wie damals üblich, mit dem Absolutorium ab, das im Rahmen der Priesterausbildung vorgeschrieben war bzw. zum Religionsunterricht im Pflichtschulbereich befähigte.[124]

Wegen seines großen historischen Interesses begann er nach der Priesterweihe und während der ersten Kaplansjahre bei dem von ihm geschätzten Professor Andreas Posch ein Dissertationsvorhaben im Fach Kirchengeschichte. Er setzte sich darin mit dem hochmittelalterlichen Thema „Das Recht der königlichen Investitur in der Literatur des

Investiturstreites" auseinander, der in der zweiten Hälfte des 11. Jahrhunderts zwischen dem Papsttum (Gregor VII.) und dem deutschen Königtum (Heinrich IV.) ausgebrochen und mit dem Wormser Konkordat 1122 beendet worden war. Für die damals stattliche, 169 Seiten umfassende und kenntnisreiche Arbeit in Maschinenschrift wertete er bedeutende historische Quellensammlungen aus und zog wichtige zeitgenössische Fachliteratur heran. Leopold Städtler reichte die fertiggestellte Schrift an der Katholisch-Theologischen Fakultät in Graz ein; diese wurde am 12. Mai 1952 angenommen: „Das gefertigte Dekanat der theologischen Fakultät Graz gibt hiemit bekannt, dass die von Euer Hochwürden eingereichte Dissertation ‚Das Recht der königlichen Investitur in der Literatur des Investiturstreites' nach Begutachtung durch die Fachprofessoren vom theologischen Professorenkollegium approbiert wurde."[125] Nur für die Zuerkennung des Doktorgrades in Theologie fehlten Leopold Städtler noch die Rigorosen, die in lateinischer Sprache abzulegen waren und welche er aufgrund seines intensiven seelsorglichen Engagements als Kaplan aus zeitlichen Gründen leider nicht mehr absolviert hatte. Als im Zuge der Hochschulstudienreform 1969 den Absolventinnen und Absolventen des Fachtheologie-Studiums nach Approbation einer Diplomarbeit der Magister der Theologie verliehen wurde, suchte Leopold Städtler beim Dekanat der Katholisch-Theologischen Fakultät um Anrechnung seiner Doktorarbeit als Magisterarbeit an. So wurde ihm der akademische Grad eines „Magisters der Theologie" im Rahmen einer Sponsion am 26. April 1971 zuerkannt.[126]

Alumne des Grazer Priesterseminars (1946–1950)

Das Grazer Priesterseminar in der Bürgergasse 2 verzeichnete 26 Neueintritte im Herbst 1945, jedoch war nicht für alle Alumnen ausreichend Platz, da das Gebäude noch „betriebsfremde" Bewohner beherbergte. Leopold Städtler wollte den Beginn seines Theologiestudiums nicht zwingend mit einem Eintritt in das Priesterseminar verbinden, wo die künftigen Priester der Diözese (Graz-)Seckau auf ihren geistlichen Einsatz vorbereitet wurden, sondern sich zunächst im Studium orientieren:

Ich bin zuerst nicht ins Priesterseminar eingetreten, wie auch der spätere Bischof Johann Weber [1927–2020][127] nicht. Wir sind erst später eingetreten und haben uns das Leben draußen ein bisschen angeschaut. Eigentlich wollten wir ja auch mit anderen Studenten zusammenkommen. Wer studiert denn jetzt was, und wie geht das überhaupt? Wir hatten da wenig Ahnung.

Dass Leopold Städtler dann doch im Herbst 1946 in das Grazer Priesterseminar ging, hatte unterschiedliche Motive. Einfluss auf die Entscheidung des Kriegsheimkehrers, Priester zu werden, übte sicherlich das starke Lebenszeugnis der Ligister Kapläne aus, die bei ihm einen unauslöschlichen Eindruck hinterlassen hatten. Andererseits „hoffte ich, als Priester in einem Sinne handeln zu können, dass sich die Menschen besser verstehen und gemeinsam bemühen, eine lebenswerte Zukunft zu gestalten".[128]

Wie alle Alumnen bis 1972 durchlief Leopold Städtler mehrere Stationen zur Vorbereitung auf die Priesterweihe. Dazu gehörten die sogenannten „niederen Weihestufen" Ostiarier, Lektor, Exorzist und Akolyth, die auf altkirchliche liturgische Dienste zurückgehen. Die Ordination zum Subdiakon zählte zu den „höheren Weihen", da mit ihr die Verpflichtung zum Breviergebet und zum Führen eines zölibatären Lebens einherging.

Die Leitung des Priesterseminars hatte Regens Blasius Unterberger inne. Dieser lehrte auch als Dozent Fundamentaltheologie an der Theologischen Fakultät. Befremdend war für den Alumnen die große Strenge und konservative Haltung, mit der die traditionsreiche Priesterbildungsstätte in jenen Jahren geführt wurde:

Im Priesterseminar war das schon ein interessanter Klub, den wir mit 33 Heimkehrern beieinandergehabt haben. Der Regens Unterberger war großzügig, aber der Subregens Riedrich [Johann Riedrich (1901–1993)][129] war unmöglich. Der hat geglaubt, wo er 1938 aufgehört hatte, muss er weitertun. Um 17 Uhr läutete die Glocke. „Da haben die Herrschaften zu studieren."

Wir durften keinen Vortrag hören. Wir durften abends nicht ausgehen. Professor Posch hat auch Vorträge im Heimatsaal[130] in der Paulustorgasse gehalten. Wir haben ihm gesagt:

No.

NOS FERDINANDUS

DIVINA MISERATIONE PRINCEPS EPISCOPUS SECCOVIENSIS

S. THEOLOGIAE DOCTOR &c. &c.

Lecturis

Salutem et benedictionem a Domino nostro Jesu Christo!

Recognoscimus per praesentes et fidem facimus, Nos anno Domini 19 49 , die XVII mensis decembris , quae fuit Sabbatum Quatuor Temporum Adventus in Ecclesia Cathedrali ad S. Aegidium Graecii inter missarum Solemnia iuxta ritum S. R. M. Ecclesiae, in talibus fieri solitum, dilectum Nobis in Christo acolythum Leopoldum S t a e d t l e r e paroecia Ligist, alumnum Seminarii maioris Seccoviensis Graecii

praevie examinatum et approbatum ad sacrum

Subdiaconatus

ordinem ad titulum servitii dioecesis

rite promovisse.

In cuius fidem praesentes litteras expediri et sigillo Nostro Princ. Episcopali muniri iussimus.

Dedimus in Residentia Nostra Princ. Episcopali

Graecii, die 17 mensis Decembris 19 49.

+ Ferdinandus
eppus

Mons. D. Rosenberger
sem

Dekret zur Ordination Leopold Städtlers
zum Subdiakon durch Bischof Pawlikowski, 1949.

„Wir würden gerne kommen, aber wir dürfen nicht." „Das werde ich mit dem Herrn Regens besprechen", und er hat es auch zusammengebracht, dass wir seine Vorträge hören konnten. Der Heimweg war natürlich immer mit einem Bier verbunden.

Hingegen blieb nicht nur für Leopold Städtler der charismatische Spiritual Georg Hansemann (1913–1990)[131] in starker Erinnerung. Dieser war eine ihn prägende Persönlichkeit auf seinem geistlichen Weg. Hansemann begleitete als Spiritual eine große Anzahl an Priesteramtskandidaten in den Jahren von 1945 bis 1950. Als ab Herbst 1945 die Katholische Hochschulgemeinde im St.-Josef-Stift (Leechgasse 24) aufgebaut wurde, wurde Hansemann auch Hochschulseelsorger; ebenso war er in jenen Jahren zudem Diözesanjugendseelsorger. Mit seinen unzähligen Vorträgen, Predigten und Bibelabenden begeisterte er viele Steirerinnen und Steirer.

Der Hansemann, unser Spiritual, war schon großartig. Die halbe Zeit war er natürlich nicht da. Er hatte einen regelrechten „Anbetungsverein" um sich: Das waren Anhängerinnen, die ihn praktisch vereinnahmt haben. Dauernd haben sie etwas von ihm gebraucht. So hatte er wenig Zeit für uns. Er war auch Diözesanjugendseelsorger und hat wahnsinnig viele Einkehrtage und Besinnungstage gehalten. Ich hatte ihn sehr, sehr gern. Er war für uns alle schon sehr bedeutungsvoll.

Dass es unter den Seminarkollegen einen festen Zusammenhalt und eine starke Solidarität gab, zeigt die von Leopold Städtler geschilderte Episode:

Einmal gab es im Priesterseminar ein größeres Problem: Regens Unterberger wollte einen hinausschmeißen, den Schadl [Johann Schadl (1923–1997)][132], weil er immer Stiefel anhatte, die er von der Gefangenschaft mitgebracht hatte. Schuhe gab es nur auf Bezugsschein, den der Bürgermeister ausgab. Auch ich bin mit meinen Gebirgsjägerschuhen im Priesterseminar gewesen. Mein Bürgermeister sagte mir: „Du, ich kriege nur drei Bezugsscheine zum Verteilen. Die muss ich Arbeitern geben, die nach Voitsberg oder Köflach hinauf arbeiten gehen." Regens Unterberger ging nach dem Abendgebet auf die Kanzel – das war ja selten, und es ging dann immer um eine ernste Sache – und erklärte vor allen Theologen: „Den Schadl schmeiße ich hinaus!" Der Schadl sitzt in der Mitte der zweiten Bank vorne und schaut den Regens an. „Ja, ich schmeiße dich hinaus!" Da steht der Schadl auf, geht durch die Kapelle hinaus in die Sakristei, zieht seine zwei Stiefel aus und schmeißt sie in die Kapelle hinein. Bum, Bum. Wir trösteten ihn nachher und sagten: „Loki" – das war sein Spitzname –, „du bleibst schön da. Wenn du gehen musst, gehen wir mit dir." Wir hatten aber keine Ahnung, wohin wir gehen sollten, wir wussten nur, in Kärnten brauchen sie Priester: „Gehen wir halt nach Kärnten, wenn sie uns da nicht haben wollen."

Eine Delegation, der Grandner Karl [1920–2009][133] *und der spätere Bischof Weber, hat mit dem Regens verhandelt. „Warum soll er weg?" Der Regens glaubte, Schadl sei bei der SS gewesen, die hatten als Teil ihrer Uniform schwarze Stiefel. Überprüft hat er das aber nie. Der Hütter Sepp [1925–2013]*[134] *hat auch fast wie ein SSler ausgeschaut. Er war bei einer Spezialeinheit eines Wiener Panzerregiments, die eine schwarze Uniform, aber keine Stiefel getragen haben.*

Regens Unterberger hat nicht nachgegeben. Wir haben gesagt: „Loki, du bleibst da." Der Spiritual Hansemann kam endlich eine Woche später, wir erzählten ihm die ganze Geschichte. Er sagte, dass nur der Bischof Pawlikowski das Problem lösen kann. Er hat mit dem Bischof geredet. Es war dann das einzige Mal, dass der Bischof bei uns Theologen war. Der Bischof kam ins Priesterseminar. Unser Jahrgang erwartete ihn feierlich. „Meine Herren, das könnt ihr mir nicht antun, dass ihr weggeht. Natürlich, der Schadl bleibt bei euch, der bleibt da." Damit war alles erledigt. Der Regens Unterberger hat das zur Kenntnis genommen. Ja, die Kameradschaft, die Solidarität, die war bei uns ganz stark.

Vorstehung und Alumnen des Grazer Priesterseminars, 1950.
1. Reihe, Mitte: Regens Blasius Unterberger, 5. v. l.: Spiritual Georg Hansemann, 7. v. l.: Subregens Karl Kiegerl (1906–1965)[135], 8. v. l.: Studienpräfekt Peter Zwanzgleitner (1913–1998)[136].
2. Reihe 5. v. l.: Johann Weber, 3. Reihe 6. v. r.: Leopold Städtler.

Mitglied bei der Katholischen Studentenverbindung „Carolina"

Leopold Städtler wurde durch den Ligister Arzt Saurugg wie auch durch den Grazer Helmut Goldner[137] auf die Katholische Studentenverbindung „Carolina" aufmerksam. Deren Gründung im Jahre 1888 war sowohl vom damaligen Fürstbischof Johann Baptist Zwerger (1824–1893)[138] als auch in der katholischen Bevölkerung begrüßt worden. Ein Jahr später wurde die „Carolina" in den Cartellverband (CV) aufgenommen.[139] Auch Städtlers Bruder Hannes war seit dem 25. November 1945 Mitglied dieser katholischen Studentenverbindung. Ebenso wollte der junge Student Leopold Städtler wissen, wie das Leben anderer Hochschüler ausschaute.

Ich habe in ganz Ligist außer dem Arzt keinen einzigen Akademiker kennengelernt, keinen Ingenieur, keinen Techniker, keinen Professor, weil wir ja keine maturaführende Schule in der Weststeiermark hatten. Ich war einfach neugierig, wie andere Studenten lebten. Das war in Wirklichkeit mein Hintergrund.

Mit Helmut Goldner kam Städtler „völlig überraschend einmal in der Gefangenschaft zusammen". Noch als Schüler des Akademischen Gymnasiums hatte er in der Wohnung von Goldners Mutter in einem kleinen Dachzimmer übernachten können, wenn es dann und wann einen längeren Nachmittagsunterricht gab, vor allem im Winter. Er traf ihn nach dem Krieg in Graz wieder.

Er war bei der „Carolina" und hat zu mir gesagt: „Komm zu uns, bei uns gibt's alle." Die „Carolina" war von den Engländern verboten, weil die meinten, es sei ein Nazi-Unternehmen. Da sind wir von einem Keller in den anderen gesiedelt.

Am 22. Februar 1946 wurde Leopold Städtler bei der „Carolina" rezipiert und wählte den Couleurnamen „Spatz", sein Spitzname seit Kindheit an. Als er im Herbst desselben Jahres ins Priesterseminar eintrat, bestand für Alumnen noch das Verbot, Mitglied bei einer Studentenverbindung zu sein. Dieses Beitrittsverbot dürfte vor dem Zweiten Weltkrieg festgelegt worden sein, es wurde allerdings unterschiedlich streng von den Regenten des Priesterseminars ausgeführt. Erst 1956/57 erlaubte die Österreichische Bischofskonferenz wieder, dass Priesteramtskandidaten dem CV beitreten konnten.[140] Daher musste Leopold Städtler in den Nachkriegsjahren Wege finden, um dieses Verbot zu umgehen.

Daran haben wir uns natürlich nicht gehalten. Da es keinen Hausschlüssel im Priesterseminar gab, mussten wir uns einen „schwarzen" Schlüssel besorgen, nicht für das normale Haustor, sondern für das große eiserne Tor in der Bürgergasse. In der Nähe hatte ein Schmied, der selbst im Krieg war, seine Werkstatt. „Kannst du für uns einen ‚schwarzen' Schlüssel machen?" Nach genauer Besichtigung des Türschlosses meinte er: „Ja, das kriegen wir schon hin." Nach ganz kurzer Zeit haben wir fünf Stück bekommen. Das größte Problem war, wem wir die Schlüssel weitergeben könnten, wenn wir weggingen.

Abends wurden wir vom Subregens kontrolliert, ob wir nach dem Abendgebet wohl schlafen gingen. Das war eigentlich eine Schweinerei, der klopfte nicht einmal an. Ich ging öfters heimlich in die Verbindung, weil es mir dort gefallen hat. Da habe ich junge Studenten verschiedener Studienrichtungen getroffen, die mich stark beeindruckten: Alle waren katholisch, haben ziemlich gleich gedacht wie ich und hatten immer wieder Fragen des Glaubens an mich. So bin ich langsam für Glaubensfragen und religiöse Probleme zuständig geworden. Für diese Begegnungen, die ich damals hatte, bin ich dankbar, denn ich lernte unterschiedlichste Glaubensfragen junger Studenten kennen, außerdem musste ich mich damals schon mit innerkirchlichen Problemfeldern auseinandersetzen.

„Lubegastia" – Die „katholische Jugend von Ligist", 1947.
1. Reihe v. l. n. r.: Sissi Saurugg, Maria Grinschgl, Maria Salchinger, Maria Grinschgl (Schwester von Franz Grinschgl), Gretl Schröttner, Stefanie Salchinger.
2. Reihe v. l. n. r: Franz Grinschgl, Andreas Schröttner, Rudi Scheikl, Leopold Städtler, Otto Saurugg, Hannes Städtler, Karl Salchinger.

IN DER PFARRSEELSORGE:

MIT DEN MENSCHEN LEBEN

Leopold Städtler 1950

Priesterweihe im Grazer Dom 1950

Mit der beeindruckenden Zahl von insgesamt 30 Neupriestern war der Weihejahrgang 1950 in der Diözese Seckau der mit Abstand stärkste Nachkriegsjahrgang. Verglichen mit den Zahlen der neugeweihten Diözesanpriester im Zeitraum 1945–1955 folgen auf den Jahrgang 1950 die Jahre 1948 und 1952 mit jeweils 19 Weihekandidaten. 1945 fand im Grazer Dom keine Priesterweihe statt.[141]

26 Diözesan- und zwei Ordenspriester, P. Felix Eleder (1916–1998) von den Marianisten und P. Franz Karlinger (1912–1986)[142], Salesianer Don Boscos, wurden am 2. Juli 1950 durch Fürstbischof Pawlikowski im Grazer Dom geweiht. Zwei Vorauer Chorherren, Theobald Berghofer (1922–2008)[143] und Benedikt Stögerer (1923–1957)[144], erhielten eine Woche später, am 9. Juli 1950, in der Stiftskirche Vorau die Priesterweihe. Wie den kurzgehaltenen Porträts der Neupriester im Sonntagsblatt zu entnehmen ist, handelte es sich beinahe bei allen um sogenannte Heimkehrer, die sich nach den schrecklichen, meist mehrjährigen Kriegserfahrungen und der Gefangenschaft – einige hatten zudem schwere Verwundungen erlitten – dazu entschlossen hatten, ein Theologiestudium zu absolvieren.[145] Diese große Zahl an Neupriestern sprengte, wie Leopold Städtler erzählt, die räumlichen Kapazitäten der Grazer Domkirche anlässlich der Priesterweihe:

Wir waren 28 Neupriester, zu viele für den Altarraum im Dom: Städtler, Steiner [Josef Steiner (1926–2020)][146], Vollmann, Weber, Wurmitzer [Karl Wurmitzer (1923–2001)][147]. Wir haben keinen Platz im Presbyterium gehabt, und jeder durfte nur vier Leute einladen.

In Leopold Städtlers Wahrnehmung verspürten die meisten Weihekandidaten des Jahres 1950 den dringenden Wunsch, sich in der Pastoral zu betätigen. Man wollte hinaus in die Pfarren, hinaus zu den Menschen, wenngleich das Theologiestudium und die Ausbildung im Priesterseminar eine nur unzureichende Vorbereitung für die Aufgaben in der pastoralen Praxis geboten hatten.

Wir haben alle den Wunsch gehabt, so rasch wie möglich in die Pastoral, zu den Leuten zu kommen. Wir haben nur einen einzigen gehabt, der weiterstudieren wollte. Das war der Steiner Seppl, der dann Schulinspektor geworden ist. Alle anderen haben sofort ihren Dienstposten angenommen. Wir haben gesagt, wir gehen überall hin, wo sie uns hinschicken.
Im fünfziger Jahr, als wir fertig waren, hatte von Pastoral niemand eine Ahnung. Viele, fast alle kann man sagen, haben daheim eine Ministrantengruppe gehabt, haben sich ein bisschen um die Jugend bemüht. Aber dass man irgendetwas gehört hätte, wie Pastoral zu machen ist,

V.b.b.

Sonntagsblatt
für Steiermark

Nr. 27, 5. Jahrgang · Graz, 2. Juli 1950

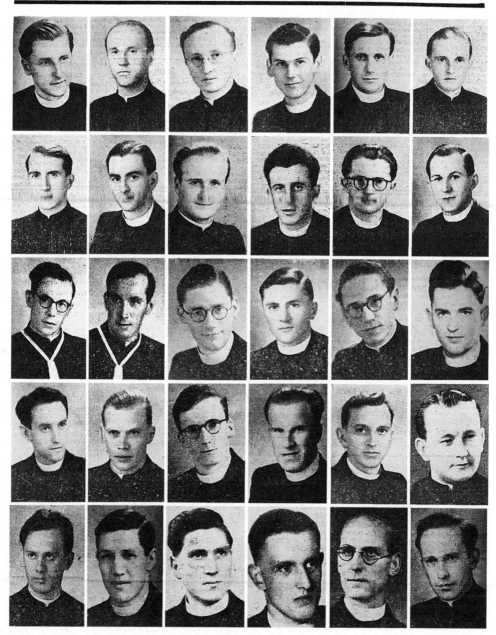

Die Neupriester der Diözese Seckau, Sonntagsblatt, 2. Juli 1950.
1. Reihe v. l. n. r.: Riedl, Lückl, Schirnhofer, Gschanes, Eleder, Weber.
2. Reihe v. l. n. r.: Steiner, Hütter (aus St. Anna am Aigen), Gémes, Karner, Schnabel,
Hütter (aus Gleisdorf).
3. Reihe v. l. n. r.: Berghofer, Stögerer, Heimerl, Städtler, Moder, Sallinger.
4. Reihe v. l. n. r.: Wagner, Wurmitzer, Gruber, Reisenhofer, Dalheim, Schadl.
5. Reihe v. l. n. r.: Vollmann, Wolf, Koch, Egger, Karlinger, Schinnerl.

was sinnvoll wäre oder was wir versuchen sollten: Null! Kinderpastoral hat es überhaupt keine gegeben, Jungschar hat es damals auch noch keine gegeben. So hat halt ein jeder angefangen.

Tatsächlich verblieb der Großteil der Neugeweihten in der Pfarrpastoral oder widmete sich der kategorialen Seelsorge: Richard Dalheim (1916–1989)[148], Peter Egger (1923–1988)[149], Josef Gschanes, Josef Hütter aus Gleisdorf (1925–1997)[150], Josef Hütter aus St. Anna am Aigen, Christian Karner (1919–2000)[151], Josef Koch (1921–2008)[152], Andreas Lückl (1921–1990)[153], Klement Moder, Josef Reisenhofer (1923–2002)[154], August Riedl (1919–1974)[155], Josef Sallinger (1924–2017)[156], Johann Schadl, Johann Schinnerl (1918–1990)[157], Peter Schirnhofer (1918–1988)[158], Josef Schnabel (1924–1982)[159], Leopold Städtler, Franz Vollmann, Josef Wagner (1922–1987)[160], Johann Weber und Franz Josef Wolf (1925–1982)[161].

Winfried Gruber (1926–2013)[162] und Johann Heimerl (1925–1995)[163] schlugen eine akademische Laufbahn ein. Unmittelbar nach der Priesterweihe übte Gruber die Funktion eines Erziehers im Bischöflichen Knabenseminar aus, Heimerl wirkte als Kaplan in Kapfenberg. Beide sollten nach Doktoratsstudien in Graz und Rom als Universitätsprofessoren, der eine für Dogmatik, der andere für Kanonisches Recht, an der Grazer Katholisch-Theologischen Fakultät lehren. Nach ersten Erfahrungen in der Pfarrseelsorge traten Josef Steiner, Karl Wurmitzer und Karl Gémes (1926–2017)[164], der aus der ungarischen Erzdiözese Kalocsa stammte und von 1968 bis 1970 das Amt des Regens im Grazer Priesterseminar bekleidete, in den Schuldienst ein.

Die Feier der Primiz

Anstecken des Primizsträußchens, 1950.

„Die Primizen in Ligist waren immer sehr feierlich", erinnert sich Leopold Städtler. In den Nachkriegsjahren entwickelte die weststeirische Pfarre durchaus eine gewisse Professionalität in der Ausrichtung von Primizfeiern. Nach über 20 Jahren ohne Neupriester gingen von 1945 bis 1960 mit Johannes Städtler (Priesterweihe 1946), Josef Müller (1918–2003, Priesterweihe 1949)[165], Leopold Städtler, Franz Grinschgl (1927–1998, Priesterweihe 1952)[166] und Johann Gruber (1933–1991, Priesterweihe 1958)[167] gleich fünf Primizianten aus der Pfarre hervor. Hinzu kommt der gebürtige Ligister Edmund Decrinis (1923–1996)[168], der 1938 mit seiner Familie aufgrund eines Gauverweises die Steiermark verlassen musste und 1951 in Wien zum Priester geweiht wurde.[169]

Leopold Städtler bei seiner Primiz, 1950.

Primizfoto, 9. Juli 1950.
1. Reihe v. l. n. r.: P. Ambros Rosenauer OSB (1891–1976)[170], Josefa Städtler, Johann Salchinger, Luise Saurugg, Kaplan Johannes Städtler, Mutter Maria Städtler, Primiziant Leopold Städtler, Vater Leopold Städtler, Pfarrer Heinrich Gsellmann, Taufpatin Apollonia Pfeifer, Franz Pfeifer.
2. Reihe v. l. n. r.: Kaplan Johann Pöllabauer (1913–2001)[171], Helmut Passler (K.Ö.H.V. Carolina), Stefanie Salchinger, Maria Neubauer, Maria Salchinger, N. N., Maria Fragner, Primizzeremoniär Franz Grinschgl, Maria Grinschgl, Elisabeth Spörk, Sissi Saurugg, Norbert Linhart (K.Ö.H.V. Carolina), Kaplan Josef Müller, Maria Salchinger (Mutter), Maria Goldner.
3. Reihe 8. v. l.: Bürgermeister Anton Saurugg.

Am Nachmittag des Priesterweihetages, dem 2. Juli 1950, fand in der Heimatpfarre der große Empfang mit dem Primizsegen statt. Die Primiz feierte Leopold Städtler erst eine Woche später, damit er die Vorbereitungen für das Fest nicht zu sehen bekam. Am 8. Juli 1950, dem Vorabend der Heimatprimiz, hießen die Ligister den Neupriester mit einem Feuerwerk in Form eines Kelches mit einer Hostie willkommen. Am Morgen des 9. Juli zog die Feiergesellschaft vom festlich geschmückten Heimathaus zur Pfarrkirche, wo der Primiziant seine erste Messe zelebrierte.

Bis um die Mitte des 20. Jahrhunderts führten Primizianten in Österreich traditionellerweise eine Primizkrone oder einen geflochtenen Kranz mit. Dieses liturgiebegleitende Brauchtum stand in enger Verbindung mit der Beteiligung von Primizbräuten oder -mädchen an den Feierlichkeiten und konnte sowohl die geistliche Hochzeit des Neupriesters mit der Kirche als auch das Motiv der Jungfräulichkeit symbolisieren.[172] Den lebendigen Schilderungen Leopold Städtlers rund um den Primizempfang und seine Primiz ist zu entnehmen, dass nicht jeder überlieferte Brauch auch unhinterfragt übernommen wurde:

Zum ersten Mal haben ein paar aus unserem Jahrgang überlegt – da war ich auch dabei: „Primizkrone nehmen wir keine." Das war natürlich sensationell, weil man beim Einzug eine Primizkrone getragen hat. Mein Heimatpfarrer Heinrich Gsellmann war ganz dagegen: „Du musst natürlich eine tragen." Aber der Bürgermeister Saurugg hat gesagt: „Das Problem werde ich lösen." So bin ich nur im schwarzen Talar nach Ligist gekommen. Die Musik war da, und das Volk Gottes war da, in Massen natürlich. Ich bin feierlich begrüßt worden, zuerst vom Pfarrer, und dann hat der Bürgermeister geredet. Dieser sagte: „Lieber Leopold, du kommst ja ohne Primizkrone daher, das ist auch richtig so, denn die musst du dir erst einmal verdienen."

So ist es dann losgegangen: zuerst der feierliche Einzug und danach eine Andacht mit Primizsegen, den man einzeln ausgeteilt hat. Vor der Primiz hat man eine Woche „verschwinden" müssen, damit für die große Festivität am darauffolgenden Sonntag alles hergerichtet werden konnte. Wie sich das gehört, bin ich halt bis zum Festgottesdienst verschwunden. Mein Bruder Hannes war der Primizprediger, und der Kirchenchor hat natürlich die Krönungsmesse aufgeführt. Das muss man sich vorstellen: in Ligist Mozarts Krönungsmesse mit Pauken. Die Pauken mussten eigens von Voitsberg heruntergebracht werden. Woran sich die meisten im Nachhinein erinnern konnten: Irgend so ein Paukenschläger ist beim Gottesdienst vom Chor heruntergefallen. Nach der Messe gab es ein gemeinsames Mittagessen im elterlichen Gasthof, wie das halt üblich war bei uns in der Weststeiermark, in sehr einfacher Form. In der Oststeiermark hat es da drei, vier Fleischspeisen gegeben. Was uns da erzählt worden ist, da haben wir ja nur so geschaut, wir Weststeirer. Das war also am 9. Juli 1950, am 2. Juli bin ich geweiht worden, und am 16. August wurde ich als Kaplan in Mureck angestellt.

Erste Seelsorgeerfahrungen in Mureck (1950–1952)

Bannerweihe in Mureck mit Weihbischof Pietsch, Sommer 1951.

Die Weihekandidaten des Jahres 1950 wurden vorab von Josef Steiner (1884–1952), Ordinariatskanzler der Diözese Seckau von 1927 bis 1952, nach ihren Wünschen für den ersten Einsatzort befragt. Wie sich zeigen sollte, konnten dabei Wunsch und Wirklichkeit durchaus auseinanderklaffen:

Unheimlich imponiert hat uns, dass der Kanzler Steiner – das war damals der starke Mann in der Diözese – gesagt hat, er möchte mit jedem von uns einmal reden. Da schau her, ein hoher Herr vom Ordinariat will mit uns reden, etwas völlig Neues! Dann bin ich halt auch einmal drangekommen. „Na, Städtler, wo willst du denn hin?" Sagte ich: „Wo Berge sind." „Das passt. Grüß dich." Das Ganze hat nicht einmal eine Minute gedauert. Und wo komme ich hin? Nach Mureck, wo es gar keine Berge gibt. So sind wir das Geschäft angegangen.

Leopold Städtler hatte mit 16. August 1950 seinen ersten Kaplansposten in Mureck anzutreten,[173] wo er Karl Wagner (1919–1992)[174] ablöste. Seit 1926 stand Anton Mogg (1883–1967)[175] der zum damaligen Dekanat Straden gehörenden Pfarre vor, als weiterer Kaplan wirkte ab 1938 Otto Gschiel (1909–1966)[176], einer jener etwa 60 steirischen Diözesanpriester, die während der 1940er Jahre zur pastoralen Hilfeleistung in den besetzten Gebieten der Diözese Lavant (Marburg/Maribor) herangezogen wurden. Nach ihm kam 1951 Johann Ofner (1913–1989)[177] für zwei Jahre als zweiter Kaplan nach Mureck.

Der südsteirische Grenzmarkt Mureck – die Erhebung zur Stadtgemeinde erfolgte erst 1976 – verzeichnete im Jahr 1951 mit über 4.600 Einwohnern die bisher höchste Bevölkerungszahl seiner Geschichte, mit den Gemeinden im Umland zählten 5.970 Katholiken zur Pfarre.[178] Nordwestlich des Hauptplatzes gelegen, an der Stelle romanischer und gotischer Vorgängerbauten, bildet die im 18. Jahrhundert neu errichtete Pfarrkirche zum heiligen Bartholomäus zusammen mit der angrenzenden Patrizikirche ein barockes Gebäudeensemble.

Jugendgruppe Hainsdorf mit Kaplan Leopold Städtler, Anfang der 1950er Jahre.
4. v. l.: Maria Pölzl (geb. 1934), Mädchenführerin, heute Wirtschafterin bei Leopold Städtler.

Es war selbstverständlich, dass die Kapläne in jener Zeit Religionsunterricht erteilten und so in regelmäßigem Kontakt zu den Kindern und Jugendlichen im Pfarrgebiet standen. Ferner gehörte es zu den Aufgaben des Kaplans, Jugendgruppen zu betreuen und Christenlehren in den zur Pfarre gehörenden Ortschaften zu halten.

Von Ligist nach Mureck bin ich mit den öffentlichen Verkehrsmitteln hinuntergefahren. Zuerst musste ich einmal nach Graz fahren und dann von Graz mit dem Zug nach Mureck, das war alles ziemlich primitiv. Dort hat der alte Pfarrer Mogg gesagt: „Sie wissen ja eh, was

Sie zu tun haben." Als Kaplan musste man in der Schule unterrichten. Insgesamt bin ich auf zwölf oder dreizehn Klassen gekommen und „Wochendienst, wenn einer stirbt, wenn wer zum Versehen ist, haben Sie zu machen; Sonntag, Predigt". Wir waren zwei Kapläne, einer von uns hat immer die Predigten am Sonntag gehabt. Am Sonntag haben wir frei gepredigt. Anfangen mussten wir um halb sechs in der Früh im Beichtstuhl, die Leute waren natürlich da. Da unten in Mureck war alles noch sehr katholisch. Und dann haben wir wirklich sehr starke Jugendgruppen gehabt. In jedem der sieben Dörfer der Pfarre Mureck hat es eine Jugendgruppe gegeben, Burschen und Madl. Es hat diese sogenannte Christenlehrschar gegeben, bei der Erwachsene verantwortlich waren, wenn der Priester am Sonntag gekommen ist. Die Jugendlichen haben einen gewissen Abschnitt aus dem Katechismus aufsagen und dann hat der Priester darüber reden müssen. Danach gab es ein gemeinsames Essen mit einer richtiggehend guten Jause und einem Most. Da konnte ich zum ersten Mal erfahren, wie Erwachsene mit den jungen Leuten zusammenwirken, ihnen auch zuhören, was sie sagen. Das war in Mureck eine gute Entwicklung.

Die durchaus unterschiedlichen Erfahrungen, welche Leopold Städtler in seiner Kaplanszeit machte, prägten auch seine Sichtweise, wie das Leben in einem Pfarrhof gestaltet sein sollte. Neben dem Pfarrherrn war es immer auch die Person der Pfarrhaushälterin, die oft weit über die genuine Tätigkeit als Wirtschafterin Dreh- und Angelpunkt des Alltagslebens im Pfarrhof war.[179] Im Pfarrhof Mureck, wo 1950 noch eine Landwirtschaft angeschlossen war, lebten neben den drei Geistlichen – die Kapläne wohnten in der sogenannten Kaplansbude – die Pfarrhaushälterin und ein Knecht mit seiner Familie.

In Mureck war der Pfarrhof ein sehr offenes Haus, aber nicht wegen des Pfarrers, sondern wegen der Wirtschafterin. Die Frau Anna war eine Flüchtlingsfrau vom ehemaligen slowenischen Teil der Pfarre Mureck. Zur Pfarre Mureck gehörten bis 1918 sieben große Ortschaften im heutigen Slowenien. Jene war der „Vollendung" schon sehr nahe, aber sie war eine wahnsinnig gute Frau. Sie hat alles gewusst und die Leute vor dem Pfarrer „abgefertigt". Wollte man in die Pfarrkanzlei, musste man zuerst bei der Küche vorbeigehen. Wenn da beispielsweise jemand wegen einer Taufe gekommen ist, hat sie genau gewusst, weshalb sie da sind und welche Unterlagen gebraucht werden. Die sind gar nicht bis zum Pfarrer gekommen, bis zu ihr sind sie gekommen. Der Murecker Pfarrer, ob er davon begeistert war, weiß ich nicht, aber er war froh, dass die Frau Anna das so gemacht hat. Wenn die Leute zu ihm gekommen sind, hatten sie schon alles, was sie brauchten. Aber die Taufen hat die Hebamme angemeldet. Die Hebamme hat den Kaplan angerufen, der Dienst gehabt hat: „Am Dienstagnachmittag um drei Uhr nachmittags komme ich mit drei Taufen." Die Hebamme hat auch geschaut, dass die Papiere in Ordnung waren.

Mit dem Motorrad nach Murau

Nach den ersten zwei Kaplansjahren in Mureck hieß es für Leopold Städtler, von der Süd-steiermark Abschied zu nehmen. Mit dem Motorrad ging es quer durch die Steiermark nach Murau, wohin er mit 1. September 1952 versetzt wurde.[180] Das Murtal wurde schließlich zu der Region, in der er den Großteil seiner aktiven Zeit als Pfarrseelsorger verbringen sollte.

Von Mureck direkt nach Murau, das war ja sensationell. Ich habe bereits ein Motorrad besessen, weil in Mureck hat man für die Dienste als Kaplan kein Trinkgeld bekommen, aber sie haben gewusst, der Kerl braucht ein anständiges Fahrzeug. Dafür ist dann immer im Advent gesammelt worden. In der Adventzeit habe ich alle Standesgottesdienste gehalten: die Männer, die Burschen, die Mädchen, die Frauen, und das Opfergeld hat der Kaplan für ein Fahrzeug erhalten. So bin ich zu einem Motorrad mit einem Gummimantel gekommen, weil die Frauen gesagt haben, der gehört auch dazu. Bei strömendem Regen bin ich dann von Mureck Richtung Murau gefahren. Bei Wildon hat es eine Straße quer nach Lieboch und weiter nach Söding gegeben. Aufgehalten wurde ich, Strafe zahlen habe ich müssen. Ich fragte den Gendarmen: „Warum muss ich Strafe zahlen?" „Wegen Behinderung der Lenkung." – Weil ich wegen des Regens den Rucksack vorne gehabt habe. Sagte ich: „Wo steht denn das?" „Das werden wir gleich haben", hat er gesagt, nimmt ein Bücherl und zitiert irgendeinen Paragrafen, 15b oder c war das. „Wo fahren Sie denn überhaupt hin?", fragte er dann. „Ja, nach Murau." „Was tun Sie in Murau?" „Ich bin der neue Kaplan von Murau." „Warum sagen Sie denn das nicht gleich, da hätten wir das alles anders gemacht." Ich musste also zahlen und wurde tatsächlich in Teufenbach wieder aufgehalten. Genau dort, wo diese berühmte Brücke ist, mitten im Ort, ein Gendarmeriebeamter. Ich sagte zu ihm: „Sie, ich habe schon gezahlt, ich habe da ein Papierl." Der hat das angeschaut. „Wo fahren Sie denn hin?" „Ja, nach Murau. Ich bin der neue Kaplan." „Ja, das ist ja großartig, da werden wir eh miteinander zu tun haben." So kam ich nach Murau.

Leopold Städtler und sein Motorrad „Susi", 1951.

Als Kaplan in Murau (1952–1955)

Pfarrkirche Murau, Anfang der 1950er Jahre.

Als Leopold Städtler in Murau ankam, *war kein Kreisdechant da, der war in Amerika und die Wirtschafterin auf Urlaub. Schließlich hat mich der Kirchenbeitragsbeamte Wilhelm Bude feierlich empfangen und mir die Bude gezeigt, in der ich hausen konnte. Da fragte ich ihn: „Und wo bekomme ich etwas zu essen, bitteschön?" „Gehen's hinüber zu den Kreuzschwestern, die haben da ein Altersheim, die werden Ihnen schon was geben." Das war der erste Kontakt mit den Kreuzschwestern, der dann immer stärker geworden ist. Sie haben großartig auf mich geschaut.*

Im Jahr 1952 zählte die obersteirische Stadtpfarre Murau 3.987 Katholiken[181] und war bis zur Neuordnung der Dekanatseinteilung 1972/73 Sitz eines Kreisdechanten.[182] Stadtpfarrer war seit 1940 Josef Vögl (1907–1998)[183]. Die Pfarrkirche zum heiligen Matthäus wurde um 1300 fertiggestellt und ist wie der Pfarrhof in Hanglage zwischen dem historischen Markt und dem Schloss der Familie Schwarzenberg, zuvor Liechtenstein, situiert. Auf dem Pfarrgebiet befinden sich die im Mittelalter erbauten Filialkirchen St. Anna, St. Ägiden und St. Leonhard. Das Murauer Kapuzinerkloster samt der zugehörigen Klosterkirche zur Heiligsten Dreifaltigkeit wurde bis zu dessen Auflassung im Jahre 1968 von den Ordensbrüdern betreut. Für die Anstaltsseelsorge in der Sonnenheilstätte auf der Stolzalpe war ein eigener Geistlicher abgestellt. Ein kleiner Konvent der Kreuzschwestern war seit 1902 für die Pflege im städtischen Armenhaus, später Elternhaus, verantwortlich.[184]

Das Verhältnis zwischen Pfarrer und Kaplan geht über rein dienstliche Belange hinaus, bildet man doch im Pfarrhof eine Art Wohngemeinschaft. Wie Leopold Städtler schildert, zeigen sich im Vergleich des Miteinanderlebens und -arbeitens durchaus auch unterschiedliche Führungstypen:

In Murau beim Kreisdechant Vögl hatten wir im Pfarrhof auch eine gute Wirtschafterin, eine Ostesteirerin. Nur war Josef Vögl ein anderer Typ als der Murecker Pfarrer. Er war viel stärker dahinter: „Der Pfarrer bin ich, ohne mich geht gar nichts." Wenn es sein musste, hat er auch den Kaplan zusammengepulvert: „So kann man das nicht machen, aus, fertig!"

Das hat der Murecker Pfarrer nie getan, der dachte sich wohl: „Der Kaplan wird schon wissen, was er zu tun hat." Die Einteilung war ohnehin klar: Wochendienst, zehn bis zwölf Klassen in der Schule, alle Begräbnisse, alle Taufen, alle Versehgänge. Um 6 Uhr in der Früh die heilige Messe unter der Woche, am Sonntag um halb 6 Uhr Beichtstuhl, um halb 7 Uhr die erste Messe.

Das war in Murau anders. Der Kreisdechant wollte alles genau wissen, da bin ich erst ein Jahr später draufgekommen. „Wann ist die Bannerweihe für diese Mädchengruppe?" Da hat er mich einmal anständig zusammengeputzt: „Sie können nicht etwas machen, was ich nicht weiß. Der Pfarrer bin ich." Da habe ich langsam überzogen, was ich da zu machen habe. Deshalb habe ich ihm im August schon immer einen Plan gegeben, was im nächsten Jahr, also von September weg bis September, los ist. Da hat er sich sehr bedankt, und wenn er irgendwo etwas im Laufe des Jahres auszusetzen hatte, habe ich ihm entgegnet: „Das steht aber in diesem Plan." „Aha, ach so", dann ist er wahnsinnig freundlich geworden. Dann war ich der erste Kaplan, dem er das Du-Wort angeboten hat, das war sensationell. Zuerst hat es geheißen, du bist als Strafposten da hinaufgekommen zum Vögl, und dann auf einmal bist ein Du-Freund von ihm.

„In Murau war die pfarrliche Situation völlig anders", erinnert sich Leopold Städtler an die Unterschiede zwischen dem obersteirischen Murau und dem südsteirischen Mureck:

Wenn man in Mureck bei der Predigt in der Kirche oder nachher etwas gesagt hat, war es selbstverständlich, dass das jetzt so ist, und alle haben das angenommen. In Murau erlebte ich eine andere Situation: Beinahe jeder vierte Murauer war in der Nazi-Zeit aus der Kirche ausgetreten, das war eine ganz national geprägte Pfarre. Massen gab es keine. Kirchlich hat es nichts gegeben, gar nichts. Da muss man also mit einzelnen zum Reden anfangen. An diese Gespräche kann ich mich noch gut erinnern: Ein Elektriker von den Stadtwerken, ein langer Lackl, war einer der ersten, den ich getroffen habe. Ja, reden hat man mit dem können.

Leopold Städtler als Hobbyfotograf, Anfang der 1950er Jahre.

Von den ersten, eher dürftigen Kaplansgehältern ersparte sich Leopold Städtler das Geld, um sich einen langgehegten Wunsch zu erfüllen: einen Fotoapparat und ein eigenes

Episkop zur Projektion von Bildern. Mit Begeisterung betätigte sich der junge Geistliche während seiner Kaplansjahre als Fotograf. So konnte eine eindrucksvolle Bildersammlung besonders aus den 1950er und 1960er Jahren entstehen.

Ein unangekündigter Bischofsbesuch

Bischof Josef Schoiswohl (1901–1991)[185], der zunächst ab 1951 Apostolischer Administrator des Burgenlandes war, wurde am 18. Jänner 1954 zum Nachfolger von Bischof Pawlikowski ernannt. Am 19. März, dem Josefitag, trat er sein Amt als Diözesanbischof von Seckau an. Ein Charakteristikum des neu ernannten Diözesanbischofs war es, unangekündigte Besuche in den Pfarren seiner Diözese zu machen, um dadurch ein Gespür für die Seelsorgesituation vor Ort zu entwickeln. Ein solcher Überraschungsbesuch ereignete sich auch in Murau:

Eine lustige Begebenheit war, als im 1954er Jahr der Bischof Schoiswohl nach Murau kam. Plötzlich – während ich am Nachmittag am Weg zur Schule war – kam am Hauptplatz einer ganz aufgeregt dahergelaufen: „Es ist ein Priester da, der mit Ihnen reden will." Sagte ich: „Ich habe ja Schule." „Der will mit Ihnen reden." „Ja, wie schaut er denn aus?", fragte ich. „Ja, so ein kleiner, ziemlich schmaler." Da kam mir in den Sinn: „Um Gottes Willen, ist das der Bischof?" Da bin ich schnell in den Pfarrhof hinaufgerannt. Und tatsächlich begrüßte mich der Bischof Schoiswohl feierlich und sagte: „Sie, ich möchte heute hier übernachten. Ich komme gerade von St. Lambrecht, wo ich das Kloster besucht habe. Ist das möglich?" „Selbstverständlich", antwortete ich. „Wir haben ein Bischofszimmer." Ich wusste, dass er gerne Fisch mochte, weil er magenkrank war, das haben wir gewusst, obwohl wir ihn noch nie vorher gesehen haben. Ich führte ihn ins Bischofszimmer und rief dann den Lehrer an, der für den Kreisdechant immer gefischt hat: „Schau, dass du vier, fünf Forellen zusammenbringst, der Bischof Schoiswohl ist da!" Das funktionierte auch. Dann sagte der Bischof: „Sie haben ja sicher ein paar junge Leute hier, ich möchte mit den jungen Leuten reden." Ich beauftragte schnell zwei Burschen und ein Mädl: „Holt die Gruppen zusammen", die paar, die es gab. „Der Bischof will mit euch reden. Großartig, nicht?" Der Bischof fragte die Jungen: „Wie ich hierhergekommen bin, habe ich gesehen, dass von euch zwei junge Burschen Holz geschnitten haben. Wozu braucht ihr das Holz?" „Das ist vom Wald des Kreisdechanten, das brauchen wir zum Heizen für unser KAJ-Heim. Bauern haben uns die alten Bäume gezeigt, die wir jetzt selber zusammenarbeiten mussten, damit wir im Winter was zum Heizen haben." „Ach so, vom Wald des Kreisdechanten?" „Ja, der hat eh genug alte Bäume", sagten sie. Die jungen Leute haben da frei von der Leber weg geredet, ganz ohne Genierer. Er hat immer wieder gefragt, der gute Bischof. Und dann ist er auch auf die Jugendarbeit zu sprechen gekommen: „Was macht ihr, wie macht ihr das?" „Ja, wir in Wien haben das so gemacht", hat er zu erzählen angefangen. Hat dann die Mürzl Hilde – das war ein ganz junges Madl mit 17 Jahren – gesagt: „Aber Herr Bischof, wir sind hier in Murau und nicht in Wien." Es war eine lustige Sache, der Bischof war bestens aufgelegt. Über zwei Stunden hat er sich mit den jungen Leuten unterhalten, ihnen alles Gute gewünscht: „Tut gut weiter! Haltet gut zusammen! Schaut, dass ihr eine starke Gruppe seid!" Es war eine großartige Sache. Am nächsten Tag in der Früh hat er Messe gefeiert, das war still und einfach, und dann ist er mit dem Zug nach Graz gefahren.

Wie Leopold Städtler feststellen musste, gab es in Murau kaum pfarrliche Gruppierungen, bei denen sich die Menschen, besonders die Jungen, einbringen konnten. Die neue Bewegung der Katholischen Arbeiterjugend (KAJ) bot eine erfolgversprechende Möglichkeit, diese Situation zu ändern:

Von Mureck habe ich von der KAJ gewusst. Da habe ich gedacht, mit der Methode fange ich in Murau an. Sehen, urteilen, handeln, mit wem lebst du zusammen, wo gibt es junge Leute und so weiter. Ja, und so sind wir dann schon zu recht aktiven Gruppen gekommen.

„Nicht Worte, sondern Taten!" – Die Katholische Arbeiterjugend (KAJ)

Illustration aus der KAJ-Chronik Murau, 1952.

Mit dem Ziel, „die Arbeiterschaft für die Kirche zurückzugewinnen", gründete 1925 der belgische Priester Joseph Cardijn (1882–1967)[186], der 1965 die Bischofsweihe empfing und mit der Kardinalswürde ausgezeichnet wurde, die Christliche Arbeiterjugend (CAJ). Dem ging ein jahrelanges Bemühen um Jungarbeiterinnen und Jungarbeiter in Belgien voran, wo bereits 1924 ein Nationalverband, die *Jeunesse Ouvrière Chrétienne* (JOC), ins Leben gerufen wurde. Trotz anhaltender Widerstände, die besonders die Einheit der kirchlichen Jugendarbeit gefährdet sahen, erfuhr Cardijn durch Pius XI. (1857–1939), von 1922 bis

1939 Papst, Ermutigung für sein Apostolat. In den folgenden 40 Jahren sollte sich die Bewegung auf über 100 Staaten weltweit ausbreiten.

Obwohl Joseph Cardijn bereits 1938 zum ersten Mal Wien besuchte, konnte die CAJ erst nach den Wirren des Zweiten Weltkriegs in Österreich Fuß fassen.[187] In der Wiener Pfarre Krim bildete sich 1946 eine erste Gruppe der Arbeiterjugend rund um P. Josef Zeininger (1916–1995)[188], welche sich 1947 dem Verband der CAJ anschloss. Als Gründungsdatum gilt der 12. Jänner 1946. Parallel dazu entstanden in Linz und Salzburg ähnliche Vereinigungen. Im Zuge der Eingliederung der gesamten kirchlichen Jugendarbeit unter dem Dach der Katholischen Aktion (KA) wurde nach 1945 nicht nur davon abgesehen, die kirchlichen Vereine wiederzuerrichten, sondern es kam auch zur Neuregelung der Jugendarbeit. In den „Richtlinien zur einheitlichen Gestaltung der Kirchlichen Jugendarbeit in Österreich" verabschiedeten die Bischöfe am 2. Oktober 1946 die Aufgaben der künftigen Katholischen Jugend (KJ). Demnach sollte die Katholische Jugend als Teil der KA in drei milieuspezifische Sparten gegliedert sein: Arbeiterjugend (KAJ), Landjugend (KLJ) und Mittelschuljugend (KMJ). Diese Eingliederung verlief keineswegs friktionsfrei und führte zu dem österreichischen Konstrukt einer KAJ, die sowohl Teil der KJ war als auch der internationalen CAJ angehörte. Die KAJÖ wurde gemäß der „Naturstände" nach Burschen (KAJ/B) und Mädchen (KAJ/M) getrennt geführt. Keimzellen dieser Bewegung waren die Aktivistenrunden auf pfarrlicher Ebene. Mehrere dieser Ortsgruppen bildeten ein Gebiet, das wiederum einer Diözesanleitung untergeordnet war. In den 1950er Jahren agierte österreichweit je eine Zentralführung für die KAJ/B und die KAJ/M.

Regelmäßig stattfindende Studientagungen, an denen sowohl Laien als auch Priester teilnahmen, dienten zur Schulung der Aktivistinnen und Aktivisten und zum Austausch innerhalb der Bewegung. An der ersten österreichischen KAJ-Studienwoche 1948 in Linz, zu der auch Joseph Cardijn anreiste, nahmen bereits 16 Priester und 40 Jungarbeiter teil. „Arbeiterseelsorger" Johann Wurzwallner (1912–1977)[189], der sich für die Etablierung der KAJ in der Steiermark engagierte, wurde 1951 zum ersten Diözesanseelsorger ernannt. Ihm folgte von 1956 bis 1962 Johann Weber, seit 1953 Kaplan in Köflach, nach. Vom 18. bis zum 23. Juli 1949 konnte eine erste diözesane Studientagung stattfinden. Bis zum Jahr 1950 existierten bereits 20 steirische KAJ-Ortsgruppen, vornehmlich in den industriell geprägten Regionen der Obersteiermark und im Ballungsraum Graz.[190]

Den ersten Kontakt mit der neu entstehenden KAJ hatte Leopold Städtler als Kaplan in Mureck. Dort fand er 27 Hausgehilfinnen vor, die überwiegend Dienst bei Familien mit deutschnationaler Gesinnung verrichteten. Für den jungen Geistlichen stellte sich die Frage, wie er diese jungen Frauen gut begleiten könnte:

Da habe ich zufällig gehört, dass es in Wien die Hedwig Göttinger [1928–2003][191] gibt, die mit Hausgehilfinnen etwas unternimmt. Der habe ich dann einen Brief geschrieben, und sie kam tatsächlich von Wien nach Mureck. Sie erzählte mir zum ersten Mal etwas von Cardijn. Dass jetzt ein neues Modell kommt: „Jeder und jede muss ein Missionar sein, muss durch sein eigenes Leben überzeugen. Ich bin ein Christ, ich will als Christ leben, und meine Aufgabe, die ich in meinem Beruf habe, ist für mich wichtig. Aber noch wichtiger für mich ist: Ich muss schauen, dass ich missionarisch tätig bin." So etwas habe ich in meinem Leben zum ersten Mal gehört. Donnerwetter noch einmal. Dann fragte ich sie: „Gibt es in der Steiermark irgendwo etwas?" „Ich weiß nichts. Sie haben mir ja geschrieben." Da habe ich den Weber Hans, den späteren Bischof, gefragt: „Du, hörst, ich habe da jetzt das Gespräch mit dieser Frau Hedwig Göttinger gehabt. Die erzählt mir da ganz etwas Neues von einem gewissen Cardijn, einem belgischen Priester. Weißt du da etwas davon?" „Ja, gehört habe ich schon etwas, aber was, weiß ich auch nicht genau." Er wird sich interessieren. So ist es eigentlich losgegangen mit der KAJ.

In der Nachkriegszeit fehlten für viele jüngere Priester adäquate pastorale Konzepte gänzlich, oder bestehende wurden als überkommen erachtet. Der missionarisch ausgerichtete Ansatz der KAJ, der den Blick über den kirchlichen Binnenraum hinaus ermöglichte, und der Schwung, welcher von der Bewegung in den ersten Jahrzehnten ausging, ließen Leopold Städtler nicht mehr los. Bereits in Mureck rief der Kaplan 1950 eine Aktivistenrunde ins Leben.

Um den Graben zwischen dem Glauben und den Alltagsrealitäten zu überwinden, wurde der von Joseph Cardijn entwickelte, praxisnahe methodische Dreischritt „Sehen – Urteilen – Handeln" zum Prinzip der KAJ. „Sehen" bedeutet das bewusste Wahrnehmen der konkreten Situation, des konkreten Umfelds. Das „Urteilen" erfolgt als Bewertung und Reflexion dieser Situation durch eine christliche Geisteshaltung. Im „Handeln" sollen schließlich die Konsequenzen aus der beurteilten Situation gezogen und ins Tun überführt werden.

Zunächst als Bildungsmethode innerhalb der KAJ-Gruppen gedacht, fand der Dreischritt schließlich auch seinen Weg in das kirchliche Lehramt.[192] Für viele aus der Priestergeneration von Leopold Städtler spielte dieses „Cardijn-Prinzip" eine prägende Rolle in ihrem Wirken, konnte es doch als praktikables pastorales Handwerkszeug dienen.

Eine spirituelle Neuerung stellte überdies die gegenwartsbezogene, lebensnahe wie auch persönliche Auseinandersetzung mit der Heiligen Schrift dar. Unter dem Schlagwort „Lebendiges Evangelium" wurden in den Aktivistenrunden gemeinsam Bibeltexte betrachtet und ins Hier und Jetzt übertragen. Dabei kam eben nicht dem Priester die Rolle des alleinigen Exegeten zu, sondern Laien legten die Bibelstellen im Licht ihrer Alltagserfahrungen aus.

Vor allem die Methode „Sehen – Urteilen – Handeln" war für uns etwas völlig Neues, die haben wir nachher einfach ganz stark umgesetzt. Völlig neu war für uns „Sehen": Schau herum, wer lebt da in der kleinen Gasse noch von den jungen Leuten? Auf die Idee wären wir ja gar nicht gekommen, dass wir das einfach verlangen. Schau doch einfach genau, wer da lebt, und überlege, wie du ihn anpacken, mitbringen kannst. „Urteilen": Wie lebst du, wie lebt der? Das war wirklich eine gute Sache. Bischof Schoiswohl hat dann da ganz stark eingegriffen und hat gesagt: „Sehen – Urteilen – Handeln" ist wichtiger in dieser kleinen Gruppe zu besprechen, als eine große Jugendrunde zu halten. Dieser Ansatz war für uns völlig neu. Die Jugendrunde war für uns eine Selbstverständlichkeit. Jetzt sagt aber der Bischof: Wichtiger ist doch die kleine Gruppe, diese drei, vier Leute, die da am Abend zusammenkommen, die das Evangelium lesen, wo jeder sagen muss, wie er das sieht, was er da gelesen hat. Das war zum ersten Mal, dass Laien uns Priestern erklärt haben, was sie zu dieser Bibelstelle sagen, was sie dazu denken. So sind wir Priester in Wirklichkeit eigentlich offen geworden durch die Laien. Die Methode war wahnsinnig gut. Die hat auch überall eingeschlagen, muss man sagen.

„Wie ein Sauerteig in unserer Umwelt" – Die KAJ Murau

Gleich in den ersten Monaten nach seiner Versetzung nach Murau 1952 begann Leopold Städtler mit dem Aufbau einer KAJ-Aktivistenrunde auf Pfarrebene. Dazu verfasste der junge Kaplan eine reich illustrierte Chronik für die Jahre 1952 bis 1954[193], die das Werden dieser Gruppierung eindrucksvoll nachzeichnet. Einer der Ausgangspunkte für die Gründung war der Besuch des steirischen KAJ/B-Diözesanführers Karl Helmuth Schirnhofer im Dezember 1952 in Murau. In der KAJ-Chronik heißt es dazu voller Begeisterung und Optimismus: „In uns allen entstand die Gewißheit, daß auch wir hier in Murau eine schlagkräftige KAJ auf die Beine bringen müssen. Sofort begannen wir mit den Aktivistenrunden, die die Seele der KAJ bilden."[194]

Die Ortsgruppe der Mädchen-KAJ gründete sich formell am 19. Juli 1953, als Diözesanführerin Luise Reindl (1933–2017)[195] in Murau zu Gast war. Deren erster Kontakt mit der Bewegung lief über Kaplan Hannes Städtler, der von 1954 bis 1956 Diözesanseelsorger der steirischen KAJ/M wurde. Neben einer genuin religiösen Bildung sollte auch der soziale Zusammenhalt dieser neuen Gemeinschaft gefestigt werden. So führte eine der ersten Aktivitäten auf die „Mandlthomahütte" auf der Frauenalpe, wo ein nicht nach Geschlechtern getrenntes Selbstversorgerskilager abgehalten wurde, wozu es in der KAJ-Chronik heißt: „Gesamtbesatzung: 17 Stück männlich, 5 Stück weiblich und 1 Kaplan. Außerdem hatten wir 3 Kajisten aus Mureck an Bord."[196]

Die Aktivistinnen und Aktivisten zeigten ihr Engagement in den folgenden Jahren durch vielseitige Aktionen wie die Organisation von Maskenbällen und andere

Abendveranstaltungen. Aus den Erlösen und durch große Eigenleistungen konnte ein eigenes KAJ-Heim eingerichtet werden, das als Versammlungsraum genutzt wurde. Große Ferienfahrten nach Deutschland, Italien und in die Schweiz ließen die Teilnehmerinnen und Teilnehmer über den österreichischen Tellerrand hinausblicken.

Sternsingen in Murau, 1954.

Durch gegenseitige Besuche hielt die KAJ Murau Kontakt zu benachbarten kirchlichen Kinder- und Jugendvereinigungen im Dekanat und brachte sich durch die Mitgestaltung kirchlicher Feste im Jahreskreis in die Pfarre ein. Nach dem Krieg erfreute sich beispielsweise die Sternsingeraktion wachsender Beliebtheit, zunächst in Privatinitiativen organisiert und ab 1954 in der Steiermark institutionalisiert durchgeführt. Die Einführung dieses Brauchtums in Murau durch die KAJ wird in der Chronik geschildert:

Zu Dreikönig des Jahres 1953 versuchten wir den uralten Brauch des Sternsingens in seiner ursprünglichen Form wieder aufleben zu laßen. Sorgfältig wurde das Auftreten „unserer Könige" mit ihrem Gefolge – die kleinen Mohren nahmen wir aus der Jungschar – vorbereitet. Am Vortag des Dreikönigstages begannen die Sternsinger ihren Zug durch die Stadt. Von Haus zu Haus zogen sie, um jeder Familie mit einem alten Dreikönigslied aus dem Salzkammergut Kunde vom größten Geheimnis der Weltgeschichte, von der Geburt unseres Erlösers

Jesus Christus zu bringen. Überall wurden unsere Sternsinger freundlich aufgenommen und unser Wollen, den alten Brauch wieder lebendig zu machen, freudigst begrüßt. Durch das Echo der Bevölkerung aufgemuntert, wollen wir das Sternsingen durch die KAJ Jahr für Jahr wiederholen.[197]

Pius XII. (1876–1958), von 1939 bis 1958 Papst, ließ die Liturgie der Karwoche ab 1951 erneuern. Dies betraf den Zeitpunkt der liturgischen Feiern (*hora competens*), die Liturgie der Osternacht hatte nunmehr in der Nacht zum Ostersonntag und nicht am Vormittag des Karsamstags zu erfolgen, und die Umgestaltung des Ritus. Die KAJ-Chronik liefert einen kurzen Bericht über die Feier der Osternacht 1953, die in Murau erstmalig nach dem erneuerten Ritus begangen wurde:

Als der Heilige Vater im Jahre 1951 die alte Osternachtsfeier wieder hergestellt hatte, hat er der ganzen katholischen Welt die Tiefe und Größe des Ostergeheimnisses neu vor Augen gestellt. So feierte heuer auch unsere Pfarre die Osternacht erstmalig nach dem neuen Ritus. Wir, von der KAJ halfen eifrig, wo wir konnten. Den Abschluß unserer pfarrlichen Osternachtfeier bildete eine mitternächtige Lichterprozession durch unsere Stadt. Auf einem Hügel, nahe der Stadt, stellten wir ein Osterkreuz auf, das weithin sichtbar war und durch sein Strahlen allen Menschen die frohe Kunde brachte: „Christus, unser Herr[,] ist wahrhaft auferstanden!" Bis in die frühen Morgenstunden des Ostersonntags hielten Kajisten Wache beim Osterkreuz. An einem kleinen Lagerfeuer sitzend, sangen wir KAJ- und Osterlieder.[198]

„Österreichabend" der KAJ Murau, 23. April 1954.

KAJ-Gruppe Murau mit Kreisdechant Vögl und Kaplan Städtler, 1953.

Die Ortsgruppe beteiligte sich auch an österreichweiten Initiativen: Die Karfreitagsaktion sollte dafür sensibilisieren, dass zur Todesstunde Jesu um 15 Uhr für eine Gedenkminute die Arbeit eingestellt wird. Am „Tag der katholischen Presse" wurden an öffentlichen Orten kirchliche Publikationen beworben. Nicht immer stießen diese zentral vorgegebenen Schwerpunkte auf die Gegenliebe der Basis, wie Leopold Städtler bezüglich eines „Österreichabends" gemäß der KA-Jahresparole zu berichten weiß:

Wir, die KA, wir sind da, wir wissen, was sich gehört. Wir machen jedes Jahr Jahreskalender, Jahresparolen usw., und ihr habt das umzusetzen. Ich kann mich noch gut erinnern, in Murau als Kaplan, da gab es die Parole: „In der Liebe zu Österreich kann uns niemand übertreffen." Wir haben gesagt, wir haben jetzt schon genug von diesen KA-Parolen.

Am 11. Oktober 1953 konnten neun Burschen und acht Mädchen aus der Pfarre Murau im Rahmen eines feierlichen Gottesdienstes durch Diözesanführer Schirnhofer offiziell in die KAJ aufgenommen werden. In der Chronik wird der daraus abgeleitete Auftrag wie folgt beschrieben: „Monatelang haben wir uns darauf vorbereitet. Wir waren uns klar, daß mit dem Ablegen unseres Versprechens eine gewaltige Verantwortung uns auferlegt wurde, nämlich als Kajisten und Kajistinnen wie ein Sauerteig in unserer Umwelt zu wirken."[199]

Wallfahrt der KAJ Österreich nach Mariazell 1954

Zug der KAJisten zur Basilika in Mariazell, Mai 1954.

Bischof Schoiswohl im Gespräch mit Landeshauptmann Krainer und KA-Vorsitzendem Königswieser, links: KA-Generalsekretär Pietsch, Mai 1954.

Ansprache von Joseph Cardijn, Mai 1954.

Die Banner der KAJ, Mai 1954.

Ein kraftvolles Zeichen setzte die KAJÖ mit der österreichweiten Jungarbeiterwallfahrt am 1. Mai, dem „Tag der Arbeit", und am 2. Mai 1954 nach Mariazell. Die über 7.000 fast ausschließlich männlichen Kajisten konnten neben dem gesamten österreichischen Episkopat und vielen Vertretern des politischen und öffentlichen Lebens – so war auch Bundeskanzler Julius Raab (1891–1964)[200] anwesend – den Gründer der Bewegung, Joseph Cardijn, im steirischen Wallfahrtsort willkommen heißen.

Die Murauer Abordnung reiste mit einem festlich geschmückten Autobus an, versehen mit der KAJ-Parole „Glauben – Beten – Siegen". Am Sammelplatz der Steirer in Rasing fanden sich in etwa 1.200 Jungarbeiter ein. In einer nach Bundesländern geordneten Sternwallfahrt machten sich die Gruppen mit Fahnen und Bannern auf zum Sportplatz von Mariazell. Bischof Josef Schoiswohl, Landeshauptmann Josef Krainer (1903–1971)[201], KA-Präsident Konrad Königswieser (1903–1967)[202] und KA-Generalsekretär Max Pietsch (1902–1976)[203] führten den Zug der Steirer an. Ein Eröffnungsakt und die Ansprache des Zentralführers Alfred Mitterhuber[204] standen am Beginn der Kundgebung. Unter Gesängen und Gebeten zogen die Wallfahrer mit brennenden Fackeln zur Basilika, in der eine vom Wiener Kardinal Theodor Innitzer (1875–1955) zelebrierte Mitternachtsmesse stattfand. Festprediger war der bekannte Salesianerpater Franz Teufl (1904–1985)[205], Pfarrer im Linzer Hafenviertel. Stellvertretend für die neun Bundesländer und die „verfolgten Brüder im Osten" – eine kleine Abordnung aus Ungarn konnte an der Veranstaltung teilnehmen – wurden Votivkerzen entzündet. Jede Diözesangruppierung übernahm die Patenschaft für ein osteuropäisches Land. Die ganze Nacht hindurch wurde beim Gnadenaltar Ehrenwache gehalten. Um drei Uhr früh feierte Bischof Schoiswohl mit den Steirern eine heilige Messe.

Am nächsten Morgen fanden sich die jungen Männer wieder am Sportplatz ein. Josef Steurer (1926–2005)[206], der Zentralsekretär der KAJ Österreich, eröffnete mit seiner Rede das Tagesprogramm. Höhepunkt war jedoch die Ansprache von „Vater" Cardijn, „der Mann, dem die Herzen der Jugend gehören"[207], wie das Sonntagsblatt im Vorfeld der Veranstaltung nicht frei von Pathos titelte. Stürmisch bejubelt richtete der charismatische, damals über 70-jährige „Jugendapostel" seine eindringlichen Worte an die versammelten Jungarbeiter: „Österreichs KAJ muß wissen: wenn sie vorwärts geht, geht die Welt-KAJ vorwärts."[208] Städtler vermerkte dazu in der Murauer KAJ-Chronik das folgende einprägsame Zitat Cardijns, das Einblicke in das Menschenbild des belgischen Priesters erlaubt:

Ihr seid die KAJ, ihr seid die neue Jugend mit neuen Gedanken, seid eine neue Jugend mit einer neuen Lebensauffassung. Ihr seid neue junge Arbeiter, keine Sklaven, keine Tiere, keine Maschinen. Junge Arbeiter, die wissen, daß sie Söhne Gottes sind, Mitarbeiter Gottes, daß sie Erben Gottes sind, daß sie eine göttliche Würde haben![209]

Den Abschluss bildete der eucharistische Segen, den der Wiener Erzbischof-Koadjutor Franz Jachym (1910–1984)[210] spendete. Mit dem Ruf „Komm, geh mit uns in die Zukunft, Bruder in Werk und Fabrik. Unseres Gottes Berufung entscheidet auch dein Geschick!" löste sich die Versammlung auf, und die Rückreise wurde angetreten. Wie die Chronik festhält, galt es nun, die gesammelten Eindrücke der Wallfahrt in das Alltagsleben und den Aufbau der Bewegung zu übertragen:

Nun geht es wieder nach Hause, zur täglichen Arbeit. Jetzt heißt es: Mariazell in die Wirklichkeit umsetzen. Mariazell ist nicht Ende, sondern Anfang unserer Arbeit. Unser Ringen um jeden einzelnen muß noch stärker werden. Mit der Kraft Christi und dem Schutz Mariens werden wir das große Werk vollbringen![211]

Kaplan in der Industriepfarre Fohnsdorf (1955–1959)

Ansichtskarte des Ortes Fohnsdorf, o. J.

Seitens des Ordinariats erwies sich die Versetzung von Kaplan Städtler nach Fohnsdorf als delikater Akt, der dem Betroffenen möglichst schonend beizubringen war. Wie im Gespräch von Leopold Städtler mit Rupert Rosenberger (1907–1985)[212], von 1954 bis 1976 Generalvikar der Diözese (Graz-)Seckau, skizziert, dachten die Diözesanverantwortlichen jener Zeit in kirchlichen Karrieren, wobei bestimmte Dienstposten entweder als Auf- oder aber als Abstieg empfunden wurden:

Die Versetzung nach Fohnsdorf war für Generalvikar Rosenberger ein großes Problem. Ich war drei Jahre in Murau. Dann wird man versetzt, das war ganz klar, und mir war es egal, wo sie mich hinschicken. Dann rief mich der Generalvikar an, er müsse dringendst mit mir reden. „Ja, was denn?" „Du wirst schon sehen", sagte er zu mir: „Jetzt haben wir also ein Problem." „Was ist das Problem?" „Ja, ein Problem", hat er gesagt. „Meine Versetzung?", fragte ich. „Ja, freilich, freilich." „Ja, mein Gott noch einmal, wo ich hingeschickt werde, da geh ich hin", weil das haben wir uns ausgemacht, unser Kriegsjahrgang: „Wo sie uns hinschicken, gehen wir hin. Wenn's uns passt, ist es wunderbar, wenn's uns nicht passt, können wir wenigstens auf das Ordinariat schimpfen." „Das Problem ist folgendes: Du bist

Leopold Städtler als Kaplan in Fohnsdorf, Mitte der 1950er Jahre.

Kreisdekanatskaplan, du bist Stadtkaplan, und jetzt wirst du nach Fohnsdorf versetzt. Das ist nicht einmal ein Markt, das ist nur ein Ort, das ist ein Abstieg", sagte mir der Generalvikar Rosenberger. „Ja, und?", habe ich gesagt. „Gehst du wirklich dorthin?" „Mir ist der Abstieg völlig wurscht, ich gehe überall hin, wo ihr glaubt, dass ihr mich brauchen könnt." So bin ich nach Fohnsdorf gekommen.

Mit 1. September 1955 trat Leopold Städtler schließlich seinen Kaplansdienst in Fohnsdorf an.[213] Pfarrer war seit 1952 Karl Dengg (1912–1980)[214], Josef Völkl (1911–1984)[215] von 1949 bis 1956 Kaplan. „Wir hatten auch eine sehr gute Wirtschafterin, Resi Ferstl, die gleich in der Nähe des Pfarrhofs wohnte. Sie schaute wahnsinnig gut auf uns und hat viel über die Pfarre gewusst, aber sie hat unheimlich geschwiegen über alles."

Die Pfarre weist ein beträchtliches Alter auf: Im 11. Jahrhundert gegründet, gehört Fohnsdorf zu den frühesten Salzburger Pfarrerrichtungen der Steiermark. Die Pfarrkirche mit einem Rupertspatrozinium findet 1147 erstmals urkundliche Erwähnung. Die soziale Zusammensetzung der Bevölkerung zur Mitte der 1950er Jahre zeichnet ein kurzes Porträt des Ortes Fohnsdorf[216] aus dem „Rom-Buch der KAJ"[217] nach:

Fohnsdorf liegt am Nordrand des Aichfeldes in der Nähe von Judenburg in der Obersteiermark. Es ist mit 11.053 Einwohnern das größte Dorf Österreichs. Davon sind 9342 Katholiken, 5 Alt-katholiken, 487 evangelische Christen, 3 bekennen sich zur israelitischen Kultusgemeinde[,] und 1216 sind ohne religiöses Bekenntnis. Durch den Kohlenbergbau, in dem ungefähr 2200 Leute arbeiten, ist Fohnsdorf einer der bedeutendsten Industrieorte der Steiermark.

Weder von seiner weststeirischen Heimat Ligist noch von seinen ersten beiden Kaplans-stellen in Mureck und Murau kannte Leopold Städtler ein Umfeld, das über Generationen hinweg traditionell skeptisch bis ablehnend der Kirche gegenüberstand.

In Fohnsdorf habe ich zum ersten Mal eine sozialistische Arbeiterschaft in Masse gesehen. Das habe ich vorher so nie gesehen. In meiner Heimat Ligist hat es natürlich auch Sozialisten gegeben, das waren Bergarbeiter, aber die waren in Ligist daheim wie jeder andere, da hat man überhaupt nichts Besonderes gemerkt. Aber in Fohnsdorf, damals der größte Ort des Bezirkes, bin ich drauf-gekommen, dass da ja alles sozialistisch ist. Es gab dort unglaublich starke sozialistische Familien-traditionen, die im gesamten öffentlichen Leben spürbar waren. Alles war sozusagen sozialistisch dominiert. Wie soll denn das mit der Seelsorge gehen? Das Eigenartige war aber, dass eine starke Jugendgruppe da war. Es hat Burschen und Madl gegeben, die einfach aus ihrer Familie aus-brechen wollten. Der Völkl war der Kaplan, der vor mir gekommen ist. Er hat ein unheimliches Gespür gehabt für die jungen Leute. Er hat vor allem das gemacht, was sie wollten: Fußballspie-len. Wenn man sich das vorstellt: Der hat damals als Kaplan einen Fußballplatz in Fohnsdorf zusammengebracht. Was das heißt! Und es hat plötzlich drei Mannschaften gegeben. Manche im Werk unten sind dann auch schon draufgekommen, dass die Burschen, die da beim Völkl waren, die sozusagen bei der KAJ waren, anderen halfen, wenn irgendwas war, sich um andere scherten. Sie halfen einfach. Aber die Tradition war sozialistisch von A-Z.

Ich kann nur sagen, ich war gerne dort, bei der Jugend, das ist bestens gelaufen. Betroffen machte mich, dass die Mädchen oft von den Vätern geschlagen wurden, weil sie bei uns mitgetan haben. Aber das war so ein typischer Aufstand junger Leute gegen die Eltern. Als Erwachsene sind sie dann ganz stark wieder in die sozialistische Familientradition zurückgegangen. Einige wenige haben dann auch Verantwortung in der Pfarre übernommen. Die haben gesagt: „Das mach ich gerne, da kenne ich mich aus, das mache ich."

Im Bürgermeisteramt, damals gleich vis-à-vis vom Pfarrhof, ist einer im ersten oder zweiten Stock gesessen. Der hat schauen müssen, wer in den Pfarrhof hineingeht, damit er das genauestens regis-trieren kann. So habe ich das dort erlebt. Was machst du jetzt da in der Seelsorge? Wie soll denn das überhaupt gehen? Ich habe immer einen Willen gehabt: In die Familien musst du kommen. Bei den Familien musst du schauen, dass du sie für den Glauben öffnest. Dann geht alles, auch mit den Kindern, einfacher und leichter. Wie komme ich in die Familien hinein? Das war ziemlich

Leopold Städtler als Mitglied der Altherrenmannschaft der KAJ beim Pfingstturnier 1957.

Fronleichnamsprozession in Fohnsdorf, 1956.

schwierig, muss ich ganz ehrlich sagen. Es hat einzelne Familien gegeben, wo Kontakte möglich waren. Bei der Jugend ist es stark und gut weitergegangen, das war wirklich interessant. Am ersten Mai sind die Burschen und die Madl schauen gegangen, wie viele bei der SPÖ, wie viele bei der KPÖ mitmarschieren. „Das packen wir leicht", haben sie gesagt. Bei der Fronleichnamsprozession sind sie dann aufmarschiert. „Ganz klar, da marschieren wir mit, das gehört ja dazu." Pfarrer Dengg selber hat sich überhaupt nicht dafür interessiert. Der hat eine ganz kleine Frauengruppe gehabt mit vier oder fünf Frauen, mit denen er sich in allen Belangen unterhalten hat, und uns Kapläne hat er machen lassen, was wir wollten: „Tut's, was ihr wollt."

Uns ist die Überlegung gekommen, Kontakte zu den Industriebetrieben aufzubauen. Wir wussten ja nicht einmal, wie ein Werk von innen ausschaut. In unserer Ausbildung haben wir nie von einem Industriewerk oder von einem großen Betrieb gehört. Wir waren alle der Meinung: Der Werksdirektor macht dort das Klima. Das war völlig falsch, das Klima haben die Werkmeister gemacht, die im Alltag bei den Leuten waren. Wie kommen wir überhaupt mit einem Betriebsrat zum Reden? Ich habe keinen einzigen Betriebsrat gekannt. Das waren also schwierige Zeiten. Wohl aber sind wir Priester im Dekanat einmal im Monat zusammengekommen und haben unsere Ratlosigkeiten ausgetauscht. Damals hat es auch in Pöls, in Weißkirchen und in Judenburg-St. Nikolaus Kapläne gegeben. Kapiert haben wir eines: Als Menschen müssen wir Menschen bleiben, sonst erscheinen wir weltfremd für diese ganze Geschichte. Wir dürfen auf keinen Fall irgendwo auf der hohen Rampe oben stehen. Wir müssen versuchen, menschliche Beziehungen herzustellen. Wir müssen versuchen, selber als Priester normale Menschen zu bleiben, wie es alle anderen auch waren, mit denen wir da zusammengelebt haben. Das war nicht ganz einfach.

Nach den Erfahrungen der Zwischenkriegszeit und des Zweiten Weltkriegs suchte die Kirche Österreichs neue Wege und musste ihr Selbstverständnis überdenken. Schon 1945 stellte die Bischofskonferenz fest, dass eine Bindung der Kirche an eine einzige Partei nicht mehr anzustreben sei. Programmatisch festgehalten finden sich diese Positionen einer Neu-ausrichtung im „Mariazeller Manifest" vom Frühjahr 1952.[218] Diese Erklärung, die aus einer Studientagung von Priestern und Laien im steirischen Wallfahrtsort zur Vorbereitung des ersten Österreichischen Katholikentages nach 1945 im September 1952 hervorging, ver-suchte eine Trennlinie zur belastenden Vergangenheit zu ziehen. Unter der Devise „Eine freie Kirche in einer freien Gesellschaft" stellte man sich den neuen Realitäten, indem einem Staatskirchentum, dem Bündnis von Thron und Altar, einer zu engen Verzahnung mit einer einzigen Partei und allen gewaltsamen Versuchen, eigene Ziele durchzusetzen, eine klare Absage erteilt wurde. Optimistisch blickte der Verfasser des Textes, der Presse-chef des Katholikentages Richard Barta (1911–1986)[219], in die Zukunft und unterstrich den Willen zur Zusammenarbeit und Dialogbereitschaft mit Staat und Gesellschaft. Für die konkrete pastorale Situation in der Obersteiermark bedeutete dies viel, stand doch die Glaubwürdigkeit der Kirche, die in den Jahren vor dem Krieg durchaus auch parteipolitisch agierte, auf dem Prüfstand. Für viele junge Priester wie Leopold Städtler war das „Mariazeller Manifest" ein Hoffnungsdokument, das den Geist eines Neubeginns atmete.

Das einzige, von dem wir überzeugt waren, dass es uns helfen könnte, war das „Mariazeller Manifest" vom 1. bis 4. Mai 1952. Wo Richard Barta, der nachmalige Chef der Kathpress, diese Schrift herausgegeben hat: Eine freie Kirche in einem freien Land in einem freien Volk. Keine Rückkehr zu einer Kirche der Monarchie, das war praktisch Staatskirchentum. Keine Rückkehr zur Kirche der Ersten Republik, zu diesem engen Zusammenschluss mit einer Partei, die unsere kirchlichen Interessen verwirklichen helfen soll, sondern eine freie Kirche in einem freien Land. Das haben wir immer wieder in Gesprächen versucht zu thematisieren, manchmal in der Predigt, wenn es gerade gepasst hat, oder mit Leuten vom Werk. Die haben uns das alles nicht geglaubt. Die haben uns nicht geglaubt, dass das ehrlich gemeint war. Das war schlicht und einfach: Eigentlich habt ihr hier nichts zu tun. Mit eurer Sprache seid ihr sowieso weltfremd, was ihr sagt, versteht von uns eh keiner und braucht auch keiner. Also es war eine schlimme Zeit. Wir haben keine Ahnung gehabt – auch von der Ersten Republik, was da wirklich war. Wir haben keine Ahnung gehabt, dass manche Priester in der Ersten Republik auch Parteisekretäre waren.

Auf die Arbeiterinnen und Arbeiter zuzugehen bedeutete auch, ein allzu „kirchliches" Vokabular zu vermeiden und sich an die Menschen vor Ort anzupassen.

In den Gottesdiensten haben wir versucht, in einer Sprache zu predigen, die die Leute verstehen. Ein Professor von Wien war bei uns in Fohnsdorf gewesen, der hatte den Auftrag, den Sprachschatz der Bergarbeiter zu untersuchen. Der fragte mich einmal – er hat für drei Monate im Pfarrhof gewohnt –, wie groß der Sprachschatz eines Fohnsdorfer Bergarbeiters eigentlich ist. „Ich habe ja keine Ahnung, aber 800 bis 1000 Worte wird der schon kennen." Sagt er: „300 bis 350. Nicht mehr. Ihr müsst viel einfacher reden." Ich kann mich noch gut erinnern, wie er zu mir sagte: „Vergessen Sie die Sprache der Theologie total, das versteht hier keiner. Sie müssen lernen, die Sprache dieser Menschen zu verstehen und zu sprechen. Keine langen Sätze bei der Predigt", hat er gesagt, „kein einziges Fremdwort darf vorkommen."

Schulvisitation durch Weihbischof Pietsch

Wie damals üblich, besuchten die Bischöfe von Zeit zu Zeit die Schulen im Diözesangebiet. Leopold Städtler, der in Fohnsdorf die Abschlussklasse der Mädchenhauptschule sowie an der Polytechnischen Schule unterrichtete, erzählt von einer Schulvisitation durch Weihbischof Leo Pietsch:

Das war ja lustig bei der Visitation, als damals Weihbischof Pietsch jede Klasse besucht hat. In Fohnsdorf war das so geregelt, wenn eine Klasse nicht da ist, weil sie zum Beispiel Turnen hatte, konnte sie nachher heimgehen. Da war eine Abschlussklasse, die nicht heimging, die wollten den Bischof sehen. Der Klassenlehrer Viktor Komatz war der Chef der sozialistischen Lehrer von Fohnsdorf. „Herr Kaplan", sagte er, „unsere Buben, die gehen nicht heim, die wollen den Bischof sehen." Sagte ich: „Das geht nicht, wir sind schon vorbeigegangen." Ich war ja heilfroh und habe mir gedacht: Was mache ich mit dem Bischof in der Klasse?

Rennt der Lehrer Komatz dem Bischof nach und erzählt ihm, dass die Buben Turnen gehabt haben, aber auf alle Fälle den Herrn Bischof sehen wollten. Sagte der Weihbischof: „Da müssen wir halt noch einmal zurück." „Um Gottes Willen", dachte ich. Beim Zurückgehen habe ich ihm schnell erklärt, wie das jetzt sein wird. Wenn wir in die Nähe der Schule kommen, wird einer schreien: „Jetzt kommen's!" Genauso war es. Die Klasse war im 1. Stock oben, wenn wir da die Stiege hinaufgehen, wird wieder einer schreien: „Achtung!" Wenn wir dann oben im 1. Stock sind, wird einer bei der Tür stehen und noch einmal „Achtung!" schreien. Genauso war es. Der Weihbischof ging in die Klasse hinein, vor zum Katheder, schaut dann den ersten Burschen an: „Du bist der Klassenhäuptling da, du hast ja ‚Achtung' geschrien." „Habe ich, ja." „Bist du der Klassenhäuptling?" „Das bin ich." „Was habt ihr gelernt?" Schreit einer heraus: „Von Himmel, Hölle und Fegefeuer." „Um Gottes Willen", dachte ich. Fing der Bischof mit dem Burschen über Himmel, Hölle und Fegefeuer zu reden an. Fragt er: „Was ist das Fegefeuer?" „Das ist so eine Zwischenstation, da muss einmal ein jeder hinein." „Ja, und was ist, wenn da ein Fohnsdorfer Bergknappe und ein Bischof vor dem Petrus stehen und im Fegefeuer waren und ins Himmelreich wollen. Wie geht das jetzt?" Der eine schweigt, der Klassenhäuptling steht vor ihm, die Hände in den Hosentaschen: „Na ja, Gauner gibt es überall", war die Antwort. Ich habe mir gedacht, das ist ja unmöglich. Lobte nun der Bischof die ganze Klasse und den Lehrer, was der in dieser Klasse leistet: „Wenn man in eine Abschlussklasse kommt, glaubt man, man kommt in die Wüste. Bei euch ist man ja in eine Oase gekommen." Der Bischof ging wieder, der Komatz sagte zu mir: „Also eines muss ich euch sagen, gscheite Leute habt ihr. Jedes Jahr kommt zu mir der Bezirksschulinspektor, noch nie hat sich der bei mir bedankt. Da kommt einmal euer Bischof daher, der weiß genau, was ich leiste, und bedankt sich bei mir." „Braucht ihr irgendetwas für das Essen mit dem Bischof? Ich schicke sofort meine Frau zu eurer Wirtschafterin." Er schickte seine Frau zur Köchin, die sagte: „Sie haben sicher ein Festessen für euren Bischof." „Ich weiß nicht, wer alles dabei ist." „Brauchen Sie irgendetwas? Ich werde Ihnen das sofort zur Verfügung stellen." So war das in Fohnsdorf. Die Anerkennung hat das sofort bewirkt, ja, die haben jetzt wahrscheinlich ein gutes Essen, da müssen wir schauen, dass sie alles bekommen, was sie brauchen.

In Fohnsdorf fand Leopold Städtler eine seit 1950 funktionierende KAJ vor. Kaplan Josef Völkl zählte zu jenen steirischen Priestern, die früh die Ideen der Arbeiterjugend umsetzten: „Der Völkl ist mit einem Fohnsdorfer Jugendlichen nach Linz gefahren und hat dort den Cardijn gehört. Er war einer der ersten, der etwas Aktives gewusst hat." Mit Gebietsführer Franz Zechner[220] konnte die KAJ Fohnsdorf ab 1953 sogar ein Mandat als betrieblicher Jugendvertrauensmann erringen. Als Gebietsseelsorger war Kaplan Städtler ab 1955 für die Begleitung der KAJ-Ortsgruppen des Gebiets Fohnsdorf-Aichfeld zuständig.

Wie aus den Ausführungen Leopold Städtlers ersichtlich wird, tat sich die Diözesanleitung mit der Organisation der pastoralen Arbeit in den obersteirischen Industrieorten nicht leicht. Von Kaplänen, die den Ideen der KAJ aufgeschlossen waren, erhoffte man sich neuen Aufwind. Die Schilderung Leopold Städtlers über die Versetzung von Josef Völkl im Jahr 1949 nach Fohnsdorf scheint dies ein weiteres Mal deutlich zu machen:

Die ganze Mur-Mürz-Furche, diese Industriezone, ist ja sowieso abgeschrieben gewesen. Wenn man nur denkt, wie der Völkl Kaplan in Fohnsdorf geworden ist: Der war vorher Kaplan in Wundschuh, bekommt ein Versetzungsdekret nach Fohnsdorf, und damals war das so, dass man schauen musste, dass man sein Versetzungsdekret möglichst rasch dem Dechant oder dem zuständigen Kreisdechant zeigt. Der Völkl fährt von Wundschuh nach Judenburg, geht in Judenburg vom Bahnhof hinauf ins Pfarramt zum Kreisdechant und sagt: „Ich bin der neue Kaplan von Fohnsdorf, ich möchte mich vorstellen." Der Kreisdechant umarmt ihn. „Herr Kaplan, was haben's denn angestellt?" Der Völkl schaut einmal: „Ich habe gar nichts angestellt." „Nun sagen Sie es mir, ich werde Ihnen schon helfen, dass alles gut geht." „Nichts habe ich angestellt", sagt er. „Sie müssen etwas angestellt haben, weil sonst wären Sie nicht Kaplan in Fohnsdorf geworden." Der Völkl ging wütend wieder zum Bahnhof hinunter, fuhr mit dem nächsten Zug nach Graz zum Generalvikar Johann Siener [1874–1956][221] ins Ordinariat. Er fragte, warum er Kaplan in Fohnsdorf wurde, was er denn angestellt habe. Der Generalvikar hat nur mehr geschnauft. Zum Glück kam der Kanzler Steiner herein. Der hat sofort gewusst, was da los ist. „Herr Kaplan, setzen Sie sich einmal nieder. Das stimmt, wir haben jetzt lange Zeit nach Fohnsdorf nur Säufer und Versager als Kapläne geschickt. Aber wir müssen einmal etwas anfangen, und wir haben uns gedacht, Sie wären vielleicht der erste, der uns helfen könnte, in Fohnsdorf einen neuen Boden zu legen."

Obersteirischer KAJ-Tag in Judenburg 1955

Festgottesdienst mit Diözesanjugendseelsorger Hansemann beim weststeirischen Jugendtag in Voitsberg anlässlich der 700-Jahr-Feier der Stadt, 1948.

Aufmarsch beim obersteirischen KAJ-Tag in Judenburg, Schriftzug auf der Straße „KAJ = ÖVP = Arbeiterfeinde", 1955.

Festmesse auf der Tribüne am Judenburger Hauptplatz, 1955.

Abt Benedikt Reetz (1897–1964)[222], Weihbischof Leo Pietsch und Kreisdechant Johann Rodler (1901–1963)[223].

In der Nachkriegszeit trat die Katholische Jugend durch regionale Jugendtage in Erscheinung. Neben einer Gemeinschaftsmesse, die oft auf eigens dafür errichteten und mit einem Altar versehenen Bühnenkonstruktionen gefeiert wurde, verliehen besonders die Fahnen- und Bannerzüge diesen Veranstaltungen ihren bekenntnishaften Charakter. Zu diesen Anlässen wirkten vor allem Weihbischof Leo Pietsch und Diözesanjugendseelsorger Georg Hansemann als gern gesehene Festprediger. Weihbischof Pietsch, der ab 1954 die Funktion des Generalassistenten der Katholischen Aktion ausübte, entwickelte – obwohl nicht eigens dafür beauftragt – ein reges Engagement für die Jugend- und Arbeiterseelsorge in der steirischen Diözese. Zeichenhaft sichtbar wird dieser Einsatz des Bischofs in der Wahl seines Wappens, das neben den Symbolen „Sonne" und „Evangelienbuch" ein Fabriksgebäude mit rauchendem Schlot zeigt.

Nicht allerorts stießen diese Kundgebungen auf ungeteilte Zustimmung. Wie angespannt und vorbelastet das Verhältnis zwischen Kirche und Arbeiterschaft in den industriell geprägten Pfarren der Obersteiermark war, führt Leopold Städtler mehrfach aus. Eine zu enge Verzahnung zwischen der institutionalisierten KA und der Parteipolitik trug nicht unbedingt zur Entspannung der Situation bei. Sichtbar wurde diese Ablehnung beispielsweise an den Parolen, die anlässlich des obersteirischen KAJ-Treffens in Judenburg im Juli 1955 auf den Straßen zu lesen waren.

Ganz stark waren die Jugendtage, alle mit dem gleichen System: Aufmarsch, Festgottesdienst und danach Singen und Zusammensein. In Judenburg waren die Straßen vom Bahnhof hinauf angeschmiert: „KAJ ist gleich ÖVP ist gleich Arbeiterfeinde." Die Jugendtage wurden aus dem Wissen gestaltet, junge Leute müssen zusammenkommen, sie müssen spüren und merken, dass es überall Gruppen gibt. „Alle miteinander sind eine große Gemeinschaft, eine große Einheit", das steckte hinter diesen Jugendtagen, die bis in die Mitte der 1950er Jahre die Jugendseelsorge der Diözese sehr stark prägten. Ich kann mich erinnern, die Weststeirer haben in Voitsberg, in Deutschlandsberg und in St. Stefan solche Veranstaltungen gemacht. Alle zwei Jahre hat man geschaut, dass in der Gegend irgendwo so etwas stattfindet.

Bei uns in der Obersteiermark war das alles eine schwierige Geschichte, weil das alles als ÖVP-nahe gesehen wurde. Alle KA-Gliederungen sind als Vorfeldorganisationen der ÖVP gesehen und daher abgelehnt worden.

„Nicht nach Moskau, sondern nach Rom fahren wir!" – Beim KAJ-Weltkongress 1957

Titelseite des internationalen Teilnehmerheftes zum Welttreffen der KAJ, 1957.

Über die Reise zum ersten Weltkongress der KAJ, an der aus Fohnsdorf 16 Kajistinnen und 17 Kajisten sowie die Priester Leopold Städtler und Alois Wieser (1932–1986)[224] teilnahmen, berichtet ein aufwendig gestaltetes Rom-Buch, das chronologisch die Vorbereitungen, die Durchführung und das Nachwirken der Internationalen Rom-Fahrt der Welt-KAJ vom 20. bis 28. August 1957 dokumentiert. Am Beginn steht der Aufruf von „Vater" Cardijn zur Wallfahrt nach Rom: „Rom muss Mariazell übertreffen[,] in der Vorbereitung, aber auch in der Teilnahme, und die Mädchen müssen auch dabei sein!! […] Ich rechne mit Euch! Ich segne Euch! Ich bete mit Euch! Voran!"[225]

Ein Jahr davor wurde bereits mit den vielfältigen Vorbereitungen für die Romfahrt begonnen. Hierfür wurden teils kreative, größere und kleinere Spendenaktionen durchgeführt. Beispielsweise wurden Bilderkarten und Abzeichen verkauft, Flaschen zur Wiederverwendung gesammelt oder Gebühren für das Rasieren mit dem elektrischen Rasierapparat des Kaplans eingehoben. Insgesamt konnten bis Mitte Juli 1957 8.117 Schilling[226] für die „internationale Kasse", in Fohnsdorf als „Hawaikasse" bezeichnet, erwirtschaftet werden. Der weltweite Solidaritätsgedanke spielte bei all diesen Aktionen eine wichtige Rolle, so machten etwa die verkauften Bilderkarten auf das Schicksal von jungen Arbeiterinnen und Arbeitern aufmerksam. Im Zuge der „Aktion Übersee" ermöglichte die europäische Arbeiterjugend durch verschiedenste „Sparaktionen" die Teilnahme von ca. 1.000 Delegierten aus ärmeren Ländern an der Romfahrt. Die KAJ Fohnsdorf übernahm die Patenschaft für Grace d'Souza und Alex Sequera aus Indien, ursprünglich geplant wäre die Unterstützung einer Jungarbeiterin aus der Dominikanischen Republik gewesen. Als Kostenbeitrag für den Weltkongress mussten jede Teilnehmerin und jeder Teilnehmer aus der Steiermark 1.000 Schilling beisteuern.

Durch die Gestaltung von Plakaten und den Verkauf der KAJ-Zeitschrift „Der junge Arbeiter" sollten der Sinn und Zweck der Romwallfahrt einer breiteren Öffentlichkeit

Kaplan Städtler blickt in das Rom-Buch der KAJ Fohnsdorf, o. J.

bekannt gemacht werden. Die Zeitung „Der junge Arbeiter" erschien von 1949 bis 1968 monatlich als „Kampfblatt der Arbeiterjugend" und löste das ab 1947 herausgegebene Mitteilungs- und Schulungsblatt „Der Aktivist in der Christlichen Arbeiterjugend" ab.

Teil der Vorbereitung war eine 1956 durchgeführte internationale Untersuchung über die sozialen und religiösen Lebensverhältnisse in den einzelnen KAJ-Pfarren aller teilnehmenden Länder. Dabei orientierte man sich an den ersten beiden Schritten des „Cardijn-Prinzips": „Sehen" und „Urteilen". In Fohnsdorf wurden 106 Personen, getrennt nach Burschen und Mädchen, befragt. Die Mehrzahl der männlichen Befragten arbeitete als Bergmänner im Kohlebergbau. Bei den Mädchen ergab sich ein etwas differenzierteres Bild: Am häufigsten wurde der Beruf der Handelsangestellten genannt, gefolgt von Hilfsarbeiterin und Hausgehilfin. Summarisch erfasst wurden sowohl das persönliche als auch das Arbeitsumfeld. Auch aus heutiger Sicht hat das stichwortartige Fazit der Umfrage unter den Mädchen von 1956 wenig an Aktualität eingebüßt:

Gründe für das Lossagen vom Glauben: Moderner Mensch, Blödsinn, langweilig, Religion ist Nebensache, ohne Religion lebt man auch gut, keine Zeit, Eltern sind ausgetreten, Eltern wollen

Mit dem Sonderzug zum
Ersten Internationalen Weltkongress der KAJ nach Rom,
1957.

Leopold Städtler beim Abzei-
chentausch in den Straßen
von Assisi während der Reise
zum KAJ-Weltkongress 1957.

nicht, kein Interesse, Bekanntschaft, Einfluß des Arbeitsmilieus. (2/3 gaben die Religion nach Schulaustritt auf.) [227]

Durch Gebietseinkehrtage, Jugendgottesdienste, eigens formulierte Gebetsmeinungen und eine Wallfahrt nach Maria Buch kam auch die spirituelle Vorbereitung nicht zu kurz. In den Gruppenstunden, einem Gebietsstudientag und in vier „Rom-Abenden" bereiteten sich die Kajistinnen und Kajisten inhaltlich auf dieses Großereignis vor. Diese Abendveranstaltungen umfassten geschichtliche, kunsthistorische und theologische Referate, das Proben von KAJ-Liedern und der Choralmesse, den Erwerb von italienischen Sprachkenntnissen und die Besprechung der einzelnen Programmpunkte der Reise. Unter der Devise „Nicht nach Moskau, sondern nach Rom fahren wir!" erfolgten auch thematische Schulungen.

Nach beinahe einem Jahr intensiver Vorbereitungen war es schließlich so weit: Einer von drei österreichischen Sonderzügen verließ am 20. August 1957 Bruck an der Mur Richtung Rom. Die Mitreisenden stammten aus der Steiermark, Kärnten und dem Burgenland. Längere Aufenthalte in Venedig und Assisi erlaubten die Besichtigung dieser kulturell bedeutsamen Städte. In Assisi stießen die Österreicherinnen und Österreicher erstmals auf andere Teilnehmer der internationalen Wallfahrt. Wie in der Chronik eigens vermerkt, stellte das Zusammentreffen mit Afrikanerinnen, die Teil einer Gruppe französischer Kajistinnen waren, für viele eine Besonderheit dar. Das Rahmenprogramm zum Weltkongress beinhaltete die Besichtigung der historischen Stätten der Ewigen Stadt, wobei sich Leopold Städtlers Weihekollege Karl Gémes als Stadtführer zur Verfügung stellte. Die Teilnehmerinnen und Teilnehmer aus den Diözesen Seckau und Gurk sowie der Apostolischen Administratur des Burgenlandes feierten mit den Bischöfen Joseph Köstner (1906–1982) [228], Stefan László (1913–1995) [229] und Leo Pietsch einen gemeinsamen Gottesdienst im Petersdom.

Der eigentliche Kongress wurde am 24. August 1957 mit einem abendlichen Fackelzug der insgesamt über 35.000 Kajistinnen und Kajisten, davon 3.000 aus Österreich, zum Kolosseum eröffnet. Aus 17 römischen Kirchen [230], in denen zuvor eine „Buß- und Sühneandacht" abgehalten wurde, strömten die Jungarbeiterinnen und Jungarbeiter zusammen, um gemeinsam in mehreren Sprachen den Kreuzweg zu beten. Am 25. August feierte Kardinaldekan Eugène Tisserant (1884–1972) [231] den Gottesdienst im Petersdom, wobei die Basilika bei Weitem nicht allen Delegierten Platz bieten konnte. Mit großer Inszenierung wurde am Nachmittag der „Internationale Tag" abgehalten. Unterschiedliche Rufe eröffneten das Spektakel:

Ja, wir sind nach Rom gekommen aus allen Teilen der Welt, um dem Heiligen Vater und der Kirche zu huldigen. Wir sind gekommen, um vor ihnen Zeugnis abzulegen von unserem unerschütterlichen Glauben, um ihnen zu danken für das Vertrauen, das sie in uns setzen! [232]

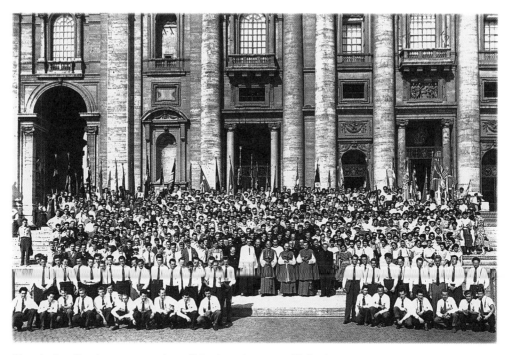

Die mit dem Sonderzug angereisten Teilnehmerinnen und Teilnehmer am
KAJ-Weltkongress vor dem Petersdom, 1957. In der Mitte: Weihbischof Pietsch,
Bischof Köstner, Bischof László und KAJ-Diözesanseelsorger Weber.

Das vom belgischen Choreografen Heiko Kolt (1902–1977)[233] gestaltete „Festspiel", aufgeführt auf einer Bühne rund um den Obelisken am überfüllten Petersplatz, sollte in sze-
nischer Darstellung das Verhältnis des arbeitenden Menschen zur zunehmenden Mecha-
nisierung der Arbeitswelt problematisieren und angesichts der großen globalen Nöte zu
Solidarität und Hilfsbereitschaft aufrufen. Als Zeichen einer Einheit in der Vielfalt brachten
Tänzer und Tänzerinnen aus unterschiedlichen Ländern ihre Darbietungen, wobei von den
80 österreichischen Vertretern 20 aus dem Gebiet Fohnsdorf-Aichfeld stammten.

Unter stürmischem Jubel wurde Papst Pius XII. auf der Sedia gestatoria, dem tragbaren
Thronsessel, über den Petersplatz getragen, der „wohl […] größte Augenblick des Kongre-
ßes"[234], bevor er das feierliche Gelöbnis der Delegierten entgegennahm:

*Ich verspreche, mich jeden Tag zu bemühen, das Ideal der KAJ immer besser zu verwirkli-
chen in meiner Familie, in meinem Wohnviertel, an meinem Arbeitsplatz, in meiner Freizeit,
während der Brautzeit, und in allen Vorbereitungen auf mein späteres Leben. Ich verpflichte
mich in Verbindung mit den Kajisten und Kajistinnen aller Erdteile und aller Rassen meine
Arbeitskameraden und Arbeitskameradinnen für dieses Ideal zu gewinnen. Mit der Gnade
Gottes werde ich mein Versprechen halten.[235]*

Festspiel auf dem Petersplatz zum KAJ-Weltkongress, 25. August 1957.

Heiliger Vater!

Leiter und Mitglieder der Katholischen Arbeiterjugend (KAJ) der Pfarrei Fohnsdorf in der Steiermark knien in Ehrfurcht vor Euer Heiligkeit und bitten um den Apostolischen-Segen für sich und ihre Arbeit im Reiche Christi.

Fohnsdorf, am 24. August 1957.

Pius pp. XII

Segensbild von Papst Pius XII. für die KAJ Fohnsdorf, 1957.

123

In französischer Sprache richtete der Papst an die versammelten Jungarbeiterinnen und Jungarbeiter seine Worte, in denen er die Sendung der CAJ unter den Gesichtspunkten „Ihr seid jung, ihr seid Arbeiter, ihr seid katholisch" unterstrich:

Schließlich seid ihr in das Ewige Rom gekommen, um am Herd des Lichtes und der Wärme, der euren Geist erleuchten und eure Herzen entflammen soll, in Erfüllung eurer doppelten Aufgabe: das Leben des Glaubens in euch zu bewahren und zu festigen und diese Wohltat denen zu bringen, die sie nicht kennen. Ihr wollt ein tiefes und echtes christliches Leben führen, nicht nur in der Verborgenheit eures Herzens, sondern auch in der Öffentlichkeit, in euren Familien, im Stadtviertel, in der Fabrik, im Atelier, im Büro, und eure ehrliche und ganze Zugehörigkeit zu Christus kundtun. Eure feste Organisation, eure Methode, die in der wohlbekannten Formulierung zusammengefaßt ist: Sehen, urteilen, handeln, euer Eingreifen in örtliche, regionale, nationale und übernationale Belange befähigt euch, beizutragen zu der Ausbreitung des Reiches Gottes in der modernen Gesellschaft und hier die Lehren des Christentums mit all ihrer Kraft und Ursprünglichkeit durchdringen zu lassen.[236]

Als abschließender Teil des Rahmenprogramms fand in der Maxentius-Basilika am Forum Romanum eine „Soirée de l'amitié internationale" statt, bei welcher Delegierte aus 25 Ländern vor 15.000 Zuschauern Tänze und Lieder ihrer Heimat präsentierten. Am 27. August fuhr der Sonderzug mit einem längeren Besichtigungsaufenthalt in Florenz wieder retour nach Österreich.

Durch den Besuch in Fohnsdorf von Grace d'Souza, KAJ/M-Führerin aus Kalkutta, und Alex Sequera, KAJ-Führer aus Bombay, im September 1957 brachten die Kontakte, die im Zuge der Romfahrt geschlossen wurden, ein Stück Weltkirche in die Obersteiermark. Die aus der Patenschaft für die Romfahrt entstandene Solidarität mit den beiden indischen Kajisten wurde weitergeführt. Unter dem Motto „Fohnsdorf hilft Bombay und Kalkutta" sammelten KAJ-Gruppen des Gebiets Fohnsdorf-Aichfeld eifrig Unterstützungsgelder, von denen z. B. eine Schreibmaschine und eine Vervielfältigungsmaschine für Indien angeschafft werden konnten. Darüber hinaus zeugt eine ansehnliche Sammlung von Briefkontakten im Fohnsdorfer Rom-Buch von der über die Landesgrenzen reichenden Verbundenheit, die vom KAJ-Welttreffen ausging.

Rückblick auf die KAJ

In seiner Rede zum 50-Jahr-Jubiläum der KAJ Fohnsdorf reflektiert Leopold Städtler die Kernanliegen der KAJ. Aus der zeitlichen Distanz heraus blickt er durchaus kritisch auf

Alex Sequera und Grace d'Souza aus Indien auf Besuch in Fohnsdorf, 1957.
Links im Hintergrund: Leopold Städtler.

die historischen Verwobenheiten zwischen Kirche und Politik und die teils überzogenen Erwartungen, die aus der KAJ-Diktion erwuchsen:

Die KAJ war ein „Produkt" der unmittelbaren Nachkriegszeit. Priester, die aus Krieg und Gefangenschaft wieder heimkehrten, litten unter der geschichtlichen Belastung der Kirche. In der 1. Republik gab es ja ein unheilvolles, enges „Miteinander" von Kirche und christlichsozialer Partei, obwohl die österreichischen Bischöfe bereits 1933 die Priester aus der Parteipolitik zurückzogen. Es war praktisch ein Gegeneinander da: hier die Kirche – da die Sozialistische Partei, die Gewerkschaft. […] Das gegenseitige Mißtrauen war groß. Die Kirche wurde nach wie vor als Handlanger einer Partei und die Gruppen der KAJ wurden oft als Vorfeldorganisation einer Partei angesehen. So standen wir jungen Kapläne oft ratlos vor der großen kirchenfeindlichen oder kirchendistanzierten Tradition vieler Arbeiterfamilien. Priester schienen auch ihnen oft weltfremd und zu wenig aufgeschlossen. Diese Entfremdung war überall spürbar. Aber wir wollten etwas tun, damit die Kirche [e]ine Kirche für alle wird und suchten nach Wegen, um die Kluft zu überwinden. So verfolgten wir in der KAJ zwei Ziele:

1. *Den Sinn seines Lebens und der Arbeit als göttliche Berufung zu entdecken und durch das normale Leben im Alltag, im Beruf, in der Familie, in der Nachbarschaft und in den kulturellen Beziehungen Zeugnis von Jesus Christus und seiner Botschaft zu geben.*

 Die KAJ verstand sich als Lebensschule gemäß dem Beispiel des Herrn Jesus: „Unter ihnen leben und für sie da sein."

 Das bedeutet:

 – jeden ernst nehmen

 – immer zum Gespräch bereit sein

 – die Zusammenarbeit mit anderen anstreben

– seine Möglichkeiten zur Hilfe anderen anbieten

– die Solidarität fördern und stärken.

2. *In den Betrieben ein Milieu zu schaffen, in dem die jungen Arbeiter als Christen leben
konnten. Mit den Schlagworten „Eroberung der Fabriken" oder „Rückgewinnung der Arbeiterschaft" wurden viel zu hohe Erwartungen formuliert. […] Das Zeugnis der KAJ-Akti-
visten und ihr Durchhalten war großartig. Vereinzelt wurde ihr Mut sehr bewundert. […]
Die Burschen und Mädchen kamen ja durchwegs aus sozialistischen oder kirchenfernen
Familien. Sie lieferten den Beweis, daß die Kirche wirklich eine Kirche für alle sein will,
daß sie allen Menschen ihre Botschaft verkünden will, auch jenen, die in einem anderen
politischen Lager stehen.*

*Mit Hilfe dieser jungen Menschen in der KAJ lernten wir Priester die Wirklichkeit des
Lebens des Arbeiters, des „kleinen Mannes" und seiner Familie zu sehen, zu begreifen und
ernst zu nehmen.*

*Sie haben uns geholfen, Wege zum Gespräch, zum Miteinander, zum gegenseitigen Ver-
trauen anzubahnen und in der Seelsorge zuerst den Menschen zu sehen, seine Freude und
Hoffnung, Bedrängnis und Trauer zu teilen.*[237]

Vom Kaplan zum Pfarrer in Judenburg (1959–1972)

Die Pfarrkirche Judenburg-St. Magdalena, 2015.

Nach vierjähriger Kaplanszeit in der Industriepfarre Fohnsdorf kam die Versetzung in die nahegelegene Bezirkshauptstadt Judenburg nicht nur für Leopold Städtler völlig überraschend:

Da hat jeder gesagt: „Das hat es bei uns in der Steiermark auch noch nie gegeben, dass ein Kaplan in die Nachbarpfarre im gleichen Dekanat versetzt wird." Mit einem Schubkarren sind wir diese sechs Kilometer nach Judenburg hineingefahren, da war hauptsächlich Bier oben, gesteht Städtler schmunzelnd.

Zur Stadtpfarre Judenburg zählten im Jahr 1959 10.514 Katholiken.[238] Der Stadtpfarrer und Kreisdechant Johann Rodler besorgte zusammen mit drei Kaplänen die Seelsorge an der Stadtpfarrkirche St. Nikolaus und den Filialkirchen. Für die Gottesdienste in der zur Pfarre gehörenden Wallfahrtskirche Maria Buch war zeitweise ein eigener Kuratbenefiziat zuständig. Nach dem Kriegsende wuchs die Bevölkerung im Stadtgebiet parallel zu den steigenden Arbeitsplätzen und der Errichtung neuer Wohnbauten kontinuierlich an. Als wirtschaftlicher Motor und „Lebensader

Judenburgs" sind hierfür die Gußstahlwerke zu nennen,[239] deren Produktion in mehreren Sparten anlief, worunter das Federwerk mit der Herstellung der „Styria-Federn" für Kraftfahrzeuge besondere Bedeutung erlangte.[240] Kirchlicherseits bestanden schon seit Längerem Überlegungen, sich vermehrt der Arbeiterschaft in den wachsenden Stadtteilen zuzuwenden.[241]

Mit der spätmittelalterlichen Spitalskirche zur heiligen Maria Magdalena in der sogenannten Murvorstadt konnte auf ein bereits bestehendes Kirchengebäude in unmittelbarer Nähe zu den Gußstahlwerken zurückgegriffen werden. Bislang fanden dort bloß sporadisch gottesdienstliche Handlungen wie Osterspeisensegnungen oder das Patroziniumsfest am Magdalenensonntag im Juli statt (Fest der Heiligen: 22. Juli). Die mittelalterlichen Wandmalereien und die gotischen Glasfenster aus dem 14. und 15. Jahrhundert machen den Sakralraum zu einem Schmuckstück. Allerdings erwies sich der Kirchenbau gegen Ende der 1950er Jahre außen wie innen als sanierungsbedürftig. Aus Sicherheitsgründen wurden die kostbaren Glasfenster in den beiden Weltkriegen entfernt und in Holzkisten verstaut, während der zweieinhalbmonatigen russischen Besatzungszeit 1945, in der die Stadt in einen britischen und einen sowjetischen Sektor geteilt war, diente die Kirche als Pferdestall.

Nach Antritt der Kaplansstelle offenbarte Bischof Schoiswohl dem verdutzten Stadtpfarrkaplan Städtler bei einem Besuch in Judenburg die Pläne zur Errichtung einer eigenständigen Pfarre in Judenburg-St. Magdalena. Beim „Antrittsbesuch" im Gasthaus Griesberger[242] gingen die geistlichen Herren umgehend auf Tuchfühlung mit den Menschen im neuen Seelsorgegebiet jenseits der Mur.

Im ersten Jahr ist der Bischof Schoiswohl einmal gekommen. Er sagte zu mir, ich müsse St. Magdalena übernehmen und dort eine Pfarre gründen. Dabei wollte ich noch gar nicht Pfarrer werden, ich habe mich als Kaplan recht wohlgefühlt. Aber wenn der Bischof es sagt, ja, dann machen wir es halt. Da war dann die lustige Geschichte mit dem Wirt. Der Kreisdechant Rodler ist feierlichst mitgefahren. Wir sind unten am Platz vor der Kirche gestanden, da sagte der Bischof: „Hier werden Sie am 1. September des Jahres 1960 anfangen." Der Rodler sagte dann: „Jetzt gehen wir da zum Wirt, dem Griesberger, hinein und erklären dem, dass er ab 1. September der Kirchenwirt ist." Die Bude war voll Rauch, Arbeiter saßen drinnen. Der Kreisdechant ging hinein: „Du, Griesberger, im Herbst bist du der Kirchenwirt." Entweder hat er es schlecht oder gar nicht verstanden. „Was ist?", hat er gesagt. „Ja, Kirchenwirt wirst." „Wieso, wieso?" „Kennst du den Herrn da neben mir?" und hat auf den Bischof gezeigt. „Nein, den kenne ich nicht." „Das ist unser Bischof." Er zeigt zu mir hinüber: „Und der da wird dann Pfarrer bei euch." Interessant war, dass die Arbeiter sofort zum Reden aufgehört haben. Die ganze Geschichte hat damit geendet, dass die Arbeiter gesagt haben: „Wir werden auch so was wie die da oben."

Aufbau der Pfarre Judenburg-St. Magdalena

Bevor es 1964 zur Pfarrerhebung von Judenburg-St. Magdalena kam, wurde Leopold
Städtler mit 1. September 1960 zum Kuraten
für den neuen Seelsorgesprengel nördlich
der Mur bestellt, der – so das bischöfliche
Dekret – zwar rechtlich noch zur Stadtpfarre St. Nikolaus gehörte, jedoch seelsorg-
lich gesondert und „in eigener Verantwortung" zu betreuen war. Überdies sollten die
Vorbereitungen zur Errichtung der geplan-
ten Pfarre getroffen werden.[243] Neben der
schweren Hypothek einer notwendigen
Innenrenovierung der Kirche, die 1962/63
in Angriff genommen wurde, und Maler-
arbeiten, die Verlegung eines neuen Bodens
sowie die Reinigung der Altäre umfasste,
fehlte es noch an der nötigen Infrastruktur,
um einen eigenen Pfarrhaushalt zu führen.

Besuch von Bruder Hannes und Eduard Ploier
(1930–1998), dem späteren Präsidenten der
KA Österreichs, in Judenburg, o. J.

Wie Leopold Städtler berichtet, kaufte die Diözese das ehemalige Beamtenhaus des Sensen-
werks[244] an, das als Pfarrhof adaptiert werden sollte. Der Beginn in St. Magdalena sollte
sich jedoch durch ein unvorhergesehenes Ereignis zusätzlich verzögern, bei dem der spätere
Dompfarrer und Regens Gottfried Karl Lafer (1932–2020)[245], von 1960 bis 1966 Kaplan in
Judenburg-St. Nikolaus, Zeuge wurde:

*So hat das dann angefangen, aber aus dem 1. September wurde nichts, weil der Pfarrhof herzu-
richten war. Das war das Beamtenhaus vom Sensenwerk. Dieses ist damals gekauft worden. Ich
glaube, eine Million Schilling haben sie dafür zahlen müssen. Dann hat es geheißen, fangen
wir am 1. Jänner an. Da habe ich gesagt: „Der 1. Jänner ist ungünstig, weil wir vorher noch
Sternsingen gehen." Jedenfalls war es am 1. Jänner eh nicht möglich, weil wir das Sternsingen
noch gemacht haben. Beim Essen am Dreikönigstag tönte es auf einmal: „Trara, Trara, der
Pfarrhof brennt. Um Gottes Willen, was ist denn da los?" Kaplan Lafer ist mit hinunter-
gerannt, über die Stiege rucki-zucki hinunter. Das Feuer haben wir nicht gesehen, aber den
Rauch. Im großen Raum wurde gerade eine Heizung gemacht, da musste irgendetwas passiert
sein, als der Boden versiegelt wurde. Da ist glühendes Wachs oder etwas anderes hinunter-
gefallen, dadurch hat unten ein Tram zu brennen begonnen. Nun musste der Boden wieder
aufgerissen werden. So hat sich der Beginn bis zum Aschermittwoch hingezogen.*

Goldenes Hochzeitsjubiläum der Eltern Maria und Leopold
Städtler in Judenburg-St. Magdalena, 1967.

Im neu adaptierten Pfarrhof in Judenburg-St. Magdalena lebte neben dem Seelsorger Leopold Städtler auch das Mesnerehepaar. Anfang der 1960er Jahre verkauften Städtlers Eltern Maria und Leopold die Gastwirtschaft in Ligist und fanden im Pfarrhof von St. Magdalena eine neue Heimat, wo sie die Haushaltsführung und Hausmeistertätigkeiten übernahmen. Der Pfarrhof wurde zum neuen Mittelpunkt des Familienlebens. Bruder Hannes kam regelmäßig aus St. Pölten zu Besuch, und Familienfeste wie Geburtstagsfeiern oder die Goldene Hochzeit der Eltern im April 1967 konnten gemeinsam begangen werden.

Für Leopold Städtler war es überdies wichtig, den Pfarrhof für alle Menschen im Seelsorgesprengel offenzuhalten:

Das ganze Haus sollte ein offenes Haus werden. Ich habe mich immer geärgert, wenn ein Pfarrhof ein verschlossenes Haus ist. Den Eindruck habe ich in St. Magdalena eigentlich nie gehabt: Ich wollte ein offenes Haus, die Türen sollten offen sein. Die Leute und die Kinder, wer halt da ist, die jungen Leute sollten aus- und eingehen können. Es ist ja nicht mein Haus, es ist das Haus der Pfarre, und das habe ich versucht zu machen. Der Pfarrhof ist, glaube ich, eine ganz wichtige Sache: Wenn wir heute darüber reden, Pfarrhöfe aufzulösen, ist das eine ganz schlimme Geschichte. Da geht es um mehr als nur um dieses Haus. Dieses Haus ist ein Zeichen, ein öffentliches Zeichen.

Bischof Schoiswohl zu Besuch in Judenburg-St. Magdalena. V.l.n.r. Pfarrer Josef Haas (1930–1999) [246], Kaplan Lafer, Pfarrer Städtler, Mai 1964.

Leopold Städtler als Katechet in Judenburg, Ende der 1960er Jahre.

Leopold Städtler als geistlicher Leiter der Judenburger
Wallfahrt nach Maria Waitschach, 1962.

Nach knapp dreieinhalb Jahren Vorlaufzeit erfolgte per 1. Jänner 1964 die Errichtung der
„Röm.-kath. Stadtpfarre zur hl. Magdalena in Judenburg",[247] gleichzeitig wurde Leopold
Städtler zum ersten Pfarrer ernannt.[248] Sieben Tage später fand im Bischöflichen Ordinariat die Investitur für dieses Kirchenamt statt. Das Territorium der zu errichtenden Pfarre
wurde aus dem Pfarrgebiet von St. Nikolaus herausgelöst, wobei vor allem die Mur und die
B77 Richtung Weißkirchen als Grenzen dienten. Die neue Pfarre wurde gemäß dem Kirchenrecht mit eigenen Pfründen versehen. Da auf dem Pfarrgebiet kein eigener Friedhof
bestand, wurde ein Beerdigungsrecht im Friedhof der Mutterpfarre eingeräumt. Zur offiziellen Feier der Pfarrerhebung, die Bischof Josef Schoiswohl am 10. Mai 1964 vornahm,
ist in der Bistumschronik lobend vermerkt: „Die Teilnahme des Volkes war erhebend und
die Gottesdienstgestaltung so überzeugend, wie ich sie bis dahin noch nirgends in gleicher
Weise gefunden habe."[249] Der Bischof sah die Notwendigkeit für eine Außenrenovierung
gegeben, welche nach längerem Hin und Her mit Mitteln des Ordinariats in die Wege
geleitet werden konnte. Die Neugründung der Pfarre reiht sich ein in weitere Pfarrerrichtungen unter Bischof Schoiswohl wie diejenigen in Trieben (1956), Gußwerk (1958),
Hönigsberg und Lannach (1962) sowie Kapfenberg-Schirmitzbühel (1963).

Zu den Aufgaben des neuen Pfarrers und vormaligen Kuraten gehörte es auch, schuli-
schen Religionsunterricht zu erteilen. Im Umgang mit den Schülerinnen und Schülern war
es für ihn zentral, auf das eigene Lebenszeugnis zu setzen. Leopold Städtler unterrichtete

während seiner Zeit in Judenburg an der Handelsschule, der Landesberufsschule und der Werksschule der Steirischen Gußstahlwerke, die überwiegend von Burschen besucht wurde.

Eine lange Tradition hat die Gelöbniswallfahrt der Judenburger Bürger ins kärntnerische Maria Waitschach. Die älteste urkundliche Überlieferung geht auf das Jahr 1495 zurück, seit 1583 wird die Wallfahrt alle drei Jahre durchgeführt, im Jahr 2022 zum 144. Mal. Die Wallfahrer trotzten selbst dem Verbot durch das NS-Regime. In dreieinhalb Tagen gehen die Pilger bei Tag und Nacht nach Maria Waitschach und retour nach Judenburg, dabei legen sie 47 Kilometer Wegstrecke zurück. Für die Organisation zeichnen weltliche Prozessionsführer verantwortlich. Seit den 1950er Jahren nahm Leopold Städtler in regelmäßigen Abständen daran teil, insgesamt 18 mal, 1962 erstmals als geistlicher Leiter.[250]

Obwohl Leopold Städtler während seiner Kaplanszeit in Fohnsdorf bereits Erfahrungen mit dem Arbeitermilieu gemacht hatte, erwies sich die Aufbauphase in der Pfarre Judenburg-St. Magdalena als schwierig. Zu wenig Vertrauen brachten große Teile der Wohnbevölkerung der Institution Kirche und ihren Vertretern entgegen. Es zeigte sich auch, dass anderswo durchaus erfolgreiche pastorale Konzepte, wie die der KA und ihrer Gliederungen, in einem solchen Umfeld nicht oder nur bedingt umzusetzen waren. Damit das pfarrliche Leben nicht auf Kirche und Sakristei beschränkt blieb, musste Städtler hinaus zu den Menschen, aktiv den Kontakt suchen, selbst wenn die ersten Reaktionen ablehnend ausfielen. Das von Joseph Cardijn inspirierte Gedankengut der KAJ konnte ihm dabei Impulse geben.

Fohnsdorf war für mich die beste Lehrzeit für Judenburg, weil ich das Milieu der Arbeiterschaft kennengelernt habe. Und da bin ich über das, was ich von Cardijn einmal gehört habe, sehr nachdenklich geworden. Dieser hatte in einem Vortrag gesagt, es gehe nicht darum, dass die Leute bekehrt werden, sondern zunächst darum, ein positives Klima herzustellen, dass die Leute normal und ordentlich als Menschen leben können. Das habe ich mir also vorgenommen: Ein positives Klima müssen wir zusammenbringen. Die Problematik war einfach: Ich habe niemanden gekannt, mich hat auch niemand gekannt. Also musste ich zu den Familien gehen und schauen, dass sie mich kennenlernen und dass ich Familien kennenlerne. Das habe ich dann am Anfang gemacht. Mit Aktionen der Katholischen Aktion, wie es sie oben in der Stadtpfarre gegeben hat, war herunten nichts zu machen, weil sie alle gesagt haben: „Die KA, das ist eine Vorfeldorganisation der ÖVP, da könnt ihr sagen, was ihr wollt." Das war einfach damals so, und das war ganz eigenartig. Ministrantengruppen hat man haben können, das Gleiche tun können wie in einer Jungschar, das war kein Problem. „Ministranten, ja, das passt schon. Soll der Pfarrer schauen, dass aus den Buben etwas wird", das war ganz eigenartig. So habe ich angefangen.

Als neuer Seelsorger wollte sich Leopold Städtler möglichst rasch bei den Zuständigen in den Gußstahlwerken vorstellen. Wie in der folgenden Episode deutlich wird, war schon der Zutritt zum Werksgelände mit Hürden versehen. Rückblickend muss er gestehen: „Dieser Beginn war eine der dunkelsten Stunden meines bisherigen Lebens."

Ich habe mich telefonisch beim Werksdirektor und den Betriebsräten angemeldet. Ich wollte, dass das am gleichen Tag passiert, damit ja niemand sagen kann, wir seien erst später drangekommen. Telefonisch ist es auch möglich gewesen, das war genauestens ausgemacht. Der Beginn wäre beim Werksdirektor gewesen. Ich ging hin, aber der Portier ließ mich nicht hinein. Ich habe damals noch geraucht, der Portier hat auch geraucht. Ich habe ihm Zigaretten angeboten, er nahm sie nicht. Ich versuchte vom Sport zu reden, über Sport konntest du mit den Arbeitern immer reden. Er redete nicht mit mir. Über die Kinder konntest du auch immer reden. Er redete noch immer nichts mit mir, ließ mich einfach dort stehen. Ich war verzweifelt: „Bitte, kann man wenigstens oben im Sekretariat Bescheid sagen, dass ich da bin?" Er gab mir keine Antwort, zeigte keine Reaktion, ließ mich über eine halbe Stunde stehen. Dann sagte er: „So, jetzt gehen Sie." „Bitte, wo muss ich hingehen, ich habe ja keine Ahnung." „Ja, dann fragen Sie halt einmal einen." Ich bin verspätet hinaufgekommen. Die Frau Nejedly war die Chefsekretärin. Das war eine katholische Frau, die bei uns jeden Sonntag bei der Messe war, eine Flüchtlingsfrau aus Wien, deren Wohnung bombardiert worden war. Sie sagte: „Das werden wir gleich regeln, das ist kein Problem mit dem Chef." Das mit dem Chef war eine kurze Sache, problemlos, harmlos, uninteressant. Der nächste war der Arbeiterbetriebsratsobmann, der war damals eben kein Sozialist. Das war der Ludwig Sturm [1910–1978]. Dieser meinte: „Aha, eine Pfarre werden wir jetzt, was heißt denn das genau?" „Gleich viel wie die da oben werden wir jetzt." „Ah, das ist einmal etwas Gutes." „Das passt schon gut, und wie muss ich denn jetzt zu dir sagen?" „Das ist mir egal." „Dann sag ich halt, du, Pfarrer." „Ja, sagst halt, du, Pfarrer, das ist mir völlig egal." „Und wenn du was brauchst, rufst an. Wir werden schon schauen, dass wir was tun können." Und dann war noch der Angestelltenbetriebsratsobmann, der war ein bisschen ein nobler Mensch, immer flott angezogen. Er war sehr freundlich und nett und sagte: „Wir freuen uns, dass da herunten in dieser Arbeiterwelt eine neue Pfarre errichtet wird", der stand dem Ganzen sehr positiv gegenüber.

Für Städtler war klar, dass er den Aufbau der Pfarre nicht im Alleingang bewältigen konnte. Sowohl die Suche nach pfarrlichen Mitarbeiterinnen und Mitarbeitern als auch eine offene Kontaktaufnahme mit den Bewohnerinnen und Bewohnern des Stadtviertels – ohne allzu enge ideologische Scheuklappen – kennzeichneten diese Anfangsphase, in der es manchmal zu ungewöhnlichen Allianzen kommen konnte.

Man braucht Gemeinschaften, allein als Priester schafft man das nie. Es können Gemeinschaften von Männern, Frauen oder auch gemischte sein, und man muss Leute suchen, die einem helfen, die offenen Probleme zu lösen, die es gab. Unsere großen Probleme waren zuerst einmal die alte Kirche, die hergerichtet werden sollte, das viele Wasser, das da drinnen war, und wie man es wegbringt. Vor allen Dingen brauchten wir auch Geld, jede Pfarre braucht Geld. Wenn ich mit den Kindern etwas machen will, brauche ich Geld, wenn ich mit der Jugend etwas machen will, brauche ich Geld. Ich muss also schauen, dass ich Gemeinschaften zusammenbringe: Leute, die sich für das oder für jenes interessieren, bitten und ermutigen: „Tut da mit! Bringt euch ein!"

Wenn ich zum Beispiel an mein Verhältnis zur kommunistischen Gemeinderätin und Betriebsrätin denke, die da unten in der Walzergasse gewohnt hat: In dieser Gasse hat es 16 Hausnummern gegeben, und beim Sternsingen sind wir nur bei einer hineingekommen. Aber zumindest ein Wasser haben wir bei einer anderen Hausnummer bekommen, und sonst war natürlich alles zugesperrt. Und im zweiten Jahr, wie wir dort Sternsingen gegangen sind, stand ein großer deutscher Mercedes vor der Wohnung dieser Kommunistin. Da sagte der Wieland Sepp, der Herr Oberministrant: „Heute kommen wir hinein, weil die Deutschen tun gerne fotografieren." Also die Logik ist ja umwerfend, aber genau so war's. Und der wichtigste Mann bei uns war ja der Sternträger, denn als die Türe ein bisschen geöffnet wurde, sofort hinein mit dem Stern, dass sie nicht mehr zugemacht werden kann. Und dort haben wir dann gebetet und gesungen. Es war tatsächlich so, dass jemand „Fotoapparat" geschrien hat. Ich habe mir währenddessen gedacht: „Mein Gott noch einmal, wie könnte ich mit der Frau ins Gespräch kommen, ein bisschen länger reden?" Den Heiligen Geist, den gibt es einfach, denn auf einmal sagte einer der Sternsinger: „Bitte, ich muss aufs Klo!" Bis der ausgezogen und dann wieder angezogen war, haben wir geredet. Und da fragte dann diese Frau: „Seid ihr wirklich für den Frieden? Wir glauben euch das nicht." Habe ich gesagt: „Ja, das versuchen wir seit 2000 Jahren, und Sie wissen ganz genau, wie es uns dabei gegangen ist. Auf manchen Gebieten haben wir ein bisschen was erreicht, des Öfteren haben wir auch gar nichts erreicht." „Ja, das stimmt", hat sie gesagt. „Sie, ich möchte Ihnen eines sagen: Sie sind eine Minderheit da bei uns in Judenburg, und wir Kommunisten sind auch eine Minderheit. Wir müssen öfter zusammenkommen." Da dachte ich mir: „Na Servas Kaiser, das ist ein Angebot." Und sie sagte dann: „Wir haben bei uns zwei Dachdecker, und ich sehe, dass ihr immer im Frühjahr das Dach der Kirche kontrolliert, ob bei den Ziegeln etwas kaputt gegangen ist. Die würden das machen. Wenn Sie wollen, ich sag's ihnen." Sagte ich: „Bitte, gern!" Das kostete uns natürlich eine gute Jause mit Bier, aber die beiden haben das Gott sei Dank perfekt gemacht. Das war was: Kommunisten decken das Dach beim Pfarrer. Das war also eine sehr positive Geschichte.

Immer wieder habe ich versucht, als erstes sie zu grüßen. Und sie hat das gleiche gemacht. Da sind wir immer öfter zusammengekommen und haben über alles Mögliche geredet, und dann sagte sie: „Für die Ministranten tut ihr sehr viel, da bin ich sehr dankbar. Wenn ihr für den Ausflug was braucht, sagt es, ich mache sofort etwas." Hat sie auch gemacht. Für den Ministrantenausflug hat sie Speck oder irgendetwas anderes gebracht. Und dann kam sie einmal und sagte: „Jetzt brauche aber ich einmal eure Hilfe." Sie hatten in Kärnten bei einem See eine alte Militärbaracke für die Kindererholung. „Da gibt es jetzt aber Wasserschäden, die müssten wir herrichten. Wir bräuchten ein bisschen ein Geld, helft uns!" Ich hatte keine Ahnung, was ich da machen sollte. Ich habe meinen Pfarrgemeinderat zusammengerufen und ihnen das erzählt: „Was soll ich denn jetzt da tun?" Sagte dann einer: „Du, Pfarrer, das ist ganz einfach: Am Sonntag hältst du eine anständige Predigt. Die Kinder sind getauft, gehören also auch zu unserer Pfarre, und jetzt brauchen sie Hilfe, und da bitten wir dann um Geld. Schauen wir, was wir zusammenbringen." Und so war das, ich habe gepredigt, und da ist Geld zusammengekommen, das habe ich der Kommunistin gegeben und noch ein bisschen etwas dazugegeben. Aber das war ganz wichtig, weil sich mit der Zeit das Klima stark änderte: Wir gehören zusammen. Und ob einer am Sonntag in die Kirche geht oder nicht, das steht an zweiter oder dritter Stelle, das muss er selber mit seinem Gewissen vereinbaren. Aber wir alle leben da, wir alle gehören zusammen, und wir alle wollen da halbwegs gut leben, und wenn wir halbwegs gut leben wollen, müssen wir Christen unseren Glauben ernst nehmen.

Das Wahrnehmen der Menschen mit ihren Sorgen und Nöten, eine nachgehende Seelsorge sowie eine Theologie, die sich frei von Vorurteilen an den menschlichen Alltagsrealitäten orientiert, trug zunehmend Früchte. Das Klima im Pfarrsprengel von Judenburg-St. Magdalena änderte sich zum Positiven.

Mit der Zeit wurde es total anders. Ich bin draufgekommen: Man darf nie einen Menschen verurteilen. Man darf nie über jemanden zu schimpfen anfangen, was auch immer der für einen Blödsinn gesagt oder gemacht und wieso er das so gemacht hat. Ich weiß es nicht, warum er das so gemacht hat. Ich muss ihn einfach so nehmen, wie er ist. Das habe ich dort gelernt. Jeden so nehmen, wie er ist, und das Gespür haben die Leute langsam bekommen. „Der nimmt uns ernst." „Der nimmt mich so, wie ich bin, mit dem kann ich reden." Ich habe das als größtes Lob empfunden, wenn sie gesagt haben: „Mit dem Pfarrer kann man reden." Dass zunächst die menschliche Basis einmal da ist, habe ich als Antwort auf Cardijn gesehen: Das Milieu muss positiv sein, die menschliche Seite muss zuerst einmal stimmen. Da habe ich auch gaudige Sachen erlebt. Ich habe ihnen erklärt, wie sie starke Nächstenliebe leben: „Wie, Nächstenliebe? So etwas brauchen wir nicht, kennen wir gar nicht." Da habe ich gesagt: „Deine Frau hilft der Nachbarin, oder wenn du krank bist, geht sie etwas für dich holen, das ist alles Nächstenliebe." „Ach so?" Das war eine lustige Geschichte, von ihrem Alltagsleben her habe ich versucht, Wege zum Glaubensleben zu finden und zu bringen. Weil sie das tun, sind sie schon im Glauben drinnen, sie tun schon, was Jesus eigentlich selbst getan hat und was er von uns erwartet.

Annäherung von Kirche und Arbeiterschaft

Die Förderung des Dialogs zwischen der katholischen Kirche und dem sozialdemo-kratisch geprägten Milieu der Arbeiterschaft stellte mit Sicherheit eines von Leopold Städtlers größten Anliegen dar. Dieser unermüdliche Einsatz für einen Austausch auf gleicher Augenhöhe, der später seine Amtszeit als Generalvikar prägen sollte, rührte aus der unmittelbaren Erfahrung der pastoralen Wirkungsfelder in der Obersteier-mark. Städtler ging es dabei nie um Missionierung mit Hintergedanken, sondern um die Erarbeitung einer Gesprächsbasis zwischen zwei gleichberechtigten Partnern und um einen Neuanfang nach einer belasteten Geschichte.

Mit dem 77-jährigen Angelo Giuseppe Roncalli wurde am 28. Oktober 1958 ein Papst gewählt, der den Namen Johannes XXIII. (1958–1963) annahm und mit dem programmatischen Schlagwort *aggiornamento* (Verheutigung) wie kein anderer seiner Vorgänger im 20. Jahrhundert für eine Öffnung der Kirche stand. Der vermeintliche Übergangspapst kündigte nicht nur am 25. Jänner 1959 völlig überraschend das Zweite Vatikanische Konzil (1962–1965) an, sondern rückte mit den Enzykliken *Mater et magistra* (1961) und *Pacem in terris* (1963) die soziale Frage erneut ins Zentrum der kirchlichen Lehre.

In Österreich verbesserte sich das Klima zwischen der katholischen Kirche und der Sozialdemokratie nach 1945 zusehends. Die österreichischen Bischöfe veröffentlich-ten im Oktober 1956 unter der Federführung von Bischof Paulus Rusch (1903–1986) einen gemeinsamen Sozialhirtenbrief.[251] In diesem Schreiben sollten „Richtlinien für den Aufbau des modernen Lebens" im Nachkriegsösterreich gegeben und „Fragen der Gerechtigkeit, besonders der sozialen Gerechtigkeit" thematisiert werden. In der offenen Konkordatsfrage war eine Einigung in Sicht. 1957 wurde das Konkordat von 1933 vorbehaltlich einiger Änderungen (Zusatzverträge von 1960 und 1962) wieder anerkannt.[252] Der 1956 ernannte Wiener Erzbischof Franz König (1905–2004)[253] wurde zu einem respektierten Gesprächspartner für Regierung und Sozialdemo-kratie, indem er behutsam Gemeinsames vor Trennendes stellte und so in großem Maße dazu beitrug, alte Barrieren zu überwinden.[254] 1958 zum Kardinal erhoben, erwies sich König als „Brückenbauer", der sowohl in gutem Kontakt zum Öster-reichischen Gewerkschaftsbund (ÖGB) stand, besonders zu dessen Präsidenten Franz Olah (1910–2009), als auch als Bischof bewusst Besuche in Industriebetrieben machte.

Leopold Städtler ist davon überzeugt, dass diese Haltungsänderungen zwischen den einst konträren Polen „Kirche" und „Arbeiterschaft" für regionale Initiativen der Annäherung hilfreich waren.

Geholfen hat uns sicherlich Papst Johannes XXIII., den haben die Leute interessanterweise mögen. Kein Mensch vor Ort hat den jemals gesehen, aber seine Einfachheit, seine Schlichtheit haben imponiert. Den Kardinal König haben sie ernst genommen, darum hat er ja gleich „roter Kardinal" geheißen. Seine Jahresschlussansprachen, die er immer gehalten hat, haben sich viele angehört. Die „schwarze Reichshälfte", glaube ich, war nicht ganz einverstanden mit ihm. Er hat auch die ersten Betriebsbesuche gemacht, das war schon eine große Hilfe.

Der Arbeitskreis für Industrieseelsorge

Diese Öffnungsschritte in der Weltkirche und in Österreich machten auch vor der Steiermark nicht Halt. Der institutionalisierte Beginn dieser jahrelangen Annäherungsbestrebungen war der in der zweiten Hälfte der 1960er Jahre von Leopold Städtler ins Leben gerufene Arbeitskreis für Industrie- und Stadtseelsorge, getragen von Priestern aus den steirischen Industrieregionen. Anfänglich erfuhr der Arbeitskreis innerhalb der Diözese keine ungeteilte Zustimmung, zu sehr befürchteten dessen Kritiker ein Abdriften ins politisch-gewerkschaftliche Feld. Als warnendes Beispiel dafür galten französische Arbeiterpriester, die seit den 1940er Jahren die klassischen Pfarrstellen verließen, um in Fabriken zu arbeiten und auf diese Weise ein Teil des Arbeitermilieus zu werden. Da sich einige dieser Arbeiterpriester aktiv in die politisch links orientierten Gewerkschaftsverbände einbrachten, kam es 1959 schlussendlich zum Verbot der hauptberuflichen Fabriksarbeit für Priester.

Der steirische Arbeitskreis, der sich nie als politisches Instrument verstand, wurde von Bischof Schoiswohl wohlwollend unterstützt. Er hatte „schon im 1961er Jahr die Idee gehabt, eine ‚Woche der Begegnung' mit öffentlichen Gesprächen zwischen Kirche und Arbeiterschaft, Kirche und Sozialistischer Partei, Kirche und Gewerkschaft durchzuführen. Da ist er natürlich bei der Katholischen Aktion überhaupt nicht durchgekommen", erinnert sich Städtler. Weiters berichtet er über die Gründung dieses Arbeitskreises und die damals vorhandenen Vorbehalte:

Mir ist die Idee gekommen: „Wir brauchen irgendetwas, etwas Halboffizielles oder Offizielles, dass wir mit denen ständig reden können." Das war dann die Idee, diesen Arbeitskreis zu gründen, ich glaube im 1965er Jahr. Wir haben den Arbeitskreis „Industrieseelsorge" für die Mur-Mürz-Furche gegründet. Das hat natürlich den Grazern überhaupt nicht gepasst. Es war überhaupt das erste Mal nach dem Krieg, dass von der Basis etwas gekommen ist. „Das wollen wir so jetzt machen, das brauchen wir." So etwas hat es bisher nicht gegeben, alles ist bisher von oben diktiert worden. Hans Steiner [1921–2008][255], der berühmte Professor, ÖVP-Abgeordnete und „Ober-KA-Mann", ist bei mir erschienen und hat gesagt: „Das kannst du nicht machen, das geht nicht." „Ja, wieso kann man das nicht machen?" Die Mur-Mürz-Furche ist 100 Kilometer lang, überall herrschte die gleiche Situation. Es waren 28 Kapläne und Pfarrer in dem Arbeitskreis, dazu drei aus der Weststeiermark. „Wieso dürfen wir das nicht? Wieso können wir das nicht?" „Nein, das geht nicht." Weil es eben nicht von oben vorgegeben wurde. Ich habe ihm trotzig geantwortet: „Du, fahr schnell wieder nach Graz, das ist am gescheitesten. Wir machen sicher weiter!"

Der Arbeitskreis diente zunächst als Plattform für den Erfahrungsaustausch unter den Priestern in den steirischen Industrieregionen. Das geistliche Leben sollte gefördert und einschlägige Fragen gemeinsam diskutiert werden. Durch Betriebsbesuche wollten die Priester die Lebens- und Arbeitswelt der Arbeiterinnen und Arbeiter näher kennenlernen. Als sogenannte „Industriekapläne" arbeiteten junge Geistliche in Fohnsdorf, Judenburg, Kapfenberg, Thörl und Zeltweg vier Wochen lang in den Großbetrieben ihres Pfarrgebietes mit. Nach außen hin wollte die Gruppe die Interessen der Industrieseelsorge in der gesamten Diözese wahrnehmen und gemeinsame Stellungnahmen zu aktuellen Fragen, die Arbeiterseelsorge betreffend, abgeben. Arbeiterseelsorge war zunächst Kontaktseelsorge. Konsequenterweise mussten sowohl in der Liturgie als auch in der Pastoral milieusensible Konzepte entwickelt werden, die auf das konkrete Leben der Arbeiterinnen und Arbeiter hin ausgerichtet waren:

Wir haben uns ein „Dreierradl" vorgenommen: Glaubhaft, brauchbar und erlebbar muss die Kirche sein. Brauchbar muss die Kirche sein: Was wir sagen, müssen die Menschen für ihr Leben brauchen können. Glaubhaft muss die Kirche sein: Das geht uns Priester an. Wir müssen normal als Menschen mit ihnen und unter ihnen leben. Und erlebbar: Alle Sakramente müssen für sie erlebbar sein. Da haben wir von der Taufvorbereitung bis hin zur Eheschließung und zum Begräbnis versucht, eine einfache, niederschwellige Seelsorge zu betreiben und eine arbeitergerechte Sprache zu sprechen, die bei den Leuten ankommt. Darauf hat es sofort einen Wirbel gegeben: „Ihr betreibt nicht mehr Pfarrpastoral, weil der Tiefgang des Glaubens und der Ethik bei euch gar nicht da ist! Ihr seid zu horizontal", lautete der Vorwurf, den wir gleich bekommen haben. Wir entgegneten: „Nein, es geht ja um die Leute, und die Leute sind halt einmal so." Diesen Weg sind wir gegangen, wir sind damals auch in der Zeitung ziemlich positiv davongekommen, und bald waren die Gespräche zwischen Kirche und Arbeiterschaft eine Selbstverständlichkeit.

Für diese Gespräche, die sich aus dem zaghaften Kennenlernen einzelner Betriebsräte entwickelten, musste der kircheninterne Raum verlassen werden. Mit Gewerkschaftern und Betriebsräten etablierten sich jährlich stattfindende Seminare unter dem Titel „Kirche und Arbeiterschaft".

Das war dann der Beginn für die Gespräche zwischen Kirche und Gewerkschaft in der Otto-Möbes-Volkswirtschaftsschule[256]. Am Anfang waren die Gespräche schrecklich. Die Betriebsräte haben einen dort „tranchiert", aber es ist immer besser geworden. Rupert

Leopold Städtler im Gespräch mit Hans Groß in der Otto-Möbes-Volkswirtschaftsschule, 1978.

Gmoser [1931–2008]²⁵⁷, der Leiter der Otto-Möbes-Volkswirtschaftsschule, hat das sehr unterstützt. Er war Sozialist durch und durch, aber er hat sehr weit gedacht. In Wien hat es einige gegeben, die auch so gedacht haben, wie Professor Franz Senghofer [1904–1998]²⁵⁸ vom ÖGB. Der Kapfenberger Bürgermeister Franz Fekete [1921–2009]²⁵⁹ war auch einer, der sich viele Gedanken gemacht hat. Letztlich ist es immer um die Humanisierung gegangen. „Dabei könnten die uns helfen", bei der Humanisierung des Arbeitsplatzes oder der Humanisierung der Mobilität. Das ist damals alles so rasch gekommen. Es war interessant, wie rasch es dann viele Kontakte gegeben hat. Großes Aufsehen, auch in den Zeitungen, entstand durch eine öffentliche Diskussion in Bruck an der Mur. Nachher kam es durch die Arbeiterkammer Graz und die Gewerkschaft Steiermark zusammen mit unserem Arbeitskreis zur Ausschreibung einer dreitägigen gemeinsamen Tagung in der Otto-Möbes-Schule. 20 Betriebsräte und 20 Pfarrer sollten daran teilnehmen. Das war für mich der Durchbruch, ab da sind wir ernst genommen worden: „Die wollen wirklich etwas. Das sind junge Priester, die die Erste Republik nicht erlebt haben. Die wollen die Kirche für alle offen haben. Die sind menschlich einfach in Ordnung, das passt gut."

Großangelegt war das Projekt, Forumsdiskussionen in einzelnen steirischen Städten abzu-
halten, die das Verhältnis zwischen Kirche und Arbeiterschaft sowie Kirche und Sozialismus zum Thema hatten. Im Rahmen des 750-Jahr-Jubiläums der Diözese Graz-Seckau 1968
konnten in Eisenerz, Graz, Judenburg, Köflach, Kapfenberg, Leoben und Weiz solche Veranstaltungen für eine breite Öffentlichkeit stattfinden. Obwohl die Vorbereitungen mühsam
verliefen, da die Priester des Arbeitskreises auf sich allein gestellt waren und sich mit der leid-
vollen Entfremdungsgeschichte zwischen Kirche und Arbeiterschaft in der Ersten Republik
konfrontieren mussten, trugen diese Diskussionsabende maßgeblich dazu bei, bestehende
Ressentiments abzubauen.

Zum Diözesanjubiläum 1968 hat kein Mensch gewusst, was gemacht werden soll. Hanns Sassmann
[1924–1997][260], der Generaldirektor der Styria, hat dann die Idee gehabt, Diskussionsveranstal-
tungen durchzuführen, und zwar in der Form, dass der jeweilige Bürgermeister der Moderator
sein musste. Von der SPÖ sollte ein Vertreter da sein, von der ÖVP, von der Gewerkschaft und von
der Kirche. Jeder hatte zehn Minuten Zeit für eine Stellungnahme, und dann waren maximal
zwei Stunden fürs öffentliche Gespräch vorgesehen. Damals sagte der Bischof Schoiswohl zu mir:
„Also, die Gespräche müsst ihr führen, weil ihr jungen Pfarrer, ihr kennt euch wenigstens ein
bisschen aus.“ Ich hatte ja keine Ahnung, warum der Bischof das so gesagt hat, was da dahin-
tersteckt. Vorwissen über das Verhältnis von Kirche und Politik in der Ersten Republik hatten
wir keines. Wir haben den Max Liebmann [1934–2022][261] gebeten: „Kannst du uns nicht etwas
erzählen, was da alles war. Wir wissen ja nichts, Fragen darüber kommen sicher.“ So war es auch.
Mein erster Einsatz war im großen Stadtsaal in Kapfenberg, gesteckt voll mit über 300 Leuten,
die bis nach hinten gestanden sind. Als ich dran war, schreit von hinten einer heraus: „Du,
Pfaff, schau meinen Stich an, den ich im 1934er Jahr gekriegt habe!“ Zieht die Hose hinunter,
zeigt seinen Bajonettstich. Also, ohne Bürgermeister wäre ich dort sofort erledigt gewesen. Total
erledigt. Der Bürgermeister, das war der große Vorteil, hatte die Leute alle gekannt und hat das
dann schon wieder irgendwie in den Griff gekriegt. Das Spannende ergab sich oft hinterher:
Wir vier Referenten sind danach mit dem Bürgermeister immer beieinandergesessen, haben eine
kleine Jause bekommen, miteinander geredet. Dort habe ich die ganze hohe SPÖ der Steier-
mark kennengelernt: Hans Groß [1930–1992][262], der später Chef der SPÖ wurde, den berühmten
Soziallandesrat Josef Gruber [1925–2013][263], Rupert Gmoser, Prof. Aladar Pfniß [1919–1992][264],
den Leiter der Volkshochschule, und Landesrat Adalbert Sebastian [1919–2004][265]. Im Zuge dieser
Veranstaltungen habe ich auch den Gewerkschafter Siegfried Schrittwieser [geb. 1952][266], der
dann Zweiter Präsident des Landtags und Landesrat wurde, und den späteren Grazer Bürger-
meister Alfred Stingl [geb. 1939][267] kennengelernt. Heute sind wir befreundet.
   Die ganzen großen Leute habe ich bei diesen Veranstaltungen kennengelernt, und als ich
Generalvikar geworden bin, war das für mich eine große Hilfe, weil wir uns alle schon gekannt
haben, und das Klima war mit einem Schlag völlig anders.

ALS GENERALVIKAR:

NEUE WEGE FÜR DIE STEIRISCHE KIRCHE BESCHREITEN

Leopold Städtler, 1995.

„Das Konzil mit seiner Theologie war dann meine Theologie"

Das Zweite Vatikanische Konzil (1962–1965) brachte viel frischen Wind in die katholische Kirche, Ermutigung sowohl für die Laien als auch für den priesterlichen Dienst. Einberufen wurde das Konzil von Papst Johannes XXIII., „der völlig anders war als sein Vorgänger, der von heute auf morgen die Sympathie wahnsinnig vieler gehabt hat, auch unsere", erinnert sich Leopold Städtler.

Bei Pius XII. hat man gespürt, da gibt's keine Nähe, zu diesem Papst kommt man nicht hin. Hingegen hat man beim Johannes geglaubt, der ist ganz normal wie ein Pfarrer. Wie der dann noch dazu mit seiner Idee gekommen ist, ein Konzil zu machen, das war ein Paukenschlag, muss man sagen.

Mit Spannung und großem Interesse verfolgten Laien und Priester, Journalisten und der Kirche Fernstehende das Konzilsgeschehen, man wartete tagtäglich auf Nachrichten aus Rom. Leopold Städtler, damals als Seelsorger mit dem Aufbau der Pfarre Judenburg-St. Magdalena betraut, bezog seine Informationen über die Entwicklung des Konzils aus dem „Österreichischen Klerus-Blatt", das von Professoren der Theologischen Fakultät Salzburg herausgegeben wurde und alle zwei Wochen erschien.[268] Die Erwartungshaltung an das Konzil, die Freude an einer Kirchenreform war unter den meisten Priestern damals sehr groß. Es gab nur wenige, welche eine Erneuerung der Kirche ablehnten.

Es hat damals das „Klerus-Blatt" gegeben, das einen Sonderberichterstatter beim Konzil hatte. Jede Nummer des Klerus-Blattes war zu mindestens einem Drittel voll mit Konzilsgeschichten. Das war unser Informationsblatt, sonst haben wir ja nichts gehabt.

In Bezug auf die Rezeption lassen sich Unterschiede zwischen dem jüngeren und älteren Klerus feststellen:

Was uns auf alle Fälle viel bedeutet hat, war die Muttersprache. Der Wortgottesdienst sollte endlich einmal in der Muttersprache erlaubt werden. Der Großteil der Kapläne war auch dieser Meinung. Die Muttersprache im Wortgottesdienst, das müssen die beim Konzil zusammenbringen. Diese Frage war praktisch Tag und Nacht da.

Jedoch gab es Pfarrer, die sich überfordert fühlten, als durch das Konzil plötzlich manches ganz anders wurde. Ängste um die eigene Rolle und um Verluste in den Entscheidungs-

ÖSTERREICHISCHES
KLERUS-BLATT

HERAUSGEBER: PROFESSORENKOLLEGIUM DER THEOLOGISCHEN FAKULTÄT DER UNIVERSITÄT SALZBURG
ERSCHEINT JEDEN ZWEITEN SAMSTAG   VERLAG: „STYRIA", GRAZ-WIEN

Nr. 12, 96. Jahrgang   **15. Juni 1963**

Obedientia et Pax

In der Woche vor Pfingsten, in der die heimtückische Todeskrankheit übermächtig Papst Johannes XXIII. anfiel, las die Kirche als Epistel den Text aus dem Sendschreiben des heiligen Petrus, des ersten Bischofs von Rom, der lautet: „Dienet einander, ein jeder mit der Gabe, die er empfangen hat, als guter Verwalter der mannigfaltigen Gnade Gottes. Hat einer die Redegabe, so trage er Gottes Wort vor; hat jemand ein Amt, so verwalte er es mit der Kraft, die Gott ihm schenkt, damit in allem Gott verherrlicht werde durch Jesus Christus. Sein ist die Herrlichkeit und die Macht in alle Ewigkeit. Amen" (1 Petr 4, 10 ff: Epistel am 6. Sonntag nach Ostern).

Man könnte sagen, solche Worte klingen wie die Umschrift um die Münze dieses Lebens und zumal dieses Pontifikates, das nun zum Abschluß dieser irdischen Zeitspanne gekommen ist, getreu der Devise obedientia et pax, mit der es begonnen hat.

Bonus dispensator multiformis gratiae Dei. Alle, die je mit Papst Johannes XXIII. in persönliche Berührung kamen, bestätigen es wieder und wieder, was für ein guter und gütiger Mensch er war. Gerade diese Herzensgüte war auch für die Verwaltung seines Amtes charakteristisch. Nicht nur dieses. Mit einer erstaunlichen Schnelligkeit nahm die ganze Welt davon Kenntnis und quittierte diese Güte allent-

Der Papst der „Sorge um die Menschen"

Zwei unbestreitbare Höhepunkte im Pontifikat Johannes' XXIII., von ihm selbst ausdrücklich als solche bezeichnet, sind die beiden großen Rundschreiben, die der Ordnung der Gesellschaft, der Erneuerung des sozialen Lebens im Geiste Christi und seines Evangeliums gewidmet sind: Das große Sozialrundschreiben „Mater et Magistra" (MM) und das große Friedensrundschreiben „Pacem in Terris" (PT). MM erschien bekanntlich am 15. Mai 1961, dem Tag des 70jährigen Jubiläums von „Rerum Novarum"; in ihm faßt der Papst das soziale Leben in seiner vollen Breite und Dynamik an, denn er schreibt ganz allgemein „über die jüngsten Entwicklungen des gesellschaftlichen Lebens und seine Gestaltung im Lichte der christlichen Lehre". In PT, erschienen am 11. April 1963 (Gründonnerstag), wird, nach der Überschrift zu urteilen, nur ein einziges soziales Anliegen der Gegenwart aufgegriffen: „Der Friede unter allen Völkern in Wahrheit, Gerechtigkeit, Liebe und Freiheit"; aber wer zu lesen beginnt, überzeugt sich sehr bald, daß dieses Hauptanliegen in einen sehr weiten Rahmen gespannt ist: Der Papst behandelt „den Frieden im Herzen jedes einzelnen", den Frieden von Mensch zu Mensch, von Staat zu Staat, bis hin zum Frieden der Menschheitsfamilie.

Obwohl Johannes XXIII., entgegen allen anders lautenden Behauptungen, in keinem der beiden Rundschreiben auch nur eine der bewährten Grundlagen und Grundnormen katholischer Soziallehre preisgibt oder auflockert, muß man doch sagen, daß PT nach Gedankenführung und Gliederung viel straffer, lebhafter, grundsätzlicher gehalten ist als MM. Aber beide Rundschreiben lassen unzweideutig erkennen, daß der Papst von der Sorge um die Menschen geleitet ist, daß er nichts anderes will als helfen, der Not der Gegenwart zu steuern, die geängstigte Menschheit vor drohendem Unheil zu bewahren. Apostolische Liebe, apostolischer Freimut, apostolische Hilfsbereitschaft sprechen aus allen seinen Worten. Oftmals begegnen wir in beiden Rundschreiben Ausdrücken wie „Gemeinwohl", „Naturrecht", „Billigkeit" — Ausdrücke, die reichlich abstrakt und fast schemenhaft klingen, was sie aber keineswegs sind und auch für den Papst keineswegs waren, da er den inhaltlichen Reichtum, die Sinn- und Wertfülle, die überzeitliche Gültigkeit und Verbindlichkeit dieser sozial-ethischen Grundbegriffe deutlich ans Licht hebt. Immer trägt und bewegt ihn auch bei solch allgemeinen Urteilen und Hinweisen sein der Gegenwart zugewandter „sozialer Humanismus" (Schasching), und hinter und über allem steht seine tiefe, im Ewigen verankerte Bekümmernis um das Glück und Heil der Menschen, denen allen er von Herzen zugetan ist und sich verpflichtet weiß. Er will die einzelnen und die Gruppen, die Völker und die Staaten zur Verantwortung für ihr gemeinsames Schicksal, zum selbstlosen Dienst an dem gemeinsamen Wohl aller, zu den unbedingt nötigen hochherzigen Gesinnungen und Opfern aufrufen; er bezieht sich auf die letzten, jedermann zugänglichen Einsichten und Normen der natürlich-menschlichen Ordnung, um „alle Menschen guten Willens" zu erreichen, gleich wo sie wohnen und welcher Welt- und Lebensanschauung sie anhängen oder sich verpflichtet fühlen mögen.

Beide Rundschreiben, sowohl MM als PT, wollen, jedes in seiner Art und dem ihm angemessenen Mitteln, ihren Beitrag dazu leisten, 1. daß die Menschen überall in Wohlstand und Freiheit würdig und gottgefällig leben können, 2. daß auf der ganzen, weiten Welt Verständigung und Zusammenarbeit,

Titelseite des „Österreichischen Klerus-Blattes" anlässlich des Todes
von Papst Johannes XXIII. am 3. Juni 1963, Ausgabe vom 15. Juni 1963.

kompetenzen, Unsicherheiten auch wegen der Rolle der Laien in der Seelsorge machten jenen zu schaffen, berichtet Leopold Städtler: „Die Pfarrer waren da ein bisschen zurückhaltender. Die Muttersprache ist am Anfang von älteren Priestern stark abgelehnt worden. Sie waren einfach unsicher: Wie schaffe ich das? In der Liturgie ist viel geschehen."

Volksaltäre wurden in vielen Kirchen rasch aufgestellt, ohne Rücksicht auf historische Gegebenheit und als Ausdruck, „dass man modern ist und mit der Zeit geht", erzählt er. Einzelne räumten sogar ihre Kirche aus und waren der Meinung, „ein nüchterner sakraler Raum fördere die Frömmigkeit, Statuen und Bilder lenken nur ab". Für ältere Priester war die Umstellung schwieriger.

Bald hat es darauf wegen des Volksaltares Auseinandersetzungen gegeben. Ältere Priester haben gesagt: „Das bringe ich nicht mehr zusammen, ich kann nicht zu den Leuten schauen, das schaffe ich nicht." Da hatten wir also viel zu tun gehabt, und bei manchen ist gar nichts gegangen, muss man auch dazusagen. Andere wiederum haben geschaut, dass sie möglichst schnell einen Volksaltar haben, der überhaupt nicht ins Presbyterium des Kirchenraumes hineingepasst hat. Aber „ich brauche einen", das waren die Superschnellen sozusagen. Die einzelnen Konzilsaussagen, die hat jeder so genommen, wie er sie gebraucht hat. Aber ein Großteil vor allem älterer Priester hat überhaupt nichts mehr gelesen und nichts studiert.

Die Theologie des Zweiten Vatikanischen Konzils wurde für Leopold Städtler zu „seiner" Theologie. Während die Theologie seiner Studienzeit für ihn kaum für die Seelsorge brauchbar gewesen war, wurden die Konzilsaussagen zum Programm seines pastoralen Handelns. Die Pastoralkonstitution „*Gaudium et spes* – Über die Kirche in der Welt von heute" brachte in ihren faszinierenden und wegweisenden Anfangsworten die enge Verbundenheit der Kirche mit der gesamten Menschheitsfamilie zum Ausdruck: „Freude und Hoffnung, Trauer und Angst der Menschen von heute, besonders der Armen und Bedrängten aller Art, sind auch Freude und Hoffnung, Trauer und Angst der Jünger Christi. Und es gibt nichts wahrhaft Menschliches, das nicht in ihren Herzen seinen Widerhall fände. Ist doch ihre eigene Gemeinschaft aus Menschen gebildet, die, in Christus geeint, vom Heiligen Geist auf ihrer Pilgerschaft zum Reich des Vaters geleitet werden und eine Heilsbotschaft empfangen haben, die allen auszurichten ist. Darum erfährt diese Gemeinschaft sich mit der Menschheit und ihrer Geschichte wirklich engstens verbunden." (*Gaudium et spes*, Art. 1)

„Kirche in der Welt von heute", das war das, was wir Jungen als Leitlinie wirklich gut gelesen, zum Teil studiert haben. Ich muss sagen, von meiner ganzen Theologie, die ich nach dem Krieg auf der Universität gehört und gelernt habe, habe ich Gott sei Dank alles vergessen und nie viel gelernt. Das Konzil mit seiner Theologie, das war dann meine Theologie.

Städtler war auch von den Konzilstexten über das neue Verhältnis der katholischen Kirche zu den anderen Religionen (*Nostra Aetate* – Erklärung über das Verhältnis der Kirche zu den nichtchristlichen Religionen), über die neue Haltung der Kirche zu den anderen christlichen Konfessionen, die das Bemühen um einen gemeinsamen Dialog festhielt (*Unitatis Redintegratio* – Dekret über den Ökumenismus), tief beeindruckt.

Das Wort „Dialog" haben wir gar nicht gekannt. Es sollte einen Dialog geben, mit allen Menschen, mit allen Kulturen, mit allen Religionen. Das hat uns schon sehr nachdenklich gemacht, das war etwas völlig Neues. Ich habe als Theologe nach dem Krieg noch die Erlaubnis vom Ordinariat gebraucht, eine evangelische Kirche von innen anschauen zu dürfen. Auf einmal mit dem Zweiten Vatikanischen Konzil war genau das Gegenteil der Fall: Dialog, man muss ins Gespräch kommen, da müssen wir miteinander zu reden anfangen, da müssen wir miteinander Wege suchen zu diesem Miteinander. Also das hat uns schon unheimlich imponiert, wirklich unheimlich imponiert, dass die Kirche auf einmal offen wird.

Das Konzil strich mit seiner „Volk Gottes"-Theologie (*Lumen Gentium* – Dogmatische Konstitution über die Kirche) die Mitverantwortung der Laien am Leben der Gemeinde heraus und betonte die gleiche Würde und Berufung aller Glieder. Es entstanden in der Diözese Graz-Seckau bereits Mitte der sechziger Jahre die ersten Pfarrgemeinderäte, welche die Pfarrausschüsse der Katholischen Aktion ablösten. Die Pfarre als Gemeinschaft wurde neu entdeckt.

Und vor allen Dingen, dass der Laie durch die Volk-Gottes-Idee nicht mehr Objekt der Pastoral ist, sondern Subjekt: Er oder sie kann mitarbeiten, kann mitreden, und wir waren begeistert, als der erste Pfarrgemeinderat eingerichtet wurde. Wir jungen Priester haben gesagt: „Wir brauchen Menschen, die uns helfen. Wir brauchen Menschen, die etwas verstehen von jenen Bereichen, von denen wir wenig verstehen, zum Beispiel vom Geld oder vom Bauen oder vom Kindergarten. Wir müssen ja froh sein, wenn uns Laien helfen und wenn sie gewählt werden. Da kommt zum ersten Mal wenigstens ein bisschen ein demokratisches System." Wir jungen Priester waren eher schon Demokraten und haben wenig von autoritären Unternehmungen gehalten: „Wenn einer nicht mit den Menschen redet, was soll der überhaupt Gescheites zusammenbringen?", war unsere Meinung. Das Konzil hat uns sehr beeindruckt und interessiert. Wir versuchten überall Nachrichten zu erhalten und waren neugierig, wie sich das in Rom weiterentwickeln wird.

Diözesanbischof Josef Schoiswohl, der zusammen mit Weihbischof Leo Pietsch an den Konzilssitzungen teilnahm, setzte sich bei der Debatte über die „Kirche in der modernen

Welt" dafür ein, Laien als Fachleute beim Konzil heranzuziehen und eine zeitgerechte Sprache in den kirchlichen Dokumenten zu verwenden.

Als das Zweite Vatikanische Konzil am 8. Dezember 1965 endete, war nicht absehbar, zu welchem grundlegenden Wandel die Beschlüsse der Konzilsväter in Kirche und Gesellschaft beitragen sollten. Für Schoiswohl brachte das Konzil eine Wende im Hinblick auf die Katholische Aktion.

Bischof Schoiswohl war beim Konzil dabei. Da haben wir geschaut, wie der heimgekommen ist, was er uns da auf einmal erzählt hat. Etwas völlig anderes, als wir erwartet haben. Der erzählt uns, dass er in Rom viel gelernt hat, dass sein bisheriger Weg mit der Katholischen Aktion allein nicht der richtige war, sondern dass die Taufe zentral ist. Wer getauft ist, ist Christ, und als Christ hat er Verantwortung, als Christ zu leben, und soll durch sein Leben, in seiner kleinen Welt, in der er lebt, Zeugnis geben: Ich nehme den Jesus ernst, sozusagen. Da haben wir geschaut, das war völlig etwas Neues. So hat er das gesagt.

Auch in anderer Hinsicht zeigte sich, dass Schoiswohl Neuerungen gegenüber grundsätzlich aufgeschlossen war. So gehört es unbestritten zu seinen Verdiensten, noch während des Zweiten Vatikanums in seiner Diözese den ersten frei gewählten Priesterrat im gesamten deutschen Sprachraum überhaupt (1964) eingesetzt zu haben. Das Gremium, welches ursprünglich Presbyterium hieß, wurde mehrheitlich nach dem Prinzip der Vertreterwahl beschickt. Zu den gewählten Mitgliedern, aus denen sich dieser Priesterrat zu zwei Dritteln zusammensetzte, kamen solche, die Kraft ihres Amtes (*ex officio*) Stimme und Sitz hatten. Zum ersten geschäftsführenden Vorsitzenden wurde 1966 der Grazer Stadtpfarrer Johann Weber berufen, der ihm bald im Bischofsamt nachfolgen sollte. In den Debatten dominierte der Geist konziliarer Aufbruchsstimmung, teilweise jedoch verbunden mit überhöhten Erwartungen. Sowohl strukturell als auch die Diskussionsthemen betreffend, entwickelte dieses Gremium „eine Eigendynamik, die der Diözesanbischof weder vorhergesehen noch erwartet haben dürfte".[269] Der eben erst eingesetzte Pfarrer von Judenburg-St. Magdalena, Leopold Städtler, verfolgte dessen Einsetzung mit Interesse: „Und dann ist Bischof Schoiswohl auch gleich mit dem Priesterrat gekommen: Bisher ist alles von ihm allein oder von den Leuten um ihn herum entschieden worden, jetzt will er ein Gremium haben. Der Priesterrat ist dafür vorgesehen. Es war schon spannend."

Rückblickend beschreibt Leopold Städtler Bischof Schoiswohl als einen Oberhirten, „der sehr genau und gewissenhaft", aber auch „sehr streng" war. So stand ihm der Klerus der Diözese am Beginn der Amtszeit eher reserviert gegenüber. Bald gelang es ihm jedoch aufgrund seines seelsorglichen Bemühens, die Distanz zu überbrücken und durch persönliche, oft nicht angekündigte Besuche bei den Pfarrern die Beziehungen zum Klerus zu vertiefen.

Zu Beginn hatten wir den Eindruck: Der kommt jetzt zu uns in die Steiermark und muss Ordnung machen, weil die Diözese finanzielle Probleme hatte. Damals hatte der Priester Goger [Theodor Goger (1894–1963)] [270]*, der für die Finanzen zuständig war, die „großartige" Idee: Wir machen überall ein Pfarrkino. Da kommt Geld herein, und so können wir die Pfarren erhalten. Er hat nicht gedacht, dass man ja Filme organisieren muss. Von sechs dieser Filme hat man vier gar nicht spielen können, weil sie – weiß Gott wie – für die damalige Zeit für ein Pfarrkino halt unvorstellbar waren. Das ist alles schiefgegangen. Herausgekommen ist ein großes Defizit in der ganzen Diözese. Das musste der neue Bischof in Ordnung bringen. Und er setzte von Haus aus unglaublich stark auf die Katholische Aktion, die für ihn überall sein musste. Da hat's dann schon mit den älteren Pfarrern die ersten Probleme gegeben: „Erstens kann ich das nicht, und zweitens mag ich das nicht." Da hat es viele Potemkinsche Dörfer bei Visitationen gegeben. Da sind halt Männer und Frauen aufgetrieben worden. Bischof Schoiswohl ließ immer vor der Visitation genau kontrollieren, wie viele und welche Gruppen es in der Pfarre gibt. Also, da ist er damals nicht gut angekommen.*

Aber das Interessante war, dass er die Pfarrer besucht hat. Das hat es bei seinem Vorgänger Pawlikowski überhaupt nicht gegeben. Wenn Bischof Schoiswohl unterwegs war, ist er oft zu einem Pfarrer hingefahren und hat rasch von der Pastoral geredet: „Wie geht's Ihnen da in der Seelsorge? Was ist da die Schwierigkeit? Wo gibt's da Probleme? Wo sind Ihre großen Sorgen?" Das haben die Pfarrer dann bald überzogen. Mit Weihbischof Pietsch hat man darüber nur schwer reden können, hingegen hat Schoiswohl immer selber über die Pastoral zu reden angefangen. Deshalb ist er wahnsinnig gut bei den Pfarrern angekommen, und nach einer gewissen Zeit haben die Pfarrer gesagt: „Gott sei Dank haben wir ihn gekriegt. Er war großartig. Er hätte nur von vornherein nicht so stark und nur auf die KA bauen sollen."

In der spannungsgeladenen Zeit nach dem Konzil wurden viele „heiße Eisen" der Kirche sehr emotional diskutiert, auch in der Diözese. Der Rücktritt Schoiswohls zum Jahreswechsel 1968 war für viele eine große Überraschung.

Bischof Schoiswohl war am Samstag vor dem letzten Adventsonntag bei mir auf Besuch in Judenburg. Obwohl es noch nicht so Brauch war, hat er mir das Du-Wort angeboten. Ich war natürlich ganz weg und hatte keine Ahnung, dass der Rücktritt in der Nähe sei. Mich rief dann zu Silvester der Haas Pepi, der Pfarrer von Fohnsdorf, an: „Hast du schon gehört? Der Bischof ist zurückgetreten." Ich sagte drauf: „Das gibt's ja gar nicht." Nein, es hat niemand von uns erwartet, dass der Bischof zurücktritt. Und dann hat man natürlich gleich die Hintergründe gesucht. Da muss es ja irgendetwas gegeben haben. „Ja, er wollte", hat Johann Trummer [1940–2019] [271]*, der für die Öffentlichkeitsarbeit zuständig*

war, gesagt, „eine Diözesansynode machen, und da ist er mit der KA nicht zusammenge-
kommen. Bischof Schoiswohl wollte als Generalsekretär für die geplante Synode den DDDr.
Trummer [Emmerich Trummer (1936–1980)][272] *haben, den gescheiten Professor. Er wollte*
niemanden vom Haus [= Ordinariat] *haben, sondern sozusagen einen Freien." Auch ich*
glaube, dass da sicher manches dahinter gewesen sein musste. Jedenfalls hat Harnoncourt
[Philipp Harnoncourt (1931–2020)][273] *ein paar Mal zu mir gesagt: „Du, ich habe draußen*
gehört, wie die von der KA mit dem Bischof geschrien haben, die habe ich heraußen noch
schreien gehört." Also, da muss es schon Auseinandersetzungen gegeben haben. Aber von uns
Pfarrern hätte niemand geglaubt, dass der Bischof zurücktritt.

Vom Stadtpfarrer zum Beauftragten für personale und pastorale Planung

Die Jahre nach dem Zweiten Vatikanischen Konzil brachten nicht nur hoffnungsvolle und teilweise enthusiastische Aufbrüche, sondern auch Verunsicherungen und mitunter verwirrende, hart ausgefochtene Diskussionen in den Ortskirchen. In der Steiermark zeichneten sich nicht zuletzt zahlreiche Amtsniederlegungen und zunehmende Spaltungstendenzen im Klerus sowie eine Oppositionshaltung im offiziellen Laienapostolat ab; es drohte eine diözesane Krise größeren Ausmaßes. Als Bischof Josef Schoiswohl am Ende des Jahres 1968 zurücktrat, erfolgte dies zwar völlig unerwartet, doch vor dem Hintergrund der unmittelbaren nachkonziliaren Entwicklungen in der Steiermark nicht gänzlich unverständlich. Die Öffentlichkeit hatte erst am Silvestertag 1968 über den Rundfunk erfahren, dass das Rücktrittsgesuch Schoiswohls vom Helligen Stuhl angenommen worden sei und bereits tags darauf, mit 1. Jänner 1969, in Kraft treten würde.

Der neue Diözesanbischof Johann Weber[274], 1927 in Graz-St. Veit geboren, trat sein Amt am 23. Juni 1969 an. Er erhielt als erster steirischer Diözesanbischof die Weihe am 28. September 1969 im Grazer Dom. Webers Wahlspruch lautete: *„Evangelizare pauberibus* – Den Armen die frohe Botschaft bringen" (Lk 4,18). Er stand der Diözese Graz-Seckau von 1969 bis 2001 vor und war noch weitaus stärker als sein Vorgänger mit den Auswirkungen des Zweiten Vatikanischen Konzils sowie mit den großen kirchlichen und gesellschaftlichen Veränderungen und Umbrüchen der Zeit konfrontiert. Leopold Städtler und Diözesanbischof Johann Weber kannten sich bereits seit ihrer gemeinsamen Zeit beim Theologiestudium und im Priesterseminar. Außerdem verband die beiden die KAJ als gemeinsames Anliegen, zumal Weber von 1956 bis 1962 als deren Diözesanseelsorger zuständig gewesen war.

Bereits nach seinem ersten Amtsjahr – mit Anfang September 1970 – bestellte Bischof Weber seinen ihm vertrauten Mitbruder und Weihekollegen Leopold Städtler zum Beauftragten für die personale und pastorale Planung in der Diözese. Einen solchen eigenen Dienstposten hatte es bisher nicht gegeben. Für Städtler kam diese neue Aufgabe überraschend. Gerne wäre er Pfarrer geblieben. „Als Pfarrer hat man meist ein überschaubares Gebiet, und es ist die Nähe zu den Menschen gewährleistet", fasst Städtler das Schöne am Pfarrersein zusammen. Durch die Feier der Sakramente, vor allem von Taufe und Ehe, und durch die Erstkommunionen entstehen engere Kontakte zu den Menschen und Familien vor Ort. Ebenso hatte man damals seine Beheimatung im Dekanat als überschaubare kirchliche Seelsorgeeinheit gefunden. Doch als Seelsorger in einem begrenzten Raum hat man auch einen eingeschränkten

Blick auf die Entwicklungen und auf das Gesamte der Diözese. Städtler sagte erst zu, nachdem es Diözesanbischof Weber gelungen war, ihn für die neue Aufgabe im Ordinariat zu überreden.

Der Bischof ist gekommen und hat gesagt, er braucht mich in Graz. Ich habe abgelehnt und gesagt: „Ich verstehe nichts vom Ordinariat, habe nie etwas mit dem Ordinariat zu tun gehabt, außer mit der KAJ, und außerdem möchte ich gerne Pfarrer bleiben." Aber er hat nicht nachgegeben. Dann ist er auf die Idee gekommen: „Bitte, mach es wenigstens drei Jahre." Auf das bin ich eingestiegen: drei Jahre nicht mehr Pfarrer sein, sondern im Ordinariat Aufgaben zu übernehmen, die er für notwendig hielt. Er hat gesagt: „Wir haben keinen Personalausschuss. Wir haben keinen Bauausschuss, aber wir haben den ‚Bau-Kern' [Johann Kern (1900–1984)][275], der nur jenen Pfarrern in Bauangelegenheiten hilft, die er mag. Ein anderer kriegt nichts. Wir haben keinen Finanzausschuss, Generaldirektor Pieber [Rudolf Pieber (1930–2019)][276], unser neuer Finanzkammerdirektor, ist sehr gut, aber er ist alleine. Er braucht einen Menschen von der Pastoral an seiner Seite, der möchte ja wissen, wie viel Finanzen er jährlich für das Personal und für die Seelsorge in der ganzen Diözese braucht, denn beim Flucher Maxi [Maximilian Flucher (1929–1988)][277] habe ich den Eindruck, der tut hauptsächlich das, was die Frauenbewegung sagt. Ich brauche einfach jemanden, der mir diese wichtigen Positionen besetzen kann." „Na gut, gehe ich halt dieses Geschäft an", dachte ich mir. Begeistert war ich nicht, muss ich ganz ehrlich sagen.

Als Pfarrer von Judenburg-St. Magdalena wurde Leopold Städtler mit Anfang September 1970 beurlaubt. Als dessen Stellvertreter im Sinne eines Pfarradministrators fungierten zunächst Friedrich Schaffer [1936–2011][278], welcher bald danach Pfarrer von Oberzeiring wurde, sowie Franz Tunkel[279]. Dass Städtler unter der Woche in Graz wohnte und als Seelsorger für seine Pfarre in Judenburg am Wochenende zur Verfügung stand, war aus seiner Perspektive für das Pfarrleben von großem Nachteil. „Ich entfremdete mich von der Pfarre, auch sind im Ordinariat immer mehr Aufgaben hinzugekommen." Zwei Jahre später übersiedelte Städtler ganz nach Graz, nachdem Ferdinand Kochauf[280] mit 1. September 1972 zu dessen Nachfolger als Pfarrer von Judenburg-St. Magdalena ernannt worden war.

Aber nach einem Jahr habe ich gesehen: So hat das keinen Sinn. In der Pfarre daheim wachse ich hinaus, wenn ich nur mehr samstags und sonntags heimkomme. Ich bin da nicht mehr der Pfarrer, ich bin nicht mehr mitten unter den Leuten und für die Leute da. Und so ist das nach zwei Jahren einfach gelöst worden. Ich habe auf die Pfarre verzichtet und bin ganz nach Graz gekommen.

Die Pfarrer von Judenburg-St. Magdalena, 2020.
V. l. n. r.: Gründungspfarrer Leopold Städtler (Pfarrer von 1964 bis 1972), Martin M. Trummler[281] (Pfarrer von 2014 bis 2022) und Ferdinand Kochauf (Pfarrer von 1972 bis 2014).

„Zonenseelsorge" und Dekanatsstrukturreform

Städtler erhielt als Beauftragter für die pastorale Planung von Bischof Weber seinen ersten Auftrag, nämlich die Pastoralkonferenzen – das waren Priesterkonferenzen, also gemeinsame Besprechungen von Dechanten, Pfarrern und Kaplänen – zu reorganisieren. Uninteressante Themen, mangelnde Führungskompetenz von Dechanten, die Wirkungslosigkeit der Besprechungen, aber auch theologische Differenzen und Spannungen unter den Priestern, Verunsicherungen und Überforderungen mancher Pfarrer durch das Konzil waren in erster Linie die Ursachen dafür, dass die Pastoralkonferenzen kaum mehr im herkömmlichen Stil bestanden.

Mein erster Auftrag war, die Pastoralkonferenzen wieder zu aktivieren. In Graz gab es zum Beispiel zwei Jahre überhaupt keine mehr. In der Diözese waren manche Dechanten überfordert, eine Konferenz zu leiten. Manche Themen haben niemanden interessiert. Es hat viele Gründe gegeben, warum da alles zusammengebrochen ist. Die Kapläne waren die einzigen, die intern gut organisiert waren und die immer wieder an den Bischof herangetreten sind, das oder jenes zu machen. Der Anfang war recht schwierig.

Schon als Pfarrer war Städtler in seinem Judenburger Dekanat in den sechziger Jahren gebeten worden, zusammen mit den politischen Gemeinden, dem Arbeitsamt, der Handels- und Arbeiterkammer eine Untersuchung durchzuführen, um grundlegende Überlegungen für eine künftige Seelsorge nach dem Konzil zu erarbeiten. So wurden unter anderem Fragen nach dem Arbeiteranteil bei den Sonntagsgottesdiensten, nach den Pendlern, den soziokulturellen Beziehungen der Menschen, nach den Bildungsmöglichkeiten der Jugendlichen oder nach der Bedeutung des Sports in den Landgemeinden gestellt. Zu den wesentlichen Ergebnissen dieser Befragung zählte die Erkenntnis, dass die Pfarrgrenzen nicht mehr den Lebensräumen der Menschen entsprachen bzw. für viele Bereiche des Alltagslebens damals bereits überschritten wurden. Das hatte die Feststellung zur Konsequenz, dass „die Zeit der Einzelseelsorge nur für die eigene Pfarre" vorbei war. Jeder Priester wie auch jeder hauptamtliche Laie und jede hauptamtliche Laiin waren für das gesamte Dekanat mitverantwortlich, sie sollten sich in ihren Wirkungsbereichen gegenseitig unterstützen.[282] Man begann im Dekanat Judenburg die Gemeinschaftsseelsorge für das gesamte Dekanat zu planen und die Verantwortung für die verschiedenen Bereiche der Seelsorge unter Berücksichtigung der Begabungen und Wünsche jedes einzelnen untereinander aufzuteilen.

Dann habe ich versucht – damals haben wir es „Zonenseelsorge" genannt –, was wir in Judenburg, also im 69er Jahr, dann doch zusammengebracht haben, auch auf die Diözese umzulegen. Ich wollte es auch in der Diözese zusammenbringen, dass wir miteinander mehr über die Seelsorge reden, die wir gemeinsam machen. Nicht immer nur der einzelne Pfarrer, der alles macht. Es gab damals auch viele, unglaublich viele Seminare, Kurse und Weiterbildungsveranstaltungen, zu denen manche Priester gerne hingefahren sind. Die waren die halbe Zeit überhaupt nie da, waren immer auf irgendeinem Seminar, einmal dort, einmal da. Ich habe gesagt: „So kann das nicht weitergehen. Wir müssen schauen, dass im Dekanat einzelne für bestimmte Dinge zuständig sind, meinetwegen für Liturgie oder für Jugend oder für Soziales, Karitatives und so weiter. Ob Priester oder Laie, ist eine zweite Frage. Wir brauchen Leute, die in ihrem Bereich wirklich Experten sind, die sich auch schulen und immer weiterbilden und das ins Dekanat hineinbringen – und nicht, dass jeder zu jeder Fortbildung hinfährt und dann nichts tut." Das haben wir dann halbwegs zusammengebracht. Es war aber ein guter Start, weil man plötzlich gemerkt hat: In diesem Bereich ist die Pfarrschwester sehr gut. Die hat zum Beispiel den Kinderbereich über und alles, was damit zusammenhängt: Kinderseelsorge, Erstkommunion und so weiter. Da ist sie nun die Zuständige, da muss sie schauen, wie wir das gemeinsam im Dekanat schaffen. Ja, es war eine mühselige Sache mit oft wenig Erfolg. Wir haben es „Gemeinschaftspastoral" genannt. Manche Pfarrer haben gesagt: „Das schaffe ich nicht", wie der Aldrian [Franz Aldrian (1916–1981)][283] in St. Peter ob Judenburg. Sofort haben zwei Kapläne gesagt: „Da helfen wir dir." Das hat es vorher gar nicht gegeben. Ich glaube nach wie vor, es war schon ein guter Weg.

Die Diözese strebte eine Dekanatsstrukturreform nach klaren Prinzipen der pastoralen Planung an. Das Modell einer „zonalen Seelsorge", welches im Raum Judenburg Umsetzung fand, war dazu impulsgebend. Soziologische Gegebenheiten sowie die Integration zwischen territorialer und kategorialer Seelsorge flossen in die Reformplanungen ein: Das Dekanat sollte ein milieubedingter Raum sein für den mobilen Menschen und sein Lebensumfeld, des Weiteren als mittlere Ebene zwischen Pfarre und Diözesanleitung fungieren, wo Priester und hauptamtliche Mitarbeiter zusammenarbeiten und planen.

Leopold Städtler sah als Beauftragter für die pastorale Planung in der Dekanatsstrukturreform die schrittweise Umsetzung der Forderungen des Konzilsdekrets *Christus Dominus* (Über die Hirtenaufgabe der Bischöfe in der Kirche), welches am 28. Oktober 1965 von Paul VI. (1897–1978, Papst von 1963 bis 1978) in Kraft gesetzt worden war. Im Blick auf die Abgrenzungen von Diözesen vermerkt das Dokument, dass diese als funktionsfähige, organische Einheiten zu verstehen seien. Es solle deshalb dafür Sorge getragen werden, „daß demografische Zusammenfassungen der Bevölkerung mit den staatlichen Behörden und sozialen Einrichtungen, die ihre organische Struktur ausmachen, möglichst in ihrer Einheit gewahrt bleiben. […] Gegebenenfalls achte man auch auf die Grenzen der staatlichen Bezirke und auf die besonderen Eigenheiten der Menschen und der Gegenden, z. B. psychologischer, wirtschaftlicher, geographischer oder geschichtlicher Art." (*Christus Dominus*, Art. 23)

Der Anstoß zur Strukturreform der steirischen Dekanate trug den vielerorts Anfang der 1970er Jahre spürbaren veränderten demografischen Bedingungen Rechnung („verstärkte Industrialisierung, neue Betriebsansiedelungen, der Ausbau von Schul- und Einkaufszentren und die Verkehrsentwicklung") und orientierte sich stark an der Frage: „Umfassen unsere Dekanate jenes Gebiet, in dem der Mensch von heute den größten Teil seines Lebens verbringt?" Ferner war man bestrebt, die territorialen Einheiten mit den Wahlsprengeln für den Priesterrat und den Diözesanrat sowie den Gliederungen der Katholischen Aktion anzugleichen.[284]

Rückblickend fasste Generalvikar Städtler die Kriterien und Ziele der vollzogenen Strukturreform, durch die das „neue" Dekanat über die Grenzen der einzelnen Pfarren hinaus als „milieueinheitlicher" pastoraler Raum verstanden wurde, folgendermaßen zusammen:

a) *Der Lebensraum der Menschen (wo sie wohnen, arbeiten, ihre soziokulturellen Beziehungen haben) sollte nach Möglichkeit „ein gemeinsamer seelsorglicher Raum" sein.*

b) *Das neue Dekanat sollte über die bisherigen Verwaltungsfunktionen hinaus eine „pastorale Aktionseinheit" werden.*

c) *Förderung der Spiritualität und Weiterbildung der in diesen Strukturen wirkenden Priester und Mitarbeiter.*

d) *Berücksichtigung der staatlichen Raumordnung.*[285]

Nach einem langen vorausgehenden Prozess, in dem sowohl die bischöflichen Beratungs-
gremien eingebunden waren als auch der Priesterrat und der Diözesanrat gehört wurden,
trat am 1. Jänner 1973 die Dekanatsregulierung in Kraft.[286] Der Plan sah zunächst vor, die
Zahl der 39 Dekanate und der zwei Subdekanate Schöder und Wildon auf insgesamt 25 zu
reduzieren, wobei die Diözesanleitung Übergangsfristen einplante und sich spätere Änderungen der Pfarrzuordnung offenhielt. Bereits mit 31. Dezember 1972 wurden die ersten
Dekanate aufgehoben und größeren Dekanatseinheiten untergliedert, die bisherigen
Dechanten legten ihr Amt zurück, außerdem verloren die Kreisdekanate ihre Funktion als
den Dekanaten übergeordnete Ebene. Mit der Aufhebung des Dekanats Graz-Straßgang
(1977), das bis auf die namensgebende Stadtpfarre selbst aus Landpfarren bestand, konnte
der Prozess der Dekanatsregulierung abgeschlossen werden. Diese ab 1972/73 vorgenom-
mene territoriale Gliederung mit am Ende 23 Dekanaten blieb bis zur Einsetzung der
Seelsorgeräume im September 2020 bestehen. Einzige Ausnahme bildete die Aufteilung
und Zusammensetzung der Grazer Stadtdekanate.

Geografisch wurde eine Deckung der Dekanate als kirchliche Sprengel mit den politischen Bezirken angestrebt, was nur in der Oststeiermark nicht möglich war. Die territorialen Veränderungen verliefen ohne größere Schwierigkeiten:

*Dem Bischof war das zu viel, 39 Dekanate und zwei Subdekanate gab es, 41 Dekanate alles
zusammen. Wir sind auf 23 heruntergegangen. Die Überlegung war: Dort, wo der Mensch
lebt, wo er arbeitet, wo er seine Freizeit verbringt, wo er seine soziokulturellen Beziehungen
hat, das soll ein Raum, ein Dekanat sein. So haben wir versucht, die neue Dekanatsordnung zu
machen, in Absprache mit dem Land, weil damals gerade mit den Bebauungsplänen begonnen
wurde und Gemeindezusammenlegungen überlegt wurden. Ein Problem war: Jeder Dechant
war auf gewisse Zeit gewählt, also musste dieser freiwillig zurücktreten, bis auf zwei haben das
alle gemacht. Dafür habe ich dann den Namen „Dechantkiller" bekommen. Aber die ganze
Geschichte ist gut gelaufen. Und es waren alle froh: „Jetzt haben wir einen Raum, der passt
einfach", waren alle überzeugt, „da wohnen wir, da arbeiten wir". Mir wurde gesagt: Arbeiter
kommen im gleichen Betrieb von verschiedenen Pfarren zusammen. Da wird über alles geredet,
auch über kirchliche Sachen, und wenn z. B. die eine Pfarre mit der Firmvorbereitung zu
Allerheiligen anfängt, die nächste zu Neujahr und die dritte überhaupt erst nach der Fastenzeit, werden wir unglaubwürdig, das geht nicht. Die Leute müssen merken, die Kirche hat eine
klare Linie. Es war nicht ganz einfach am Anfang.*

Zeitgleich mit der Neuordnung der Dekanatsstrukturen wurde mit 1. Jänner 1973 ein neues
Statut für die Dechanten und deren Wahl wirksam.[287] Unter Wahrung des bischöflichen
Ernennungsrechts hatten von nun an Priester und hauptamtliche Laien eines Dekanats
die Möglichkeit, geeignete Kandidaten aus dem Dekanatsklerus zur Wahl vorzuschlagen.

Eine Strukturänderung bewirkt noch keine erfolgreiche Seelsorge, betont Leopold Städtler im Blick auf das Dekanat Judenburg, welchem innerhalb der Diözese eine gewisse Vorreiterrolle zukam. Ebenso erfuhr Städtler, der die gänzliche Abschaffung der Dekanate bedauert, die Pastoralkonferenzen auf Dekanatsebene als Orte der Stärkung und des persönlichen wie beruflichen Austausches. Entscheidend sei das intensive Gespräch mit- und untereinander.

Eine Strukturreform allein hilft gar nichts. Wenn die Leute nicht mittun, ist eine Struktur-reform total für die Katz', da kann ich einteilen, was ich will und wie ich will. Eine Struktur-änderung kann nur aufgehen, wenn die Leute wirklich mittun, und damit sie wirklich mittun, muss ich vorher viel mit ihnen reden. Wir haben vier Jahre allein im Judenburger Dekanat über die „Zonenseelsorge" geredet. Im 69er Jahr waren wir dann soweit. Wie geht das, fragt ja jeder, so die Pfarrschwester, die „himmlische Grete" [Margarethe Himmler (1934–2019)][288]: „Wie kann ich dann und soll ich mit dem Pfarrer reden, oder wie geht denn das überhaupt, wenn ich das machen soll? Ich mache das gerne, das interessiert mich auch wirklich, aber wie geht denn das in der Praxis?" Da gibt es viele Wenn und Aber, die man vorher besprechen muss, sonst ist alles miteinander umsonst.

Berufung in das Domkapitel und Ernennung zum Monsignore

Die Berufung Städtlers in das Ordinariat bedeutete für ihn eine große Herausforderung. Er kam in eine neue Umgebung, die mit neuen Aufgaben verbunden war. Hinzu kam die Mitarbeit in den verschiedenen Gremien und Räten: Schon Anfang des Jahres 1971 zählt der Personalstand der Diözese Graz-Seckau eine Reihe von Mitgliedschaften Städtlers auf: das Konsistorium, das Beratungsgremium des Bischofs, den Pastoralausschuss, den Personalausschuss, die Sektion für kirchliche Kunst der Diözesankommission für Liturgie, den Diözesanrat und den Priesterrat. Zudem war Städtler Militärkurat der Reserve im Bereich des Militärkommandos Steiermark, Standort Zeltweg, Truppenübungsplatz 1 Seetal.[289] 1989 erfolgte seine Ernennung zum Militärsuperior der Reserve.

Noch während seiner ersten Anstellung im Ordinariat als Referent für die personale und pastorale Planung wurde Leopold Städtler von Bischof Weber am 23. Juni 1972 in das Grazer Domkapitel berufen.[290] Damit verbunden erhielt Städtler die Wohnung im Domherrenhaus in der Bürgergasse 1, wo er heute noch lebt.

Mit der Ernennung Städtlers „verjüngte" Weber das Domkapitel wiederum: Noch unter Bischof Schoiswohl war 1968 der erst 36-jährige Gottfried Lafer, Dompfarrer und später auch Regens des Grazer Priesterseminars, Mitglied des Domkapitels geworden. Seit September 1971 gehörte diesem der 42-jährige Karl Hofer als neuer Grazer Stadtpfarrpropst an, womit die Würde eines Domherrn verbunden war.

Das Grazer Domkapitel im Herbst 1972.
1. Reihe v. l. n. r.: Johann Kern, Franz Möstl (1904–1988)[291], Bischof Johann Weber, Generalvikar Rupert Rosenberger, Johann List; 2. Reihe v. l. n. r.: Karl Hofer (1929–2016)[292], Johann Klement (1910–1983)[293], Johann Reinisch (1919–2005)[294], Rupert Gschiel (1910–1979)[295], Leopold Städtler, Gottfried Lafer.

Ernennung zum Militärsuperior durch General Eduard Fally (1929–2006)[296], Kommandant des I. Korps, 1989.

Personalreferent der Diözese

Als Generalvikar Rosenberger das Personalreferat des Ordinariates abgab, wurde Kanonikus Städtler mit 1. September 1973 von Bischof Weber zum Personalreferenten für alle Priester, Ordensfrauen und hauptamtlichen Laienmitarbeiter im pastoralen Dienst ernannt. „Ich habe die Hoffnung", formulierte der Bischof im Ernennungsschreiben an Städtler, „daß Sie diese heiklen Aufgaben im Geiste echter Verantwortung und durch steten Kontakt mit den Mitbrüdern und den Laienmitarbeitern erfüllen werden."[297]

Als Personalreferent war der Neuernannte zunächst direkt dem Bischof unterstellt, wie das Ernennungsschreiben festhält. Doch wegen dieser Zuteilung war der Start für die neue Aufgabe nicht leicht, weil Städtler das Vertrauen der Amtsleiter im Ordinariat erst gewinnen musste. Schließlich wurde er als Personalreferent dem Generalvikariat unterstellt.

Verleihung hoher kirchlicher Auszeichnungen, 1973.
V. l. n. r.: Karl Hofer, Leopold Städtler, Egon Kapellari[298], Rupert Rosenberger,
Bischof Johann Weber, Anton Kolb (1931–2016)[299], Rupert Gschiel.

Und dann hat der Bischof natürlich einen groben Fehler gemacht. Ich bin ihm direkt zugeordnet worden. Er hat gemeint, dass ich frei von allen Amtsleitern bin. Und dass niemand glaubt, er könne mein Chef sein. Habe ich ihm gesagt: „Ich habe genau diese Sorge, dass alle sagen: Jetzt hat der Bischof sich da einen geholt, der auf uns alle schaut, was da los ist und so weiter. Das

Vertrauen wird nicht gar so groß sein, und es war auch nicht gar so groß. Ich habe mich damals natürlich den einzelnen Amtsleitern vorgestellt. Nur ein Einziger hat gesagt: „Komm herein, setz dich nieder." Die anderen haben mich rasch abgefertigt. Da habe ich genau gewusst, was sie von mir halten.

Der Aufgabenbereich wurde zunächst für ein Jahr *ad experimentum* in Kraft gesetzt, schließlich von Bischof Weber Ende des Jahres 1974 „bis auf Weiteres" verlängert.[300] Da Städtler Generalvikar Rosenberger zugeordnet war, lernte er auf diese Weise den verantwortungsvollen Aufgabenbereich jenes Amtes bestens kennen, das er – ohne es zu ahnen – zwei Jahre später übernehmen sollte.

Am 14. September 1973 erhielt Leopold Städtler die päpstliche Auszeichnung eines Monsignore; bereits als Generalvikar wurde er am 28. Februar 1978 mit dem Titel eines Päpstlichen Ehrenprälaten geehrt.

Steirischer Delegierter beim Österreichischen Synodalen Vorgang 1973/74

Leopold Städtler zählte in seiner Funktion als „Beauftragter für Pastoralplanung" zu den 22 steirischen Delegierten für den Österreichischen Synodalen Vorgang. Diesem war eine Reihe von verschiedenen Diözesansynoden[301] vorangegangen, die nach dem Zweiten Vatikanischen Konzil in Österreich abgehalten worden waren. Auf jenen war das Faktum beklagt worden, dass es zahlreiche Fragenkomplexe und Themen gäbe, die nur auf gesamtösterreichischer Ebene beantwortet werden könnten. Die Österreichische Bischofskonferenz hatte daher in ihrer Frühjahrszusammenkunft 1970 den Beschluss gefasst, diese Probleme bzw. Fragen im Rahmen einer gesamtösterreichischen Synodalveranstaltung zu behandeln. Diese erhielt schließlich die Bezeichnung „Österreichischer Synodaler Vorgang". Laut Statut war es „das Ziel, Aussagen und Forderungen des II. Vatikanischen Konzils und der österreichischen Synoden für die Kirche in Österreich fruchtbar zu machen und bei der Klärung nachkonziliarer pastoraler Fragen im Geist des II. Vatikanums förderlich zu sein".[302] Nach dreijähriger intensiver Vorbereitung konstituierte sich der Österreichische Synodale Vorgang am 7. April 1973 in Wien.

Innerhalb eines halben Jahres wurden zwei Arbeitssitzungen unter dem Präsidium von Franz Kardinal König in der Konzilsgedächtniskirche in Wien-Lainz abgehalten: vom 25. bis 28. Oktober 1973 und vom 1. bis 5. Mai 1974.[303] Auffallend war, dass ein großer Teil der Synodalen – seien es Priester oder Laien – hauptamtlich im Dienst der Kirche stand; der Frauenanteil der Teilnehmenden betrug zehn Prozent. Beim Österreichischen Synodalen

Leopold Städtler als Delegierter beim Österreichischen Synodalen Vorgang in Wien, 1974.

Vorgang wurde eine große Anzahl an Beschlüssen, Leitsätzen und Empfehlungen erarbeitet, welche die Bischofskonferenz auf ihrer Vollversammlung im Sommer 1974 besprach. Kardinal König versicherte den Versammelten in seinem Schlusswort, dass die Anregungen des Österreichischen Synodalen Vorgangs, welche zu erfüllen nicht in der Kompetenz der österreichischen Bischöfe lägen, nach Rom weitergeleitet würden.

Die steirischen Delegierten setzten sich aus zwölf Priestern und zehn Laien (acht Männer und zwei Frauen) zusammen. Leopold Städtler gehörte der Kommission I „Träger kirchlicher Dienste" an, die vom damaligen Vorsitzenden der Österreichischen Pastoralkommission Wilhelm Zauner (1929–2015)[304] geleitet wurde.[305] Diese Kommission befasste sich mit den Trägern kirchlicher Dienste aufgrund besonderer Beauftragung und als Dienstnehmer in der Kirche, mit den Ordensgemeinschaften, den ordinierten Trägern kirchlicher Dienste und mit Fragen nach deren Gewinnung, der Aus- und Weiterbildung, mit dienstrechtlichen Fragen, mit Gremien und Einrichtungen als Träger kirchlicher Dienste.

Leopold Städtler befürwortete auf dem Österreichischen Synodalen Vorgang die Zulassung von Diakoninnen, die einen Teil pfarrlicher Aufgaben übernehmen könnten, und sah darin Parallelen zum Einsatz von Ordensfrauen in steirischen Pfarren.

Beim Österreichischen Synodalen Vorgang in Wien, das war ja mein „großer" Beitrag, bin ich für den Diakonat der Frauen eingetreten, weil ich im Missionsdekret [Ad Gentes] gelesen habe, dass dies in den Missionsgebieten genau das ist, was Frauen bei uns auch machen: Religionsunterricht, Leute zum Glauben hinführen, sich im sozialkaritativen Bereich einsetzen, dass das menschliche Leben freudiger, zukunfts- und hoffnungsvoller wird. Wie ich mit meiner Rede fertig war, ist ein Wiener Delegierter zu mir gekommen: „Einen schönen Blödsinn haben Sie gesagt."

Der Österreichische Synodale Vorgang verabschiedete dazu die Empfehlung, wonach die Österreichische Bischofskonferenz bei den zuständigen Stellen dafür eintreten möge, dass für den ständigen Diakonat „die Zulassung von Frauen zum Diakonat geprüft wird. Im positiven Fall mögen Frauen auch tatsächlich zum Diakonat zugelassen werden."[306] Bezüglich der Weitergabe dieses Punktes stimmte die Bischofskonferenz am 2. Juli 1974 mit sieben Stimmen dafür, acht Oberhirten enthielten sich der Stimme.[307] Im Herbst 1974 promulgierte Kardinal König als Vorsitzender der Österreichischen Bischofskonferenz die Beschlüsse des Österreichischen Synodalen Vorgangs, wobei mangels der kirchenrechtlichen Kompetenz jeder Bischof die Beschlüsse in seiner Diözese in Kraft setzen musste.

Gegenwärtig auf die Frage nach dem Diakonat für Frauen angesprochen, antwortet Städtler überzeugt:

Für den Diakonat der Frau wäre ich sofort. Es wird gar nicht nachgedacht darüber, dass viele Ordensfrauen bei uns das tun, was in der Mission ohnehin geschieht. Die Umstände sind halt andere, aber inhaltlich ist das letztlich das gleiche. Auch die ganze Geschichte mit der Pfarrleitung, ich verstehe nicht, warum es da Ängste gibt. Ein guter Pfarrer hat jetzt schon seine Leitung ein bisschen aufgeteilt. „Bitte mache du im Kindergarten das mit dem Geld", „mache du das Bauwesen, ich kenne mich da zu wenig aus," oder manche du alles, was mit der Firmvorbereitung zu tun hat." Da gibt der Pfarrer eh schon etwas ab. Und er sucht ja gute Leute, die das zusammenbringen können, damit er wieder etwas anderes machen kann, Zeit für andere Sachen hat. Das hat es ja bei den guten Pfarrern an sich immer gegeben, die haben immer geschaut, gute Mitarbeiterinnen und Mitarbeiter zusammenzubringen.

Befragt nach der Frauenordination meint Leopold Städtler: „Das Priestertum für Frauen wäre für mich persönlich kein Problem, wenn es gesamtkirchlich eingeführt würde." Allerdings ginge das wegen der langen Tradition in der Kirche „sicher nicht von heute auf morgen".[308]

Steirische Delegierte beim Österreichischen Synodalen Vorgang in Wien-Lainz,
Konzilsgedächtniskirche, 1974.
1. Reihe v. l. n. r.: Roman Krobath (1932–2006)[309], Rosa Illok (1927–2014)[310], Karl Gastgeber
(1920–2001)[311], Martin Gutl (1942–1994)[312], Heribert Diestler[313], Erzbischof Karl Berg (1908–1997)[314],
Diözesanbischof Johann Weber, Maximilian Liebmann, Josef Otter (1917–1993)[315], Josef Jamnig
(1924–2016)[316].
2. Reihe v. l. n. r.: Theodor Piffl-Perčević (1911–1994)[317], Leopold Städtler, Hildegard Mauerhofer[318],
Ägidius Leipold (1932–2012)[319], Johann Reinisch, Karl Gölles (1930–2019)[320], Johann Schmeiser[321],
Johann Wulz[322], Peter Zwanzgleitner, Franz Tropper[323], Karl Kalcsics[324].
Nicht am Bild: Egon Kapellari und Michael Hasslinger[325].

Als Generalvikar (1976–1997)
engster Mitarbeiter von Bischof Weber

1976 übergab Prälat Rosenberger das Amt des Generalvikars an Leopold Städtler.
V. l. n. r.: Pastoralamtsleiter Franz Fink (1930–2019)[326], Leopold Städtler, Rupert Rosenberger.

Anlässlich eines Empfangs zu seinem Namenstag gab am 24. Juni 1976 Bischof Weber den Ordinariatsmitarbeiterinnen und -mitarbeitern eine wichtige Personaländerung in der Diözese bekannt: Schon seit Längerem habe ihn Generalvikar Rosenberger um seine Entpflichtung gebeten, stand dieser doch seit 22 Jahren an der Spitze des Generalvikariats. Aus Sinabelkirchen gebürtig, hatte Rosenberger zunächst in Graz Theologie studiert. 1937 wurde er an der Gregoriana in Rom zum Doktor des kanonischen Rechts promoviert. Als solchen fand man ihn bald an der Seite von Bischof Pawlikowski, zunächst als Hofkaplan (1937–1952), dann als Ordinariatssekretär und Notar am Diözesangericht, schließlich vor seiner Ernennung zum Generalvikar einige Jahre als Ordinariatskanzler (1952–1954). Nach der Resignation Schoiswohls, die am 1. Jänner 1969 in Kraft trat, übte Rosenberger die Funktion eines Kapitelvikars bis zur Ernennung Johann Webers zum Diözesanbischof von Graz-Seckau am 10. Juni 1969 aus.[327] Bischof Weber charakterisierte Rosenberger anlässlich seines Abschieds als Generalvikar mit den Worten: „Seine Güte, Menschlichkeit und Natürlichkeit tut uns allen so sehr wohl." Mit 1. September 1976 übernahm dieser die Aufgabe eines Offizials des Diözesangerichts.

Zum neuen Generalvikar ab 1. September 1976 ernannte Diözesanbischof Weber den damals 51-jährigen Leopold Städtler. Der Bischof betonte, dass Städtler durch die Aufgabe als Personalreferent und durch die Strukturplanung der Seelsorge Bescheid wisse, „welche Sorgen und Möglichkeiten es in der Diözese gibt". Er ersuchte schließlich die Anwesenden, dem Neuernannten „vollstes Vertrauen zu schenken".[328]

Leopold Städtler hatte zwar einige Jahre Zeit, die Komplexität und Buntheit der Diözese mit ihren Strukturen und Traditionen kennenzulernen und sich – unbewusst – in diese große Aufgabe einzuarbeiten. Ihm war das „pastorale Gefälle", nämlich die sich unterscheidende Art der Seelsorge in der Obersteiermark (individuell und in kleineren Gruppen) sowie das intensivere volkskirchliche Leben in der übrigen ländlich geprägten Steiermark bekannt. Dennoch war es für ihn nicht ganz leicht, eine zentrale Verantwortung wahrzunehmen: „Auf einmal hat man keine Gemeinde mehr; auf einmal findet man sich in Strukturen hineingestellt, von deren Kompetenzen und Wirkweisen man keine oder nur wenig Ahnung hat, wie z. B. Konsistorium, Verwaltungsrat oder Diözesanrat; auf einmal muss man bei Dingen mitentscheiden, für die man sich nicht kompetent fühlt; auf einmal ist man ‚Personalchef' von fast tausend Personen, Priestern wie Laien."[329]

Städtler setzte sich zum Ziel, jederzeit für das Gespräch offen und ein Hörender zu sein. Alle gleich zu behandeln erwies sich gerade bei den unterschiedlichen Anliegen der Pfarren als nicht immer einfach, vor allem, wenn es um finanzielle und personelle Zuteilungen ging. Als Generalvikar wurde er täglich mit diversen Anliegen, Sorgen und Klagen aus der Diözese konfrontiert, sei es durch einzelne, Priester wie Laien, oder durch Vertreter von Gruppen, Gemeinschaften, von Pfarrgemeinderäten und Bürgermeistern. Bei Firmungen, Altarweihen, Eröffnungsfeiern oder Aushilfen lernte er die Pfarren, Gruppen und Gemeinschaften in der Diözese näher kennen. „In der Beurteilung der Lage wird man auf alle Fälle vorsichtiger, sachgerechter und überlegter", fasst Städtler seine berufliche Erfahrung zusammen.

Die Steirische Pfarrerwoche, die jährlich am Beginn eines „Arbeitsjahres" stand, war von Bischof Schoiswohl 1958 eingeführt und unter Bischof Weber fortgesetzt worden. Sie wurde im Schloss Seggau abgehalten, mit einem Grundsatzreferat von Bischof Weber eröffnet und diente der Weiterbildung, Ermutigung und Gemeinschaft. Für den jüngeren Klerus wurde seit 1978 zusätzlich die Kaplanswoche im Bildungshaus des Schlosses Seggau veranstaltet. Die Begegnung unter den Priestern sowie deren Weiterbildung bildeten ein zentrales Anliegen von Bischof Weber und Generalvikar Leopold Städtler. In der Amtszeit von Bischof Weber wurde die Priesterfortbildung durch jährliche Kurse im ehemaligen Priesterseminar zu Freising intensiviert. So tagten dort zusammen mit dem Bischof 1974 die Dechanten mit dem Konsistorium, 1979 Mitglieder des Priesterrates und 1984 erstmals die Pastoralassistentinnen und Pastoralassistenten.

Segnung des erneuerten Pfarrhofs in Gleisdorf, links: Pfarrer Josef Fink[330], 1980.

30-Jahr-Feier der Katholischen Frauenbewegung im Grazer Messehaus, 1982.
V. l. n. r.: Bischof Weber, Sr. Andrea Eberhart[331], Caritasdirektor Jamnig, Margarethe Hoffer (1906–1991) von der evangelischen Kirche, Generalvikar Städtler.

Segnung des renovierten Hauses Carnerigasse 34 in Graz, Ort diözesaner Bildungs- und Sozialeinrichtungen, 1988.
Christine Filipancic (1944–2021)[332] von der Hausleitung begrüßt Generalvikar Städtler.

Spatenstich zum Bau der Florianikirche in Aigen im Ennstal, 1989.
V. l. n. r.: Dechant Erich Kobilka (1932–2018)[333], Pfarrer Konrad Karner (1936–2001)[334], Generalvikar Leopold Städtler.

Festgottesdienst zur Weihe des neugestalteten Altars in Graz-Herz Jesu, 1991.

Priesterfortbildungskurs mit Kardinal Ratzinger in Freising, 1979. Vorne v. l. n. r.: Bischof Johann Weber, Kardinal Joseph Ratzinger (geb. 1927)[335], Leopold Städtler, Johann Treyer CM (1914–2011)[336].

Priesterfortbildungskurs in Freising mit Bischof Weber vor dem Wohnhaus von Konrad von Parzham, 1980.

Referat von Generalvikar Städtler über „Die personale Situation der Diözese" bei der steirischen Kaplanswoche im Bildungshaus Schloss Seggau, 1985.

Er erfuhr in seiner Amtszeit viel Positives und Freudvolles. Vor allem bestärkte ihn das große Vertrauen, das ihm von vielen Seiten entgegengebracht wurde: vom Bischof, den Priestern (in seinem ersten Amtsjahr als Generalvikar gab es noch 530 Weltpriester in der Diözese), den Mitarbeiterinnen und Mitarbeitern im Ordinariat, in der Begegnung mit den haupt- und ehrenamtlichen Laien sowie kirchlichen Gemeinschaften. Städtler wurde und wird von Politikern und Politikerinnen unterschiedlicher parteipolitischer Richtungen, von Vertretern aus den Medien, den Gewerkschaften und den Kammern geschätzt.

Der Generalvikar wird vom Bischof frei ernannt, er ist zuständig für die Vertretung des Bischofs und sein engster Mitarbeiter in der Leitung der Diözese, dessen *alter ego*. Generalvikar Städtler hatte nicht nur als Personalreferent, der er in seinem neuen Amt blieb, Entscheidungen zu treffen, sondern auch für das Bauwesen, für die Renovierungen, für das Diözesanmuseum und das Kulturzentrum bei den Minoriten.

Rektor Josef Fink (1941–1999)[337] führt durch die „Jesus-Bilder-Schau"
im Kulturzentrum bei den Minoriten, 1981.

Rückblickend schwärmt Städtler von diesem kostbaren Miteinander zwischen Bischof und Generalvikar in der Leitung der Diözese.

Die Zusammenarbeit mit Bischof Weber war einfach großartig. Wir kannten uns seit Ende des Weltkrieges. Als Bischof hat er gesagt: „Du, sag mir immer die Wahrheit, du weißt ja als

Generalvikar Städtler und Bischof Weber, o. J.

Generalvikar mehr als ich. Dort, wo ich hinkomme, dort spricht der Bürgermeister, dort kriege ich einen Blumenstrauß, da spielt großartig die Blasmusik, aber von den wirklichen Problemen höre ich dort gar nichts. Die hast ja alle du. Bitte sage mir immer die Wahrheit. Das Zweite: Du bist verantwortlich für das Personal: Ich werde dir nie dreinreden. Das hat er auch gehalten. Wenn er einen als Pfarrer da oder dort haben wollte, meinte er: „Da kannst du dir das überlegen, mir kommt vor, der würde gut dorthin passen.“ Das war alles. Und er hat jede Personalentscheidung angenommen. Das war wirklich großartig.*

Diözesanbischof Weber habe das Charisma besessen, Schwieriges unkompliziert anzusprechen und stets positiv zu denken. Wöchentlich trafen sich die beiden kirchlichen Entscheidungsträger am Dienstagmorgen zur Besprechung.

Bischof Weber hatte eine unglaubliche Gabe, über schwierige Sachen zu reden und nüchtern den Kern des Problems darzulegen. Jeden Dienstag um acht Uhr haben wir uns getroffen, völlig offen wurde über alles gesprochen, Positives wie auch Negatives. Nie ließ er sich durch negative Dinge erschüttern. Bei schwierigen Sachen meinte er oft: „Du, da müssen wir noch zwei-, dreimal anfangen." Geschätzt habe ich, wie er das Ordinariat verstanden hat: „Wir alle im Haus sind für die Menschen draußen da und nicht für uns selbst. Wenn wer von draußen kommt, ob Priester, Laie oder Pastoralassistent, das ist egal, für den müssen wir Zeit haben, der ist wichtiger als eine interne Besprechung." Das hat er selbst, wenn es nur irgendwie ging, eingehalten. Natürlich hatten wir manches Mal auch verschiedene Meinungen, das war aber überhaupt kein Problem.

Die Arbeit miteinander, die Zusammenarbeit war großartig. Ich glaube, es haben auch alle gespürt, die zwei sind eine Einheit. Für die Außenwelt ist es ganz wichtig, zu merken und zu sehen, Bischof und Generalvikar sind eine Einheit.

Feier des 20-jährigen Bischofsjubiläums von Bischof Weber, 1989.
V. l. n. r.: Generalvikar Städtler, Betriebsratsobmann Josef Fantic[338],
Ordinariatskanzler Reinisch, Bischof Weber.

Als Generalvikar war Städtler die erste Ansprechperson für die Priester und Laien der Diözese, bevor Anliegen und Probleme zum Diözesanbischof gelangten.

Priester und Laienmitarbeiter haben immer versucht, wenn es Probleme gab, diese auf der Ebene des Generalvikars zu lösen. Zum Bischof als dem obersten Chef wollte niemand mit seinen Beschwerden oder Problemen. Schließlich ist der Generalvikar ja da, um den Bischof von solchen Dingen freizuhalten. Vieles ist mir da recht gut gelungen. Nach zehn, zwölf Jahren als Generalvikar sagte ich einmal: „Du, ich glaube, ich habe jetzt alles erlebt, was man da erleben kann." „Täusche dich nicht", hat der Bischof dann gesagt.

Viele neue Anregungen gingen von Bischof Weber aus. Vor allem wenn dieser auf Sommerurlaub war, sich erholte und Kraft tankte, kam er stets mit Ideen zurück, sodass die Mitarbeiter bereits voller Spannung darauf warteten:

Wenn Bischof Weber von seinem Sommerurlaub zurückgekommen ist, wurde schon gerätselt, mit welchen Ideen er denn heimkommt. Im Sommerurlaub an der Adria ist er zuerst ein bisschen da irgendwo herumgeschwommen, dann hatte er viel Zeit, über alles Mögliche nachzudenken. Er ist immer mit einer Idee dahergekommen, und das Erste von uns war die Frage: „Na, Herr Bischof, was gibt es denn bei uns Neues im nächsten Jahr?" Da hat er zu erzählen begonnen, und dann haben meistens Dr. Thomann [Herbert Thomann (1932–2011)][339] *und ich gleich gesagt: „Du, das kannst du vergessen, so geht das sicher nicht." Das hat er angenommen, das war für ihn kein Problem. Aber er ist immer mit Ideen gekommen, von denen dann doch das eine oder andere in die Pastoral einfloss.*

An der Seite von Städtler stand als Referent des Generalvikars seit 1977 Herbert Thomann. Dieser übte seit 1967 über vier Jahrzehnte die Funktion des Diözesanvisitators aus (bis 2007). Dessen Aufgabe war es, die Visitation einer Pfarre durch den Bischof vorzubereiten, indem er Befragungen beim Pfarrer, Bürgermeister, Pfarrgemeinderat und bei der Pfarrbevölkerung durchführte. Thomann verfasste stets einen differenzierten, sachlichen Bericht. Er war als Ordinariatssekretär zunächst Kanzler Johann Reinisch zugeordnet, hatte mit diesem jedoch ein weniger gutes Einvernehmen.

Da beide, Städtler und Thomann, die Diözese bestens kannten, sahen sie es als ihre selbstverständliche Aufgabe, den Diözesanbischof aus Querelen und kleineren Streitigkeiten herauszuhalten, und versuchten, diese bereits im Vorfeld beizulegen.

Bei unguten Auseinandersetzungen hat Bischof Weber einen von uns ins „Feuer" geschickt. Wir beide wussten, wir müssen alles tun, dass der Bischof nicht in Streitereien oder in problembehaftete Aktionen hineingezogen wird. Davor muss er unter allen Umständen bewahrt werden, das hatten wir zu lösen und in der Öffentlichkeit beinhart für ihn einzutreten. Auch wenn wir beide manchmal anderer Meinung waren, war das weder für den Bischof noch für uns ein Problem.

Postkonziliare Differenzen

Spaltungen innerhalb der Diözese

Bereits am Beginn seiner Amtszeit im Jahr 1969 wurde der damals erst 42-jährige Bischof Weber mit Spaltungen innerhalb der Diözese vor und unmittelbar nach dem überraschenden Rücktritt von Diözesanbischof Schoiswohl konfrontiert. Den neuen Diözesanbischof bewegte die unerwartete Resignation seines Vorgängers sehr, zumal er seit 1966 frei gewählter geschäftsführender Vorsitzender des von Schoiswohl errichteten Priesterrates war. Des Weiteren bedrückte ihn, dass eine stattliche Anzahl von Klerikern das Priesteramt, verbunden mit der Verpflichtung zum Zölibat, infrage stellte oder dieses aufgab.

Weber hat ja die Spaltungen hautnah erlebt, als er als junger Bischof in eine solche Situation hineinkam. Positiv war da gar nichts, als er Bischof wurde. Öffentlich wurde gestritten, Laien haben sich nicht verstanden, Priester haben sich nicht verstanden, seit Jahren hat es keine Pastoralkonferenzen in einzelnen Dekanaten mehr gegeben. In eine solche Situation kam er hinein. Dann war da die ganze Geschichte mit dem Bischof Schoiswohl, der zurückgetreten ist, was kein Mensch erwartet hatte, und den wir jungen Pfarrer sehr geschätzt haben. Wir waren dem Bischof Schoiswohl sehr nahe, weil er mit uns immer über die Seelsorge sprach. In diese Situation kommt der junge Bischof Weber hinein, und darum war es am Anfang sicher nicht einfach für ihn. Die Amtsniederlegungen vieler Priester haben ihn die ganze Zeit schwer bedrückt. Immer war die Frage da: War ich auch irgendwie schuld? Diese Frage hat mich auch beschäftigt. Jetzt war ich in einer hohen Position, und jetzt gehen Priester weg. Ich war für diese Priester mitverantwortlich.

Mit Weihbischof Dr. Wagner [Alois Wagner (1924–2002)][340] von Linz war ich 1975 bei der Schlusssitzung der Ostdeutschen Pastoralsynode in Dresden [1973–1975]. Dort habe ich den Berliner Kardinal Bengsch [Alfred Bengsch (1921–1979)][341] getroffen und über die Schuldfrage bei amtsniederlegenden Priestern gesprochen. Er räumte jede Mitschuld aus: „Nein, Schuld hast weder du oder der Bischof, das ist eine Gewissentscheidung des einzelnen, die musst du annehmen, damit musst du leben.“

Nach dem Zweiten Vatikanischen Konzil formierte sich die „Solidaritätsgemeinschaft engagierter Christen Österreichs" (SOG), die sich der Umsetzung der Konzilsreformen annahm. Später sammelten sich darin laisierte Priester und jene Priester, welche die Aufhebung des Zölibats forderten. Sie verstanden sich als Vertreter der Konzilsideen und -anliegen. Seit Oktober 1970 trat der SOG die Gruppierung „Österreichs Priester sammeln sich" (ÖPS) entgegen, die sich in der Diözese als „Steirische Katholiken sammeln sich" (STEIKS) bezeichnete und als Vertreter der Tradition und Gegner vieler Neuerungen sah.

Es hat dann recht bald diese Gruppierung „SOG" gegeben, das waren hauptsächlich jüngere Priester. Da waren sehr rasch auch fast alle dabei, die dann das Priesteramt verlassen haben. Das waren in den zehn Jahren, vom Konzilsbeginn bis 1973, glaube ich 28 Weltpriester. Die SOG hat darauf gepocht, dass das, was am Konzil gesagt worden ist, verwirklicht werden muss. Boshaft wurde diese SOG-Gemeinschaft „sexuell engagierte Geistliche" genannt. Natürlich hat es gleich darauf auch den Gegenpol gegeben, die ÖPS, bei uns in der Steiermark die STEIKS. Zur ÖPS wurde „öltere [Anm. d. Verf.: *ältere*] *Priester sumpern" gesagt.*

Die Fraktionierungen überschatteten stark die Sitzungen des Priesterrats, und alle Bemühungen von Bischof Weber, Frieden und Versöhnung unter den Mitgliedern zu stiften, scheiterten.

Im Priesterrat waren die Auseinandersetzungen schrecklich. Fast vor jedem Mitglied musste ein Mikrophon stehen, damit ja jeder Beistrich sozusagen auch gehört worden ist. Da ist nur gestritten worden. Bischof Weber war bald überzeugt, sich im Priesterrat über Pastoral, Sorgen und Anliegen der Diözese auszutauschen, ist unmöglich und hat keinen Sinn. So wurde dann die Dechantenkonferenz das starke Gremium der Priester in der Diözese. Das offene und ruhige Gesprächsklima mit den in der Pastoral und Basisarbeit erfahrenen Dechanten war wohltuend.

Die STEIKS war in ihren Ausdrücken oft brutal, manche völlig falschen, unwahrhaftigen Anschuldigungen gerichtsreif. Bestens vorbereitet bei allen Sitzungen waren immer die SOG-Kapläne. Wortstark vertraten sie ihre Meinungen, gefallen ließen sie sich nichts, wie halt junge Menschen sind, oft frech und provozierend. Wenn sie etwas nobler gewesen wären, hätten sie sicher mehr Aufmerksamkeit bekommen. Die Protokolle hatten neunzig bis hundert Seiten, die aber kein Mensch gelesen hat. Eine köstliche Episode gab es nach einer Priesterratswahl: Die Gewählten konnten sich auf keinen Protokollführer einigen. Jeder Vorgeschlagene wurde abgelehnt, weil er für die einen zu nahe bei der ÖPS war, und für die anderen, weil er als SOGler galt. Man einigte sich auf Gidi Leipold [Ägidius Leipold], *der nicht einmal Mitglied des Priesterrates war. Und der Gidi, wie er halt war, hat beim Protokoll seine Bemerkungen dazugeschrieben. Ich glaube, es hat fast zwei Jahre gedauert, bis einer draufgekommen ist. Es waren wirklich schlimme Zeiten, wie es im Priesterrat zugegangen ist. Beide Seiten gaben regelmäßig Nachrichtenblätter heraus, die voll waren von Unwahrheiten und Verunglimpfungen.*

Nicht nur in Gremien, sondern selbst in einzelnen Pfarren machte sich dieser Dissens bemerkbar:

Die Spaltung war auch in der praktischen Seelsorge spürbar, weil nahezu alle Priester einer Gruppe zugerechnet wurden: Der ist ein SOGler, der ist ein ÖPSler. Auch mir wurde öffentlich vorgeworfen, ich sei Mitglied der SOG, wogegen ich mich lautstark wehren musste, wie auch gar nicht wenige andere, denen es genauso ergangen ist.

Als positive, fruchtbare Seite jener herausfordernden Situation nennt Städtler die Tatsache, dass sich die Priester in jenen Jahren intensiv mit Texten des Zweiten Vatikanischen Konzils auseinandergesetzt haben, vor allem mit der Pastoralkonstitution *Gaudium et spes*, aber auch mit anderen Konzilsdokumenten.

Viele Kapläne haben ununterbrochen gefordert, Konzilsdokumente zu studieren. Ein typisches Beispiel war die bahnbrechende Erklärung „Nostra Aetate". Viele, vor allem ältere Pfarrer interessierte dieses Dekret nicht. Auch die Nachkriegsgeneration hatte in der theologischen Ausbildung von Religionsfreiheit, von Ökumene und ihrer praktischen Verwirklichung kein Wort gehört. Das Wort „Dialog" war bis zum Konzil im kirchlichen Leben unbekannt. Das war sicher eine sehr positive Entwicklung.

„Die Krise liegt bei den Priestern"

Anlässlich einer Umfrage der „Kleinen Zeitung" vom März 1970 über die zunehmenden Polarisierungen innerhalb der Kirche Österreichs bezog Leopold Städtler, damals Pfarrer in Judenburg-St. Magdalena, klar Stellung zu einem seiner Meinung nach zu hinterfragenden Priesterbild dieser Zeit. Die Zeitumstände hätten, so Städtler, „eine große Funktionsunsicherheit des Priesters" bewirkt. Im binnenkirchlichen Raum habe „der Priester brüderlichen Dienst am Glauben seiner Gemeinde zu leisten", gegenüber der Welt draußen sei „der Dienst der Solidarität" zu üben. Als Beispiel führt der von der KAJ geprägte Stadtpfarrer Städtler die französischen Arbeiterpriester an, die mutig genug waren, „um des Evangeliums und der Echtheit ihres Lebens willen, den Exodus aus dem etablierten Christentum zu wagen, indem sie versuchten, die Welt mit ihrer ganzen Problematik ernstzunehmen". Wenn es um pastorale Bemühungen gehe, führen Fragen wie „Was schaut dabei heraus?" – „Was hat das für einen Sinn?" – „Zahlt sich da ein Einsatz überhaupt aus?" nicht zum Ziel. Denn, so ist er überzeugt, „fruchtlose Diskussionen und hochtheologische Erörterungen werden die Gegensätze in der Kirche [nicht] abbauen, sondern einfach ungeteilte Liebe zur ‚Kirche der Sünder' und persönliches Glaubenszeugnis, das sich im ‚Tun' offenbaren muß". Städtler stellt die Frage, ob „Strukturänderungen, Autoritätsfragen, Zölibatsprobleme, Demokratisierungsbestrebungen" oft nur als Vorwand ins Rennen geführt werden, „um das ‚Kreuz' zu negieren, das mit der Jüngerschaft Christi, mit dem Engagement in der Kirche" verbunden ist. Seiner Meinung nach liege die gegenwärtige Krise „bei den Priestern und nicht beim Volk". [342]

Amtsniederlegungen von Priestern

Dass die Diözese Graz-Seckau zu den Spitzenreitern unter den deutschsprachigen Bistümern zählte, welche eine hohe Anzahl an Amtsniederlegungen zu verzeichnen hatten, bewegte und belastete Bischof Weber am Beginn seiner Amtszeit schwer: „Das waren schwierige Zeiten. Der Bischof ist schon immer ganz schwach geworden, wenn das Telefon geläutet hat und ein Kaplan dran war", erinnert sich Städtler. Er hebt anerkennend hervor, dass Bischof Weber, „als er seine Pensionszeit angefangen hat, als Erstes alle laisierten Priester besucht hat. Er sagte: ‚Das mache ich als Erstes.' Nein, ihn haben alle anerkannt, also, da hat es nichts gegeben." Er sieht in den Amtsniederlegungen „sicher einen gewaltigen Verlust" für die steirische Kirche. „Ich glaube schon, dass die steirische Kirche durch diese vielen Amtsniederlegungen geschwächt worden ist. Wir haben sehr gute Leute verloren. Für uns war das sicher ein ganz gewaltiger Schaden, keine Frage." Im Zuge einer Amtsniederlegung war eine bestimmte Vorgangsweise vorgesehen:

Jeder hat mit dem Bischof reden müssen, das war ganz klar. Zuständig für das Amtliche war Dr. Thomann. Aber mit dem Generalvikar konnte auch jeder reden. Sicher mit der Hälfte, wenn nicht mit ein bisschen mehr, habe ich gesprochen.

Bei der Schlusssitzung der Pastoralsynode in Dresden habe ich den Berliner Kardinal Bengsch gefragt – Berlin hat auch viele Amtsniederlegungen gehabt –, wie er in dieser Sache vorgeht. Da hat er zu mir gesagt: „Lehne zuerst überhaupt einmal ab, und gib ihm ein Jahr oder zwei Jahre. Er soll sich das überlegen, ob es ihm wirklich ernst ist. Sag dem: Nach einem Jahr reden wir noch einmal. Und wenn er dann bei seiner Sache bleibt, musst du ihn freigeben, da kannst du tun, was du willst." Und so habe ich auch gehandelt. Ich habe mit jedem versucht zu verhandeln: „Du, überlege dir das ein Jahr." Für manche war das zu viel, dann sind wir halt auf ein halbes Jahr zurückgegangen, aber ein Großteil hat das angenommen.

Häufig gab es Probleme mit dem Amtsverkehr mit Rom, den Thomann durchzuführen hatte. Einigen ging das zu langsam. Vielleicht hätte es wirklich schneller sein können. Wenn einer die Entscheidung zur Amtsniederlegung getroffen hat, sollte das Gesuch um die Laisierung rasch erledigt werden. Fast allgemein war die Gesinnung: „Ich habe ein Recht auf mein Leben, wenn ich weggehen will, lasse ich mir das von niemandem ablehnen."

Vom Bischof verlangten alle, dass sie eine Arbeit bekommen. Mehrere sagten: „Wir möchten ‚normale' Lehrer werden" – aber sie konnten die Ausbildung nicht bezahlen. Mit finanzieller Unterstützung erlernten sie ihren neuen Beruf, sonst wären sie vor dem Nichts gestanden. Nur einen einzigen habe ich erlebt, der sagte: Ich werde den Bischof bitten und ihm schreiben: „Wenn er mich brauchen kann, ganz gleich wo, ich würde gerne für ihn arbeiten."

Im Jahr 1973 gab es unter den Religionslehrerinnen und Religionslehrern einen nicht unbeträchtlichen Anteil von laisierten Priestern.[343] Laien und auch viele Priester hatten das Gefühl, das Konzil hätte zum Thema Zölibat Stellung nehmen müssen. Jedoch verbat sich Papst Paul VI., der das Konzil nach dem Tod von Johannes XXIII. weiterführte, eine Konzilsdiskussion über den Zölibat.

Gehofft haben das schon sehr viele. Manche junge Priester meinten: „Wenn die in Rom das entscheiden, dann ist das so. Wir hätten gar nichts dagegen gehabt." Also, den Zölibat zu lösen, das müssen die unten in Rom entscheiden, dafür sind sie ja letztlich da.

Der Steirische Katholikentag 1981
als sichtbares Zeichen überwundener Krisenjahre

Festgottesdienst mit Bischof Weber zum VI. Steirischen Katholikentag
im Grazer Stadtpark, 28. Juni 1981.

Ins Gedächtnis vieler Katholikinnen und Katholiken hat sich der VI. Steirische Katholikentag 1981 eingeschrieben. Mit diesem kirchlichen Großereignis, veranstaltet vom 26. bis
28. Juni 1981 in Graz, sei es gelungen, so Städtler, die Spaltungen in der Diözese zu überwinden. Den Höhepunkt bildete der Festgottesdienst mit Bischof Weber. Diesen feierten
80.000 (!) Menschen im Areal des Grazer Burggrabens bzw. im Bereich der Passamts-
wiese (heute „Platz der Versöhnung") mit. Dort erinnert das von Jörg Mayr (1938–1999)[344]
gestaltete Katholikentagskreuz an diese Großveranstaltung. Der Katholikentag mit seinem
Motto „Fest der Brüderlichkeit" signalisierte die kirchliche Aufbruchsstimmung in der
Steiermark, wurde zu einem Grundpfeiler für ein neues Miteinander in der Diözese und
eine geschwisterliche Kirche. Erstmalig war im Rahmen eines solchen Großereignisses
auch eine ökumenische Vesper gefeiert worden. Das „Gespräch über den Zaun" galt als
Leitwort und Aufforderung, um die Begegnung mit den anderen – jenen, die sich von
der Kirche abgewendet hatten, mit den anderen Konfessionen und mit den politischen
Parteien – zu suchen. Der Katholikentag, für den Josef Wilhelm[345] als Generalsekretär

mitverantwortlich zeichnete, wurde von den Pfarren, den Dekanaten, den Ordensgemein-schaften und vielen Gruppen mitgetragen und sollte als Adressaten alle Menschen des Landes im Blick haben. Die katholische Kirche in der Steiermark präsentierte sich als eine offene und fröhliche; in den großen Innenhöfen und auf den Plätzen der steirischen Landeshauptstadt, in Kirchen und Museen wurde das Gespräch gesucht, wurde disku-tiert, gefeiert, gesungen, wie bei einem Stadtfest getanzt, wobei sich auch Tanzgruppen aus Südtalien, Kroatien, Polen, Irland und Korea beteiligten. Spezielle Veranstaltungen für Kinder, Jugendliche, Familien und Senioren bereicherten das vielfältige Rahmenpro-gramm des dreitägigen Katholikentags, an dem auch Bundespräsident Rudolf Kirchschlä-ger (1915–2000)[346] und Dieter Knall (1930–2019)[347] als Superintendent der evangelischen Kirche teilnahmen. Bischof Weber wollte beim Katholikentag auch zwei bedeutende Bischöfe der Weltkirche dabei haben, einen aus Lateinamerika und einen aus den dama-ligen Ostblockstaaten. So konnte er Bischof José Ivo Lorscheiter (1927–2007)[348], damals Vorsitzender der Brasilianischen Bischofskonferenz und einer der bedeutendsten Kritiker des dortigen Militärregimes, in Graz willkommen heißen. Der Erzbischof von Prag, František Tomášek (1899–1992)[349], ein entschiedener Gegner des Kommunismus und mit großer ökumenischer Gesinnung, bekam von der Regierung keine Ausreisegenehmigung.

Bischof Weber wollte den Erzbischof von Prag einladen. Papst Johannes Paul II. [1920–2005, Papst von 1978 bis 2005] hielt 1980 bei seinem Deutschlandbesuch auch in München einen Gottesdienst. Bischof Weber erfuhr, dass der Generalvikar von Prag dort sei. Er schickte mich nach München, um mit ihm zu sprechen, wie das am besten gehen könne. Da ich den Münchner Generalvikar Gruber[350] gut kannte, fragte ich ihn telefonisch: „Ist auch der Prager Generalvikar bei euch?“ Gruber: „Ja.“ Ich: „Kann man mit dem reden?“ Gruber: „Das ist kein Problem.“ Rasch fuhr ich nach München, traf in kurzer Zeit den Prager Generalvikar und sprach mit ihm über das Anliegen des Bischofs. Er lehnte alles ab: „Das geht nicht, geht nicht.“ Später, als ich persönlich bei Kardinal Tomášek war, erklärte er mir: „Mein Generalvikar war ein Friedenspriester[351], der mir zugeteilt wurde.“ Zwischen dem Veitsdom und der Mauer an der Böschung sind wir hin und her gegangen, weil man im Bischofshaus wegen der Wanzen nirgends offen reden konnte.

378 Kerzen aus fast allen Pfarren der Steiermark symbolisierten die Buntheit und Vielfältig-keit, aber auch die Einheit und Zusammengehörigkeit in der Diözese. Das vom Grazer Bild-hauer Erwin Huber (1929–2006)[352] modellierte Bronzekruzifix, das auf dem Katholikentag ausgeteilt wurde und auch nach dem Katholikentag erworben werden konnte, war eines der bleibenden Zeichen. Diese – wiederum spontane – Idee zum Katholikentag hatte Bischof Weber in seinem Sommerurlaub 1977 bei den Benediktinerinnen in Steinerkirchen geboren und war Teil des von ihm deklarierten „Jahrzehnts des Evangeliums“.

Der wirkliche Hintergrund des Katholikentags war die Überwindung aller Spaltungen in der Diözese. Das haben wir nie laut gesagt. Bischof Weber hat gemeint: „Wir müssen etwas machen, dass die Menschen – in allen Pfarren gibt's gute Menschen – sehen, wir alle sind die Diözese Graz-Seckau, wir alle sind glaubende Menschen und gehören zusammen." Eine Aufbruchsstimmung sondergleichen war da und überall zu spüren. Schon im Ordinariat war das zu merken, alle Mitarbeiterinnen und Mitarbeiter haben viel Freizeit geopfert und sich ungeheuer eingesetzt. Kein Mensch hat da eine Doppelstunde geschrieben. Genauso war es auch in den Pfarren. Allgemein war der Eindruck da: „Jetzt sind die schwierigen Jahre hinter uns, alles, was wir mit den Amtsniederlegungen, den Streitereien in den Gruppierungen, den Unsicherheiten, wie es überhaupt weitergehen wird, erlebt haben, ist vorbei." Eine unglaubliche Begeisterung erfüllte uns alle.

Der Steirische Katholikentag 1981 mobilisierte zahlreiche Steirerinnen und Steirer und schuf ein Gefühl der Zusammengehörigkeit: auf Pfarr-, Dekanats- und Diözesanebene. Es war Begeisterung zu spüren, die ansteckend wirkte.

Der Steirische Katholikentag 1981, das war ein Volltreffer auf allen Linien, schon die Vorbereitungen dafür: das Jahr der Pfarre, das Jahr des Dekanats, dann das Jahr der Diözese mit dem Katholikentag. Bei den Vorbesprechungen, die es gegeben hat, hat man gespürt und gemerkt, dass die steirische Kirche offen und hilfsbereit sein will für alles, was das menschliche Leben betrifft, weit über unseren innerkirchlichen Raum hinaus. Durch die Einladung großer Menschen der damaligen Zeit lernten wir uns als Weltkirche zu verstehen. Ich denke an den brasilianischen Bischof Lorscheiter, den ich vom Flughafen abholen musste, oder an Mairead Corrigan[353], die Nobelpreisträgerin aus Nordirland, an die Kontakte mit dem Bischof von Stockholm [Hubertus Brandenburg (1923–2009)][354], der ein Deutscher war. Da sind ganz bewusst Leute eingeladen worden, die damals in völlig anderen Situationen Kirche leiteten, Kirche lebten. Wir konnten von ihnen viel lernen.

Es war unheimlich großartig, diese unterschiedlichen Leute von den unterschiedlichsten Gegenden mit den unterschiedlichsten Situationen zu treffen. Der Steirische Katholikentag war so etwas wie der große Schlusspunkt von all dem, was hinter uns war: die Priesteraustritte, die Priestergruppierungen, diese mühsamen Auseinandersetzungen im Priesterrat und so weiter. Da war einfach das Gefühl da: Das ist jetzt alles vorbei, und da erleben wir Weltkirche im großen Rahmen. Das war nicht nur für mich, sondern für alle Leute zutiefst beeindruckend.

Ich glaube, der Steirische Katholikentag hat für den persönlichen Glauben viel gebracht, weil da alle gespürt und gemerkt haben: Wir sind nicht allein. Wir sind ein kleiner Haufen bei uns daheim in der Pfarre, aber es gibt so viele Menschen im ganzen Land, die gleich denken wie wir, die gleich mitarbeiten wie wir, die bereit sind, da mitzutun. Obwohl man sich gar nicht gekannt hatte, spürte man ein Miteinander und eine Begeisterung, das war großartig. Damals waren die Priester einfach begeistert.

Generalvikar Städtler und Bischof Joseph Chang (1912–1990)[355]
aus der Partnerdiözese Masan auf dem Steirischen Katholikentag, 1981.

Begegnung mit der Nobelpreisträgerin Mairead Corrigan
auf dem Steirischen Katholikentag, 1981.

Neue Gremien der Mitbestimmung

Im vielgliedrigen System der Räte – eine Frucht der ekklesiologischen Sicht des Konzils auf die Laien – kommen ihnen insgesamt verstärkt Formen der Mitwirkung zu. Die Gremien der Beratung und Mitverantwortung, insbesondere im pastoralen Bereich, eröffneten den Laien neue Möglichkeiten, ihre spezifischen Charismen zur Entfaltung zu bringen.

Diözesanrat

Im Sinne der Ausführungen der Konzilsbeschlüsse installierte Bischof Weber bald nach Beginn seiner Amtszeit den Diözesanrat, der laut Statut „die Katholiken der Steiermark repräsentativ vertritt, den Bischof bei der Leitung der Diözese mitverantwortlich unterstützt und in pastoralen Angelegenheiten berät".[356] Angesichts der drängenden Herausforderungen sah Bischof Weber in diesem Forum, das sich aus gewählten als auch aus vom Bischof berufenen und entsandten Mitgliedern zusammensetzt, das geeignete Instrument, um das kirchliche Leben auf allen Ebenen anzuregen und notwendige strukturelle Reformen voranzubringen. Der Diözesanrat trat erstmals am 17./18. Oktober 1970 im Bildungshaus Graz-Mariatrost zusammen; zu dessen erstem geschäftsführenden Vorsitzenden wurde Emmerich Trummer gewählt.

Leopold Städtler fasst die dem Diözesanrat zugedachten Aufgaben mit den Worten zusammen, „das Leben der sogenannten ‚Basis' mit allen Sorgen, Nöten und Anliegen in Offenheit der Diözesanleitung nahezubringen" sowie „Sprachrohr der Katholiken zu sein" und „Stellung zu nehmen zu gesellschaftspolitischen Problemen und Ereignissen".[357] Er selbst war in sieben Funktionsperioden Mitglied des Diözesanrats. In der ersten Funktionsperiode (1970–1974) als „Vertreter der Pastoral", in der zweiten (1974–1979) zunächst als vom Bischof ernanntes Mitglied, dann als Generalvikar Mitglied von Amts wegen und als solcher in allen weiteren Funktionsperioden bis zu seiner Pensionierung im Jahr 1997. Prälat Städtler selbst hat markante Erinnerungen an den Diözesanrat und sein eigenes Mitwirken in diesem Gremium.

Der Diözesanrat ist an sich gut gelaufen. Die erste Sitzung war ja spannend. Da hat es Delegierte gegeben, die zu allen Tagesordnungspunkten geredet haben. Ich kann mich noch gut erinnern, dass Delegierte gesagt haben: „Manche sind so gescheit, die reden zu allen Punkten. Da traue ich mich gar nichts mehr zu sagen." Ich habe sie ermutigt: „Ja, macht euren Mund auf, ihr werdet schon draufkommen." In der zweiten, dritten Sitzung haben diese Delegierten dann schon geredet. Studentenvertreter haben immer zu allen Punkten gesprochen. Das ist halt so. Franz Küberl[358] war auch einer, der zu allen Punkten geredet hat. Er hat gescheiter gesprochen als so mancher Studentenvertreter, weil er immer Kontakte zur Wirklichkeit des Lebens hatte. Küberl hat sich als Jugendchef an der Basis gut ausgekannt. Bischof Weber und der geschäftsführende Vorsitzende Trummer haben die Delegierten sehr unterstützt. Viele haben sich zuerst einfach nicht getraut. Beim ersten Diözesanrat war es ganz schlimm, als plötzlich herumgesprochen wurde, dass Emmerich Trummer der „Laienbischof" sei. Um Gottes willen, ein Unsinn sondergleichen. Trummer war selber ganz fertig, wie er das gehört hat. Also, es hat sicher Leute gegeben, die gegen den Diözesanrat waren.

Von Anfang an hätte Bischof Weber die Absicht gehabt, „eine ständige Synode einzurichten, die mich berät, die ich auch befrage", und den Diözesanrat als Beratungsgremium des Bischofs gesehen, das auch auf diözesane Entscheidungsfindungsprozesse Einfluss nahm.

Dadurch haben sich ganz automatisch Entscheidungsrechte ergeben. Aber das war eben der Bischof Weber, bei dem war das möglich. Zum Beispiel die Einführung des Ständigen Diakonats: Wenn der Diözesanrat Nein gesagt hätte, wäre es halt Nein gewesen. Aber in den Dokumenten ist immer nur von Beratung gesprochen worden. Dass es ein Beschlussgremium ist, steht, glaube ich, nirgends, aber Bischof Weber hat das anders gehandhabt.

Städtler hebt den geschäftsführenden Vorsitzenden der zweiten Diözesanratsperiode (1974–1979) lobend für dessen Talent des Zuspruchs und der Kommunikationsfähigkeit hervor: „Der Vinzenz Absenger (1920–2008)[359], der war sehr gut, hat wahnsinnig gut mit den Delegierten reden können. Er hatte die Gabe zu ermutigen: ,Sagt's, wie es bei euch ausschaut, wie es euch wirklich geht.'" Der Diözesanrat diente dazu, wichtige Themen und Probleme in der Diözese zu besprechen. Am Rande der Sitzungen kam es auch zum informellen Austausch, der nicht minder von Bedeutung war.

Ich habe den Diözesanrat nie als ein Gremium gesehen, bei dem man eineinhalb Tage umsonst herumsitzt. Ich war froh, dass ich mit den Delegierten reden konnte, wenn es irgendwo in einem Dekanat Probleme gegeben hat oder wenn irgendetwas war, von dem man gewusst hat, hoppla, das ist nicht ganz einfach. Da haben wir uns in ein Eck hineingesetzt, darüber geredet. Und ich habe auch alle Diözesanräte gekannt.

Prälat Städtler verweist auf die Bedeutung des Diözesanrats, der den Katholikinnen und Katholiken in der Steiermark ebenso eine Stimme in der Öffentlichkeit gegeben habe, die auch für Bischof Webers Wirken immens wichtig war:

Auf der anderen Seite hat er den Diözesanrat, also die Delegierten der einzelnen Dekanate, auch in der Öffentlichkeit gebraucht. Der Diözesanrat hat auf einmal auch etwas sagen können, das Gremium von Priestern und Laien hat also etwas sagen können. Das wollte der Bischof so, dass nicht er ständig in der Öffentlichkeit etwas sagen muss.

Was Städtler in den Diözesanrat im Laufe der Jahre einbrachte, erwähnte bei dessen Verabschiedung in der Sitzung vom 6. Juni 1997 die Grazer Gymnasialprofessorin Ingrid Dielacher (1941–2012)[360], die in der Geschichte des Diözesanrates die erste geschäftsführende Vorsitzende (1993–1998) war, mit folgenden Worten der Wertschätzung:

Leise, bescheiden, ausgestattet mit höchster Kompetenz und Trittsicherheit in schwierigem Gelände, sind Sie uns hier im Diözesanrat vorangegangen. Mit großer Bestimmtheit, sehr nüchtern formuliert, doch gefühlvoll empfunden, haben Sie durch Ihre Wortmeldungen im Diözesanrat Dinge, die verwirrt waren, gerade gerichtet und uns den Weg gewiesen. […] Der Dialog mit Laien, egal, ob kirchenfern oder kirchennah, auf allen Ebenen hat Sie zum wichtigsten Brückenbauer zwischen Kirche und Gesellschaft in unserer Diözese gemacht.[361]

Betrachtungen von Generalvikar Leopold Städtler zum Thema „Warum Priester?" vor dem Diözesanrat, 1997.
V. l. n. r.: Leopold Städtler, Kurt Zisler[362], Ingrid Dielacher, Bischof Johann Weber, Karl Haas[363].

Dekanatsrat

Der Dekanatsrat wurde im Jahr 1975 von Bischof Weber errichtet. Das Rahmenstatut umschreibt die Aufgabe des Dekanatsrats als „Mitgestalter des kirchlichen Lebens im Dekanat" und betont dessen Funktion als „Bindeglied zwischen den Pfarrgemeinderäten des Dekanates und dem Diözesanrat" und „ist im Zusammenwirken mit dem Pastoralteam für die pastorale Planung und deren Durchführung verantwortlich".[364] Dieser setzte sich aus dem Dechant, dem Dechantenstellvertreter, dem Leiter und dem Sekretär des Pastoralteams, den Delegierten des Dekanatsrats zum Diözesanrat und den Vertretern des Priesterrats, je einem Vertreter der Pfarrgemeinderäte im Dekanat, einem Vertreter der Religionslehrer, aus insgesamt drei bis sechs Vertretern, die aus der Katholischen Aktion und Gruppierungen außerhalb der Katholischen Aktion kamen, sowie aus bis zu drei kooptierten Mitgliedern zusammen.

Den Diözesanrat wollte der Bischof unbedingt als Vertretung der Gesamtdiözese in der Öffentlichkeit haben, und den Dekanatsrat hat eigentlich niemand haben wollen. Daniel Kern [1919–2003][365], der Schulreferent, der hat ihn gebraucht. Die Dechantenkonferenz war gegen den Dekanatsrat. Wir hatten ja eh die Dekanatskonferenz, zu denen wir zwei Mal im Jahr die Vorsitzenden der Pfarrgemeinderäte einladen wollten. Das wäre zehnmal gescheiter gewesen. Aber Daniel Kern hat das beinhart durchgedrückt. Gar so gut ist es mit dem Dekanatsrat nie gegangen. Vorsitzende der Pfarrgemeinderäte haben gemeint: „Ich bin zweimal im Jahr in der Dekanatskonferenz dabei. Dort sprechen wir ab, was wir machen, und da höre ich auch von den Priestern Schwerpunkte unseres Dekanates oder was wir gerne möchten und wie wir das zusammenbringen. Das haben wir dann im Pfarrgemeinderat besprochen." Ich glaube, das wäre gescheiter gewesen. Aber gut, dann haben wir ihn halt gehabt und weitergeführt, einmal ein bisschen besser und einmal ein bisschen schlechter.

Als Generalvikar kritisierte Städtler später im Diözesanrat „die geringe Zusammenarbeit von Diözesanrat und Dekanatsrat" sowie die „undurchführbaren Beschlüsse, die seiner Meinung nach aufgrund zu geringer Rücksprache mit den einzelnen Stellen und Ämtern im Ordinariat zustande kämen". Daher ersuchte er den künftigen Diözesanrat um Rücksprache mit dem Ordinariat.[366]

Pfarrgemeinderäte

Das beratende Gremium auf der Ebene der Pfarren sind die Pfarrgemeinderäte. Diese tragen Mitverantwortung für das Leben und die Entwicklung einer Pfarre. Frauen und

Männer gestalten zusammen mit dem Pfarrer Kirche vor Ort und bringen auf diese Weise die gemeinsame Verantwortung aller Gläubigen zum Ausdruck. Wenn auch unter Bischof Schoiswohl die ersten Pfarrgemeinderäte in einigen Pfarren bereits im Jahr 1967 gewählt wurden, so in Kaindorf bei Hartberg, Hausmannstätten und St. Peter am Ottersbach, dauerte die flächendeckende Einführung dieses Gremiums noch viele Jahre an. Erst in der Amtszeit von Bischof Weber bzw. Leopold Städtler konnte erstmals im Frühjahr 1974 ein gemeinsamer Wahltermin für Pfarrgemeinderäte in der Diözese festgelegt werden. „Dieser gab einen kraftvollen Impuls für die Arbeit in den Ausschüssen, der viel zur Verlebendigung der Pfarrseelsorge beigetragen hat."[367]

Der Pfarrgemeinderat war für uns einfach wichtig. Ab jetzt bestand die Möglichkeit, dass die Leute selber wählen können, wen sie da drinnen haben wollen, wer den Pfarrer beraten und ihm helfen soll. Das ist im Großen und Ganzen in der Diözese von vielen Priestern gut angenommen worden. Es hat nur einen Teil älterer Priester gegeben, die nicht recht gewusst haben, wie das gehen soll. Der berühmte und bekannte Josef Wiedner [1891–1973][368], Pfarrer von St. Stefan im Rosentale, hat gesagt: „Wenn jetzt ein Pfarrgemeinderat kommt, weiß ich nicht, wie ich das machen soll. Wenn's mir irgendeinen schickt's, der das bei mir macht, dann nehme ich das gerne an." „Du wirst ja selber ein paar Leute haben." „Ja, die habe ich schon." „Hol die einmal her, rede mit denen." „Glaubst, geht das?" „Probier es einmal." In kurzer Zeit waren dann in St. Stefan drei, vier Mannsbilder oder Frauen da. Denen habe ich dann erklärt, wie das jetzt mit dem Pfarrgemeinderat funktioniert: „Der Pfarrer möchte gern, kann aber wegen seines Alters nicht. Das werdet ihr wohl zusammenbringen." „Das bringen wir schon zusammen", haben sie gesagt. Aber manche älteren Priester hatten einfach Angst. Bis jetzt konnten sie allein alles regeln. Andere hatten schon ein autoritäres Gehabe. Wie wird denn das gehen? Habe ich noch etwas zu reden, oder reden nur noch die? Es hat eben auch Gerüchte gegeben, dass nur noch der Pfarrgemeinderat etwas zu reden hätte. Von wo die hergekommen sind, habe ich keine Ahnung. Aber im Großen und Ganzen ist die Einführung des Pfarrgemeinderates gut gegangen.

„Auf die Dechantenkonferenz gesetzt"

Aufgrund der Fraktionierungen im Priesterrat Ende der sechziger und Anfang der siebziger Jahre hat Bischof Weber „das ganze Gewicht auf die Dechantenkonferenz gelegt. Dadurch ist sie bei uns so stark geworden. Die Dechantenkonferenz lehnte alle Gruppenbildungen grundsätzlich ab", resümiert Leopold Städtler. Diese habe sich in erster Linie mit pastoralen Problemen auseinandergesetzt und mit der Frage, wie man die Beschlüsse des Konzils im Alltag einer Pfarre verwirklichen könne. Städtler bezeichnet die Dechantenkonferenz als „Drehscheibe aller pastoralen Bemühungen". Bischof Weber konnte „voll und ganz" auf die Dechantenkonferenz setzen. Sie habe auch dessen Idee unterstützt, einen Katholikentag in der Steiermark zu veranstalten, der die Spaltungen und Gruppenbildungen überwinden, zur Einheit führen und den Pfarren Ermutigung geben sollte.

Als die steirischen Dechanten gemeinsam für eine Woche (4.–11. Juni 1979) über Florenz zu Kardinal Giovanni Bellini (1921–1982)[369] weiter nach Rom aufbrachen, hatte diese Fahrt nicht nur das Erleben von Weltkirche zum Ziel, sondern war ebenso mit einem Zeichen des Dankes vonseiten der Diözese für den treuen Dienst der Dechanten verbunden. In jener Woche beging Johann Weber den zehnten Jahrestag seiner Ernennung zum Diözesanbischof von Graz-Seckau. Etwa alle fünf Jahre dankte der Diözesanbischof „seinen" Dechanten für ihr Mitwirken in der Dechantenkonferenz mit einer gemeinsamen Fahrt. Solche Reisen erfolgten nach Ungarn zu Kardinal László Lekai (1910–1986)[370], Erzbischof von Esztergom-Budapest, sowie 1994 nach Würzburg, wo Bischof Weber mit den Dechanten das silberne Jubiläum seiner Bischofsweihe feierte.

Die steirischen Dechanten in Rom, 4.–11. Juni 1979.
1. Reihe v. l. n. r.: Daniel Kern, Anton Ertl (1926–1998)[371], Arnold Heindler[372], Josef Otter, Erich Kobilka, Diözesanbischof Johann Weber, Leopold Städtler, Johann Zechner (1911–1992)[373], P. Altmann Dehmer OCist. (1913–1981)[374], Theobald Berghofer CRSA.
2. Reihe v. l. n. r.: Josef Fink, Franz Höllinger (1922–1986)[375], Simon Poier (1929–2017)[376], Willibald Rodler (1931–2012)[377], Anton Teschl (1913–2006)[378], Johann Leopold(?) (1930–2020), Josef Großschädl (1928–2004)[379], Franz Taucher[380], Friedrich Fließer (1927–1999)[381], Alexander Thiel (1909–1989)[382], Josef Hütter, Anton Schneidhofer[383].
3. Reihe v. l. n. r.: Johann Reinisch, Buschauffeur, Karl Gölles, Gottfried Lafer, Leopold Bichler (1928–2015)[384], Karl Thaller (1928–2018)[385], Pastoralamtsleiter Franz Fink, Johann Kollar (1935–2012)[386], Franz Narnhofer (1916–2001)[387].

Verstärkte Zusammenarbeit zwischen Diözese und Orden

Bis zum Zweiten Vatikanischen Konzil führten die Orden in der Diözese ein starkes Eigenleben. Die einzelnen Gemeinschaften sahen sich selbst als eine eigene Einheit, sie pflegten kaum Kontakte untereinander oder mit der Ortskirche.[388] Schon in den ersten Jahren seiner Amtszeit war es ein großes Anliegen von Bischof Weber, dass sich die Orden stärker in die Diözese einbringen sowie Ordensleute und Weltpriester zusammenarbeiten sollten. So mancherlei Hürden galt es vonseiten der Klöster als auch der Pfarren zu überwinden, darunter seit Langem bestehende Gebräuche und Gewohnheiten. Immerhin wirkten am Beginn der 1970er Jahre 2.089 Ordensleute in der Steiermark, wobei der Anteil der Ordensfrauen (81 Prozent) deutlich höher war als jener der Ordensmänner (19 Prozent). 66 der 379 steirischen Pfarren wurden im Jahre 1971 von Ordenspriestern geleitet.

Am Anfang, das war mein Eindruck, hat es praktisch kaum Kontakte zwischen dem Weltklerus und den Klöstern gegeben. Ganz stark war natürlich Admont: Das komplette Ennstal bis Schladming war bis auf einige Pfarren der Admonter Bereich. Da hatten wir eigentlich nichts zu reden. Der Abt von Admont [Koloman Holzinger (1915–1978)][389] war hier der zuständige „Bischof". Größte Schwierigkeiten hat es gegeben, als Bischof Weber mehr Firmspender beauftragte, also den Generalvikar, einige Domherren sowie die Äbte. Abt Holzinger von Admont sollte nicht mehr der einzige Firmspender im Ennstal sein. Dreimal war ich bei ihm, um ihm nahezubringen, dass Bischof Weber will, dass alle beauftragten Firmspender in der ganzen Diözese das Sakrament spenden sollen. Der Firmspender sollte jährlich gewechselt werden. Außerdem ist es gut, wenn die Äbte in der ganzen Diözese bekannt werden. Viele Gläubige haben ja noch nie einen Abt gesehen. Es war nicht einfach. Mich schickte der Bischof, ich war schon Generalvikar, als ersten Firmspender ins Ennstal. Da ich keine Inful trug, wurde ich einige Male, am massivsten in Haus im Ennstal, gefragt, ob denn die Firmung überhaupt gültig gewesen sei. Aber dieser Wechsel der Firmspender hat sich bald gut eingespielt und sehr bewährt.

Es hat auch Beispiele gegeben, wo die Pfarren zu den Klöstern wenig Kontakt hatten. In Leibnitz etwa gab es das starke Kapuzinerkloster. Dort hat das Kloster seinen eigenen Betrieb gemacht und auch die Pfarre. Die gleiche Situation hatten wir bei den Kapuzinern in Hartberg oder bei den Schulschwestern in Feldbach, die dort einen Kindergarten und eine Volksschule betrieben.

Von Bischof Weber gingen starke Impulse für eine Zusammenarbeit und den Aufbau intensiverer Kontakte zwischen der Diözese und den Ordensgemeinschaften aus.

Pfarrerwoche im Bildungshaus Schloss Seggau, 1994.
V. l. n. r.: Hermann Schaller[390], die Äbte Robert Beigl (1954–1996)[391], Otto Strohmaier[392] und Benedikt Schlömicher (1930–2005)[393] sowie Generalvikar Leopold Städtler.

Leopold Städtler im Gespräch mit Propst Gerhard Rechberger CRSA[394] und P. Prior Benedikt Plank OSB[395], 2007.

Bischof Weber segnet den neu errichteten Hl.-Kreuz-Karmel am Heiligen Berg in Bärnbach, 1976. Vorne: Generalvikar Städtler, links neben dem Bischof: Pfarrer Friedrich Zeck (1933–2012)[396].

So bestellte er im Jahr 1972 Domkapitular Rupert Gschiel zum Bischofsvikar für Orden. Ab jenem Jahr lud Weber kurzfristig immer wieder Ordensfrauen, die er persönlich kannte, zum inoffiziellen Gespräch und Austausch zu sogenannten „Räubersynoden" ins Bischöfliche Ordinariat ein.

Bischof Weber hat das natürlich sofort erkannt, dass da irgendwas getan werden musste. Ange-
fangen haben wir mit den Frauenorden. Wir haben sämtliche Oberinnen der Steiermark zu
einem Gespräch zwischen der Diözese und den Orden eingeladen. Der Bischof hielt eine kurze
Begrüßung, ich war der Schriftführer. „Schreib alles auf, was die einzelnen sagen, ich möchte
es genau wissen." Und dann hat Bischof Weber gesagt: „Ihr seid ja Mitglieder unserer Diözese,
ihr macht ja großartige Sachen, wir müssen schauen, dass wir zu mehr Miteinander kommen,
dass ihr auch versteht, was wir wollen, warum wir das oder jenes so oder so machen, wo wir
eure Hilfe brauchen würden, angefangen vom Gebet bis zu einem persönlichen Einsatz." Nach
den Worten des Bischofs gab es mehr Stille als Gespräch, ich habe mir gedacht: Jetzt können wir
heimfahren, die Geschichte ist für allezeit erledigt. Eine einzige Oberin, die Provinzoberin der
Kreuzschwestern [Sr. Dorothea Wohleser (1913–1987)], hat am Schluss Danke gesagt: „Herr
Bischof, wenn es möglich wäre, machen Sie wieder so ein Zusammentreffen mit uns."

Die ersten Schritte einer offiziellen Zusammenarbeit erfolgten in der Karwoche des Jahres
1977 im damals von den Salesianern Don Boscos geführten Bildungshaus Johnsdorf[397]. An
der Tagung nahmen 37 Ordensschwestern aus 18 Gemeinschaften sowie Bischof Weber
teil.[398] Doch die mehrtägige Zusammenkunft in Johnsdorf mündete in einem erfreulichen
Ergebnis: Die Ordensschwestern lernten sich untereinander besser kennen, entdeckten
Gemeinsamkeiten auf dem Weg ihrer Nachfolge, stellten fest, dass sie oft mit ähnlichen
Schwierigkeiten und Sorgen konfrontiert waren, wie etwa mit der Nachwuchsfrage in
den Gemeinschaften. Die Teilnehmerinnen empfanden das Miteinbeziehen der Ordensfrauen in die Belange der Diözese als eine starke Aufwertung. Der persönliche Austausch
untereinander tat gut, die Stimmung war beinahe euphorisch. So wurde für den Herbst
des Jahres 1977 bereits das zweite Treffen der Ordensfrauen in Johnsdorf fixiert. Um ein
gutes Verhältnis zwischen den Frauenorden und der Diözesanleitung herzustellen, „hat
der Bischof Weber da nicht nachgelassen", hält Leopold Städtler fest.

Er hat auch gesagt: „Wir müssen, wenn es irgendwie geht, diese Klöster besuchen. Auch wenn
wir nichts von ihnen haben wollen. Vielleicht können wir einen Kaffee trinken und auch ein
bisschen reden." Das hat sich dann ziemlich rasch eingependelt. Die Oberinnen waren dann
eigentlich froh, dass sie von der Diözese etwas hören. Sie kannten unsere Zielsetzungen nicht,
wie wir über das oder jenes denken oder was wir gerne tun möchten. Eine ganz große Hilfe
waren die Karmelitinnen in Mariazell und der neu gegründete Karmel in Bärnbach. Die
haben von Haus aus gesagt: „Wir können nicht aus unserem Kloster hinausgehen, aber bitte
sagt uns, wofür wir für euch beten sollten, ob das einzelne Priester, die in Schwierigkeiten sind,
oder ob das diözesane Projekte sind." Die waren also hundertprozentig dahinter.

Ordensfrauen im pastoralen Dienst

Einen völlig neuen, modellhaften Weg ging Bischof Weber mit dem Einsatz von Ordensfrauen in den Pfarren. Er betraute ab dem Jahr 1971 geistliche Schwestern mit pastoralen Aufgaben in jenen Pfarren oder Pfarrexposituren, die nicht mehr mit einem eigenen Seelsorger besetzt werden konnten. Es spielten nicht nur die wachsende Anzahl an Amtsniederlegungen innerhalb des Klerus ab dem Ende der 1960er Jahre sowie die rückläufigen Priesterweihen für diese innovative Neuerung in der steirischen Kirche eine Rolle:

Manche Orden, wie die Kreuzschwestern, Schulschwestern und die Barmherzigen Schwestern, hatten ein paar junge Schwestern, die Bischof Weber und ich kannten und die gerne ein bisschen etwas Neues gemacht hätten. Da waren einige dabei, die offen sagten: „Krankenschwestern gibt es ja schon genug, im Schuldienst gibt es auch genug andere Schwestern. Ich möchte etwas anderes machen." Etliche sind dann auch ausgetreten, weil sie keine Hoffnung in der Ordensgemeinschaft gesehen hatten. Bischof Weber hat dann zu mir gesagt: „Du, wir sind um zehn Jahre zu spät gekommen. Wenn wir damals schon angefangen hätten, sie in der Pastoral einzusetzen, wären sie sicher geblieben." Über einige Schwestern, die am Anfang in die Pastoral der Diözese gegangen sind, waren die Oberinnen froh, sie konnten schwer mit ihnen umgehen. So ist es zum Schwesterneinsatz gekommen, der ja dann sensationell geworden ist. Da haben wir Fragen aus Deutschland, Norditalien, Frankreich und der Schweiz bekommen, welchen Auftrag die Schwestern haben. Die Deutschen wollten genau über das Dekret Bescheid wissen. Wir wussten, ins Dekret dürfen wir nichts hineinbringen, was kirchenrechtlich zum Problem werden könnte. So formulierte ich: Sie sollen das tun, was ihrer persönlichen und ihrer Ordensspiritualität am nächsten steht. Sie bleiben ja Ordensmitglieder und sollten ihre Zugehörigkeit auf keinen Fall aufgeben. Sie und wir verstanden darunter hauptsächlich: Vorbereitung zum Sakramentenempfang (Taufe und Firmung), Hilfe für die Laien bei der Mitgestaltung von Gottesdiensten, sozialkaritative Dienste und einfache Verwaltungsaufgaben. „Wenn ihr euch nicht auskennt, ruft schnell bei uns an." Das hat völlig reibungslos funktioniert.

In insgesamt elf Pfarren waren meist zwei Schwestern als Gemeindeassistentinnen im Einsatz. „Das war ein sehr gutes Zusammenarbeiten und Zusammendenken", stellt Leopold Städtler fest. Die anfängliche Hemmschwelle gegenüber den Ordensfrauen, die die Pfarren zu Zentren der Spiritualität, der kirchlichen Beheimatung und Gastfreundschaft machten und einen offenen, einladenden Pfarrhof führten, war bei den Menschen bald überwunden. Klerikale Vorurteile waren ja gegenüber den Schwestern nicht gegeben. Die priesterlichen Funktionen nahmen Nachbars- oder Aushilfsseelsorger wahr. Das erfolgreiche Wirken der Schwestern sprach sich in der Steiermark rasch herum. Leopold Städtler suchte vor dem Einsatz der Schwestern für priesterlose Pfarren meist das Gespräch mit den Bürgermeistern vor Ort, um deren Unterstützung für dieses neue Seelsorgemodell zu gewinnen. Manche der Schwestern wechselten im Laufe der Zeit ihren Einsatzort oder bekamen ein neues Betätigungsfeld übertragen.

Für die Ordensfrauen, die ab dem Jahr 1971 in den Pfarren im pastoralen Einsatz standen, wurde die Bezeichnung Gemeindeassistentin verwendet. Die Pfarren wurden liebevoll „Schwesternpfarren" genannt.[399] Erster Einsatzort war die Pfarre Selzthal, wohin die beiden Kreuzschwestern Sr. Franziska Meyer und Sr. Herlinde Riegler gesandt wurden.[400] Sr. Magda Schmidt und Sr. Eva Maria Lechner von den Grazer Schulschwestern kamen 1972 in die Pfarre Großlobming.[401] Die Ordensfrauen Sr. Sigrid Eder und Sr. Angelika Pauer von den Barmherzigen Schwestern wirkten in Tragöß, welches seit 1969 ohne ständigen Priester war. Sie begannen ihre Arbeit im Jahr 1976 und wohnten anfänglich sogar bei einer Familie, da der Pfarrhof saniert wurde. Dadurch lernten sie die Pfarre rasch näher kennen.[402] Sr. Engeltraud Fellinger, Sr. Dietgera Kulovics und Sr. Maria Leopold fanden mit Jahresbeginn 1988 in Hönigsberg ein neues Betätigungsfeld und verblieben dort bis Ende August 2003.[403] Die Franziskanerinnen Missionarinnen Sr. Margarethe Huber und Sr. Helene Unger wirkten ab 1990 in der Pfarre Stubenberg.[404] Für die Ordensfrauen wurde die Pfarre zur zweiten Heimat. Sie sorgten für einen offenen Pfarrhof, in welchem alle willkommen waren.

Erster Einsatz Selzthal: Mehr als 50 Prozent aus der Kirche ausgetreten, vom Bürgermeister über den Gemeinderat, Feuerwehrhauptmann, Schuldirektor, alles ausgetreten. Was passiert? Da ist eine Witwe oben, die ist schwer krank, lebt allein in einem primitiven Halterhäuschen. Schwester Herlinde Riegler besucht sie, fragt sie: „Wer kocht denn für Sie? Wie geht denn das?" „Ja, das weiß ich nicht", hat die Frau geantwortet. Die Schwester sagt: „Ja, dann mach ich das halt. Und wenn's wollen, übernachte ich auch bei Ihnen." „Mein Gott, da wäre ich Ihnen dankbar, dass ich nicht allein bin." Das haben die Ausgetretenen gesehen. Ein paar Tage später kommt der Bürgermeister mit dem Feuerwehrhauptmann und mit irgendeinem Eisenbahner: „Schwester, wir haben genau gesehen, was ihr macht, wenn ihr von uns was braucht's, sagt es, wir helfen euch." Das hätte ein Priester nie zusammengebracht. Das wäre nie gegangen.

Oder in Klein, wo Sr. Claudia Wendler und Sr. Luitgardis Wonisch im Jahre 1977 zum Einsatz kamen:[405] Im ganzen politischen Gemeinderat, bei allen Vereinen und Organisationen gab es keine einzige Frau im Vorstand. Jetzt kommen zwei Schwestern in die Pfarre. Ein Gemeinderat hat da öffentlich erklärt: „Die brauchen wir nicht." Die mussten wir erst stützen, aber die waren ja stark, die beiden Schulschwestern. „Aufgeben dürf's nicht!" „Wir geben nicht auf", haben sie gesagt. Nach zwei Jahren ist es wunderbar gegangen.

In Kainach waren ab 1973 die Kreuzschwestern Sr. Chiara Wiltsche und Sr. Lima Gasperl.[406] Ich habe mit dem Bürgermeister geredet: „Pfarrer gibt es keinen mehr, weil wir keinen haben, aber Schwestern wären möglich." „Wir brauchen keine Schwestern", war die Antwort. Wir haben verhandelt, er soll es wenigstens ein Jahr probieren. Von den Leuten her hat's kaum Probleme gegeben. Nur haben die noch nie Schwestern aus der Nähe kennengelernt. Bei dem Bürgermeister habe ich mir gedacht, dem werde ich meine Meinung sagen. War es in der Fastenzeit oder knapp nach Ostern des nächsten Jahres, bin ich nach Kainach „aussi". „Herr Bürgermeister, ich muss Ihnen eine traurige Botschaft bringen. Wir müssen die Schwestern für eine größere Pfarre abziehen." „Ja, seid's narrisch geworden", war die Antwort. Die Schwestern waren einfach deshalb mitten unter den Leuten, weil sie normal gelebt haben. Die Leute haben sich unter einer Schwester etwas „Superfrommes" vorgestellt, die nur beten tut und sonst nichts. Liturgievorbereitung haben sie gleich gemacht, Taufvorbereitung, Firmvorbereitung, Messfeiervorbereitung, kirchliche Feste vorbereiten. Im sozialkaritativen Dienst haben sie einfach eine Aufgabe gesehen: „Da bin ich für etwas gut. Da ist kein Mensch sonst da. Das kann ich machen, das will ich auch machen." Großartig war vor allem die Gastfreundschaft, die war bedeutend höher als bei manchen Pfarrern bisher. Das haben die Leute gemerkt: „Setzen Sie sich nieder, machen wir zuerst einen Kaffee." Auf einmal haben sich die Leute im Pfarrhof niedersetzen können, normal reden können, das waren ganz, ganz große Hilfen. Und bei den Priestern war es interessant. Natürlich war die Frage da: „Wie soll denn das überhaupt gehen? Die können ja nichts. Die sind ja keine Theologinnen." Ausgebildete Theologin war ja nur die Schwester Maria Bosco Zechner[407]. Alle anderen hatten andere Berufe gehabt, waren ausgebildete Lehrerinnen, Religionslehrerinnen, Krankenschwestern usw. Wir haben gesagt, ihr werdet es schon sehen, dass das gehen wird. Und nach kurzer Zeit waren die Schwestern überall im Mittelpunkt. Die Pfarrer sind gern hingekommen, haben ein bisschen etwas gejausnet, was die Schwestern gerichtet hatten, sie haben offen reden können. Das ist dann wahnsinnig schnell gegangen.

Schwierig waren zuerst manche Provinzoberinnen. Eine verlangte, dass wir die Fenster vergittern müssten, denn da könnte in der Nacht einer reinsteigen oder eine Schwester raussteigen. Wir haben dann gefragt: „Habt ihr denn überhaupt kein Vertrauen zu euren jungen Schwestern?" Es gab auch Diskussionen wegen der Finanzen. Wir haben gesagt: „Pfarrgeld ist Pfarrgeld. Über das persönliche Geld" – Die Schwestern wurden von der Diözese bezahlt – „muss man ihnen selbst die Verwaltung überlassen." Sie müssen ja wissen, wie sie in der Pfarre leben können, was sie zum Lebensunterhalt brauchen. Manche Oberin hat das per Punkt und Beistrich jeden Monat kontrollieren wollen. Das hat ein bisschen länger gebraucht. Andere, wie die der Barmherzigen Schwestern, Kreuzschwestern oder Salvatorianerinnen, waren da von vornherein großzügiger.

Sr. Wiltrud List (vorne am Ambo) und Sr. Maria Bosco Zechner bei der Mitgestaltung eines Gottes-dienstes in der Pfarre Bad Blumau, 1998. Links: Pfarrmoderator Johann Pock[408].

Ursprünglich wollte die Diözesanleitung die Schwestern zu dritt in die Pfarren schicken:

Das wäre die ideale Lösung gewesen, aber das haben wir fast nirgends zusammengebracht, aber zu zweit ist es auch gegangen. Zu dritt waren nur die Schwestern in Kalwang, weil zwei Salvatorianerinnen im Kindergarten des Fürsten Liechtenstein arbeiteten, während sich Sr. Magda Wiesenhofer der Pfarrarbeit widmete.[409] Das war eben ein Mordsglück für uns. Wir waren bestrebt, kreuz und quer in der Steiermark „Schwesternpfarren" zustande zu bringen, damit die Leute dieses Modell kennenlernen. Und das war auch so, in Niederwölz war der Bürgermeister sofort offen dafür. Der hat, wie er gehört hat, dass zwei Schwestern, nämlich Sr. Notburga Rauch und Sr. Hedwig Sudy,[410] kommen werden, seinen Kollegen, den Selzthaler Bürgermeister, angerufen. „Sag schnell Ja", hat der Selzthaler gesagt.

Ganz bewusst habe ich versucht, für einen Schwestereinsatz den Bürgermeister einzu-binden, dass auch er positiv dazu steht. Er kennt ja die Menschen seiner Gemeinde, er kann wahrscheinlich bei schwierigen Situationen der Pfarre auch helfen. Wichtig für mich war auch, dass Bürgermeister und Pfarre gut miteinander leben. Ich war überzeugt, dass dies eine gute Idee von mir war. Die Bürgermeister haben auch bald gesehen, dass ein offener Pfarrhof eigentlich das einzige Haus in der Gemeinde ist, wo alle hineingehen können.

Über drei Jahrzehnte wirkten auf diese Weise Ordensfrauen aus den Niederlassungen der Grazer Schulschwestern, der Kreuzschwestern, der Barmherzigen Schwestern, der Salvatorianerinnen und der Franziskanerinnen Missionarinnen Mariens in priesterlosen Pfarren der Diözese Graz-Seckau.

Die Zusammenarbeit zwischen dem Weltklerus und den Ordensfrauen zeigte sich auch im Modell, dass diese mit einem Priester in einem Pfarrhof wohnten und pastorale Dienste in den Pfarren ausübten, so etwa in Graz-Süd Sr. Angelika Schmidt und Sr. Sigrid Guggenberger[411] oder in Graz-Andritz Sr. Maria Bosco Zechner und Sr. Wiltrud List[412]. Diese beiden Kreuzschwestern wirkten ab dem Jahr 1993 als Gemeindeassistentinnen in der Pfarre Bad Blumau, wo Sr. Wiltrud List bis 2011 verblieb. Sr. Christa Hofmann erteilte in Stainz Religionsunterricht und war nebenamtlich als Pastorale Mitarbeiterin im Einsatz.[413]

Der Einsatz von Ordensfrauen in priesterlosen Pfarren hat nach der Amtszeit von Bischof Weber allmählich aufgehört, wobei neben dem fehlenden Ordensnachwuchs und dem zahlenmäßigen Rückgang von Ordensschwestern auch pastorale Umstrukturierungen in der Diözese eine Rolle gespielt haben.

Von den Pfarrschwestern zu den Laien
im pastoralen Dienst

Im Bischöflichen Ordinariat war Leopold Städtler seit seiner Ernennung zum Personalreferenten am 1. September 1973 auch Referent für die Laien im pastoralen Dienst.[414] Ebenso fungierte er von 1972 bis 1976 als Geistlicher Rektor der Berufsgemeinschaft der Seelsorgehelferinnen der Diözese Graz-Seckau, die ab 1974 als Pastoralassistentinnen bezeichnet wurden. Er löste in dieser Funktion Gottfried Lafer ab, der von 1965 bis 1971 das Amt des Rektors ausgeübt hatte. Schon als Pfarrer von Judenburg-St. Magdalena hatte Städtler einen Jahrgang, wohl in der Endphase des Zweiten Vatikanums, betreut.

Frauen, die hauptberuflich in der Seelsorge wirkten, waren schon in den ersten Jahrzehnten des 20. Jahrhunderts im deutschsprachigen Raum angestellt worden. Die Entstehung dieses kirchlichen Frauenberufs hing mit dem Neuaufbruch in der Seelsorge zusammen, der aus den stark veränderten gesellschaftlichen Rahmenbedingungen für kirchliches Handeln resultierte.

Die ersten Steirerinnen wurden bereits nach dem Zweiten Weltkrieg von Prälat Josef Schneiber (1908–1964)[415], damals Leiter des Bischöflichen Seelsorgewerks, für diesen Dienst in der Seelsorge angesprochen. Unter seiner Leitung fanden die ersten Kurse in der Grazer Leechgasse 24 (heute Sitz der Katholischen Hochschulgemeinde) statt, wo diese zu „Pfarrschwestern", wie die damalige Bezeichnung lautete, ausgebildet wurden. Im Herbst 1947 nahmen bereits 23 Frauen an einem solchen Kurs teil, darunter Pionierinnen der Anfangszeit wie Theresia Friedmann (1914–1997), die in Kapfenberg und Graz-Liebenau wirkte, und Antonia Sammer (1920–1999), die viele Jahre in der Grazer Stadtpfarre zum Heiligen Blut arbeitete.

Fast zeitgleich im Oktober 1945 entstand auf Initiative von Hildegard Holzer (1904–1995)[416] die Wiener Diözesanschule für Seelsorgehilfe und Caritas, die unter anderen von der aus Seckau gebürtigen Maria Hartleb (1920–1986) besucht wurde, deren Haupteinsatzort als Pfarrschwester die Pfarre Leoben-St. Xaver war.[417] Basierend auf der Wiener Diözesanschule errichtete die Österreichische Bischofskonferenz 1948 das Seminar für kirchliche Frauenberufe, das unter der Leitung Hildegard Holzers stand.[418]

Nach mitunter mühevollen Anfangsjahren gelang es, die Pfarrschwestern, die ehelos und in den Pfarrhöfen leben mussten, dienstrechtlich abzusichern, eine adäquate Besoldung durchzusetzen und deren Stellung in der Pastoral zu verankern.

Für das Kalenderjahr 1952 finden sich im Personalstand der Diözese Seckau bereits 24 „Pfarrhelfer", allesamt Frauen. In der Pfarre ließen sie sich mit „Schwester" und dem Vornamen ansprechen.

1960 errichtete Diözesanbischof Schoiswohl eine „Berufsgemeinschaft der Seelsorge-helferinnen der Diözese Seckau", deren Mitglieder als Seelsorgehelferin, aber auch als Pfarrschwester bezeichnet werden konnten.[419] Er ernannte zum ersten Geistlichen Rektor den Kapfenberger Kaplan Johann Weber, der damals auch Diözesanseelsorger der Katholi-schen Arbeiterjugend war. Zur Leiterin der Berufsgemeinschaft wurde Erika Fuchs[420] und zu deren Stellvertreterinnen Maria Hartleb und Theresia Friedmann gewählt.

Romfahrt anlässlich „25 Jahre Seelsorgehelferinnen in der Steiermark", 1973.
1. Reihe: ganz links Sr. Magda Wiesenhofer SDS.
2. Reihe stehend v. l. n. r.: Leopold Städtler, daneben Sr. Augustina Bauer[421], 9. v. rechts: Maria Hartinger[422] (Leiterin der Berufsgruppe), 6. v. rechts: Margarethe Zach[423] (ehemalige Leiterin der Berufsgruppe). Herbert Thomann (ganz rechts) führte die Seelsorgehelferinnen durch Rom.

Die Seelsorgehelferinnen, die ihre Ausbildung mit einem Diplom abschlossen, wurden hauptsächlich in der Pfarre eingesetzt. Ende der sechziger Jahre wurde das Aufgabenfeld im wie folgt beschrieben: „Kontaktsuche zu den Menschen in der Pfarre, Vorbereitung kirchlicher Feste, Hausbesuche, Sorge um Revertiten und Konvertiten, Zeitschriftenapos-tolat, Kinder-, Jugend- und Frauenarbeit, besondere Sorge um soziale Notstände und Alte." Damals waren sogar Überlegungen im Gange, ob einzelnen Seelsorgehelferinnen nicht die selbstständige Leitung von Seelsorgestationen übertragen werden könnte.[424]

Es hat sich sehr viel getan. In dieser Zeit sind die Pfarrschwestern – solche hat es ja auch bei uns in der Diözese gegeben, die einige fortschrittliche Pfarrer in die Seelsorge miteinbezogen haben – plötzlich Pastoralassistentinnen geworden. In Wien ist eine Schule dafür aufgemacht worden. Bischof Weber als der Zuständige vonseiten der Bischofskonferenz war sehr stark dahinter. Die Schule war zuerst nur für Frauen, dann aber auch für Männer offen.

Ehemalige Seelsorgehelferinnen feiern ihr 50-jähriges Sendungsjubiläum mit Prälat Städtler in Kalwang, 3. September 2021.
V. l. n. r.: Sr. Magda Wiesenhofer (1. in der 1. Reihe), Adelheid Duschek (1. in der 2. Reihe), Irmgard Keil (3. v. r. hinten), Christine Görtschacher (3. in der 1. Reihe).[425]

In den siebziger Jahren wurde auch die bis dahin erforderliche Lebensform der Ehelosigkeit für die in der Seelsorge wirkenden Frauen infrage gestellt, zumal es bereits einige verheiratete Laientheologen gab, die als Pastoralassistenten arbeiteten. Das Leitungsgremium der Berufsgemeinschaft der Pastoralassistenten, dem Leopold Städtler als Geistlicher Rektor angehörte, nahm dazu Anfang des Jahres 1975 Stellung. Zwar brächten unverheiratete Frauen die beste Voraussetzung für das „totale Zur-Verfügung-Stehen" im pastoralen Dienst mit. Die zölibatäre Lebensweise könne aber heute nicht mehr eine Voraussetzung für eine Anstellung bzw. Berufsausübung sein. Es wurde damals auch die Praxis gelockert, dass die Seelsorgehelferinnen in den Pfarrhöfen wohnen sollten.[426]

Mit der Akademisierung – das bedeutete ein Theologiestudium an einer staatlichen Universität – kam eine neue Kategorie dieses Berufes hinzu. Die Zahl der seit 1945 an den katholisch-theologischen Fakultäten der Universitäten ausgebildeten Laientheologinnen und Laientheologen stieg ab den 1960er Jahren stetig an. Das Berufsprofil klärte sich auch in Österreich erst allmählich. Der Einsatz von Akademikerinnen und Akademikern in der traditionellen Territorialpastoral bzw. in der klassischen Pfarre erforderte klare ekklesiologische Verortungen und Abgrenzungen vom Wirken des Pfarrers oder Priesters. Leopold Städtler war bereits als Beauftragter für pastorale und personelle Planung, als Personalreferent und schließlich als Generalvikar konfrontiert mit Fragen zu den Anstellungsbedingungen und -verfahren, zur Berufsvorbereitung, zum Bewerberkreis, zur Besoldung und Unterbringung sowie um eine adäquate Berufsbezeichnung. Der erste Laie in hauptamtlicher Seelsorge in der Diözese Graz-Seckau war Rupert Kern[427], der um eine Anstellung als „Seelsorgehelfer" bat. Er wurde schließlich halbtägig als „Pastoralassistent" für die Pfarre Kaindorf (bei Hartberg) beschäftigt. Maria Weberhofer[428], die erste akademische Pastoralassistentin, wurde 1978 in der Diözese angestellt. 1976 ernannte der Bischof mit Bernhard Körner[429]erstmals einen Seelsorger für Laientheologen, zehn Jahre später wurde Johann Paier (1947–2019)[430] Referent bzw. Ausbildungsleiter für Laientheologiestudierende. Eine Arbeitsgemeinschaft der Laientheologen im kirchlichen Dienst bildete sich 1976, der 1988 über vierzig akademische Pastoralassistentinnen und -assistenten, darunter nur neun Frauen, angehörten. Generalvikar Städtler lud 1978 erstmals alle Pastoralassistentinnen und -assistenten zu einer Herbsttagung nach Seggauberg ein. Für Leopold Städtler hatte „die Anstellung von Laientheologen einen selbstständigen Wert (‚Zeichen der Zeit'), sie war nicht Folge des Priestermangels".[431]

Die Akzeptanz von Pastoralassistentinnen vor Ort verlief offensichtlich nicht ohne Irritationen und Widerstände, die jedoch bis zum beginnenden 21. Jahrhundert überwunden wurden. Der Plan, dass Pastoralassistenten und ihre Familien in leerstehende Pfarrhöfe einziehen, erwies sich in der Praxis als nicht durchführbar.

Es ist recht bald zu Spannungen gekommen. Im Jahre 1970, glaube ich, hat es erst zwei akademische Pastoralassistenten gegeben. Zu Beginn der siebziger Jahre habe ich noch alle gekannt, die Theologie studierten und die in den Dienst der Diözese gehen wollten. Bischof Weber hatte sich gedacht, dass es gut passen würde, wenn wir die in die Pfarrhöfe hinbrächten, wo es wahrscheinlich keinen Pfarrer mehr geben wird. Das ist total danebengegangen. Nur zwei Ehepaare haben das versucht.

Für die Frauen war das nicht gangbar, der Lärm und der Dreck. Wenn du im Pfarrhaus wohnst, muss es trotzdem ein offenes Haus sein. Das haben uns die Frauen ganz offen gesagt. Außerdem ist es in einem Pfarrhof mit der geregelten Arbeitszeit vorbei. Das gibt's dort nicht. Du bist sozusagen ständig da.

Schon zu Beginn haben sehr viele akademische Pastoralassistenten gesagt: „Eine geregelte Arbeitszeit möchte ich haben." Es hat natürlich Spannungen gegeben. Die Pfarrer haben gesagt: „Ich kann die von der Wiener Schule weit besser brauchen, weil sie eine gute Kinderarbeit und Jugendarbeit leisten." Das war für uns eine Enttäuschung. Wir haben in allen Dekanaten eine Befragung gemacht, wofür sie hauptamtliche Mitarbeiter brauchen würden. Für 70 oder 80 Prozent oder noch mehr ist an erster Stelle gestanden: Für die Jugend brauchen wir Mitarbeiter. „Da kommen wir nicht mehr zurecht", haben viele Pfarrer gesagt, „denn praktische Jugendarbeit machen die meisten akademischen Pastoralassistenten kaum." Es hat auch Ausnahmen gegeben.

Laientheologen und Laientheologinnen beklagten fehlende Aufstiegschancen in den Pfarren und suchten mit einem Zusatzstudium zumeist ihren Platz in der kategorialen Pastoral. Die Anfänge im praktischen Einsatz waren schwierig, der Einsatz in Pfarrhöfen erwies sich als kaum durchführbar. Es kam hie und da zu Konkurrenzsituationen.

„Wir sind gleich ausgebildet wie ein Priester, aber wir haben keine Aufstiegschance", hat es geheißen. Dann haben einige mit einem Zweitstudium begonnen, hauptsächlich im Therapiebereich. In einer österreichischen Generalvikarekonferenz – ich glaube, das war Ende der 1970er oder Anfang der 1980er Jahre – war das auch ein Tagesordnungspunkt. Da war die gemeinsame Meinung, dass es für die akademischen Pastoralassistenten keine Aufstiegschancen gibt und sie in den Pfarren wahrscheinlich gar nicht so gebraucht werden. Man wird sie eher im kategorialen Bereich brauchen, wo sie ein zusätzliches Spezialstudium benötigen, z. B. Gefangenenseelsorge oder Bildungsseelsorge oder Krankenseelsorge. Die Krankenseelsorge war zu meiner Zeit, wie ich nach Graz gekommen bin, fast nebensächlich. Da wurden ältere Priester hingestellt, die für eine Pfarre nicht mehr einsetzbar waren oder dort nicht mehr tätig sein wollten. Für diese Bereiche wurde damals bei der Generalvikarekonferenz gesagt, da werden wir die akademischen Pastoralassistenten wahrscheinlich dringend brauchen. In der Pfarrseelsorge war das Verhältnis zwischen dem Pfarrer und seinem hauptamtlichen Mitarbeiter ein ziemliches Durcheinander. Der Pfarrer wollte dieses und der andere jenes. Das hat sich dann eingependelt. Zum Großteil hatten wir dann doch recht gute Leute. Man konnte nicht in jede Pfarre einen hingeben. Unser Konzept war, jedes Dekanat sollte einen Pastoralassistenten oder eine Pastoralassistentin bekommen, der bzw. die dann für den ganzen theologischen Bereich im Dekanat zuständig ist. Der sollte schauen, dass die Pfarrer eine halbwegs anständige theologische Weiterbildung machen und dass die Liturgie in Ordnung ist. Das wurde aber vielfach dann nicht gebraucht.

Am Anfang war es noch sehr einfach: Ich habe alle persönlich gekannt, wir haben miteinander kleine Ausflüge gemacht, wir haben über alles Mögliche geredet, völlig außerhalb des Protokolls, und das war unglaublich wichtig. Ich habe gewusst, wie sie denken, ich habe gewusst, wie sie sind, und sie haben auch gewusst, wie wir denken.

Ständige Diakone – „Etwas völlig Neues"

Eine weitere größere Neuerung im Leben der Diözese stellte die Einsetzung Ständiger Diakone dar; solche gab es bereits in Deutschland und Frankreich, erst später dann in Österreich. Ihnen oblagen liturgische, pastorale und sozialkaritative Aufgaben. Am 24. März 1972 weihte der Linzer Bischof Franz Salesius Zauner (1904–1994, Bischof von Linz 1956–1980) Frater Johannes Risbek (1910–1979) aus dem Benediktinerstift Kremsmünster zum Ständigen Diakon, der dann seinen ersten Einsatzort in der Diözese Graz-Seckau, nämlich in Mariazell, erhielt, das damals von Kremsmünster aus betreut wurde.[432] Am 10. September des selben Jahres wurde ein weiterer Ordensmann, nämlich Frater Martin Aumühlner (1932–1990) aus dem Stift St. Lambrecht geweiht, wo dieser zunächst auch eingesetzt wurde.

„Die Einführung der Ständigen Diakone war etwas völlig Neues bei uns", berichtet Leopold Städtler. Es galt, in Zusammenarbeit mit der Theologischen Fakultät Graz Bewerbungsvoraussetzungen, Ausbildungsplan und Einsatzmöglichkeiten im Hinblick auf die diözesanen Erfordernisse festzulegen. Der Diözesanrat, dessen Vorsitzender damals Emmerich Trummer war, hatte sich in seiner Frühjahrssitzung im Jahr 1973 mit dem permanenten Diakonat ausführlich auseinandergesetzt. Dabei wurde von einigen Mitgliedern des Diözesanrats in diesem Kontext auch der Umgang mit laisierten Priestern thematisiert. Mit deutlicher Mehrheit sprach sich der Diözesanrat dafür aus, dass das Amt „jedem spirituell und fachlich geeigneten Mann und jeder solchen Frau zugänglich sein" sollte.[433] Der „Diakonatsausschuss", dem auch Leopold Städtler angehörte, befasste sich mit den Anforderungen für den Diakonat, mit Ausbildung und Weihe. Die Einführung des Diakonats wurde in der Herbstsitzung des Diözesanrats einstimmig beschlossen. Bischof Weber übertrug Städtler im Jahr 1973 die Verantwortung für die Einführung des Ständigen Diakonats in der Diözese, als Generalvikar wurde er Vorsitzender der Kommission für den Ständigen Diakonat.

Im überfüllten Dom weihte Bischof Weber am 8. Dezember 1975 die ersten fünf Ständigen Diakone der Diözese Graz-Seckau: Gottfried Aschenbrenner (1936–2002)[434], den Arzt Franz Drumbl (1917–2000)[435], Franz Klampfer[436], Friedrich Neger[437] und Diözesaninspektor Ludwig Wuchse[438]. Zwei Jahre später konnten drei weitere, Hermann Schweighofer (1926–2001)[439], Franz Günther Seebacher[440] und Josef Thauses (1923–2013)[441], die Diakonatsweihe empfangen.

Bischof Weber hat die Initiative ergriffen, dass es bei uns Diakone gibt. Er hat in einer Diözesanratssitzung die Frage gestellt: „Es gibt jetzt die Möglichkeit des Diakonats. Sollen wir in unserer Diözese den Diakonat einführen?" Obwohl wir nicht gewusst haben, wie das Ganze überhaupt funktioniert oder was unser Ziel ist, was genau unsere Absicht mit den Diakonen ist.

In Österreich hat es damals nur in Wien Diakone gegeben, und die waren hauptsächlich im liturgischen Bereich eingesetzt. In Deutschland hat es auch schon in einigen Diözesen Diakone gegeben, die waren fast nur im sozialen Bereich tätig. Uns hat das französische Modell besser gefallen, ein Diakon muss dort sein, wo die normale Seelsorge nicht hinkommt. Er ist verheiratet und lebt so wie die anderen Leute auch. Der soll dort schauen, dass in der Nachbarschaft, in seiner Umgebung die Kinder getauft werden oder Erwachsene in den Glauben einführen und sie begleiten. Natürlich auch verbunden mit liturgischen Aufgaben, vor allem mit der Taufe.

Das führte zu Spannungen mit der KA. Die haben gesagt: Was ist denn da anders, was machen denn die eigentlich anders als wir? Sie haben schwer begriffen, dass ein Diakon dem Bischof zugeordnet ist, dass der Diakon ein Versprechen für sein ganzes Leben ablegt. Er sagt das „Ja" für sein ganzes Leben. Ein KA-Funktionär ist dann nach einer gewissen Periode wieder frei. Also das war nicht ganz einfach. Im Diakonatsausschuss gab es anfänglich Stimmen aus der KA, die dagegen waren: „Wofür braucht man Diakone? Das machen ja eh wir." Das hat sich dann aber mit wenigen Ausnahmen recht gut eingependelt.

Es wurden klare Vorgaben vonseiten der Diözese erstellt, welche Modalitäten für ein pfarrliches Ansuchen um einen Ständigen Diakon berücksichtigt werden mussten.

Als Voraussetzung für einen Diakon in der Pfarre wurde festgelegt: Pfarrer und Pfarrgemeinderat müssen schriftlich den Vorschlag für einen Kandidaten und seinen Aufgabenbereich im Ordinariat einreichen. Anfangs gab es da Schwierigkeiten, die Aufgaben festzulegen und zu formulieren. Die Diakone bleiben ja in ihrer Berufstätigkeit, schenken aber ein gewisses Ausmaß ihrer Zeit ihrem Diakonatsdienst.

Inzwischen ist die Zahl der aktiven Diakone in der Steiermark auf etwa 70 angewachsen (aktueller Stand: Juli 2022).

„Bekommen wir noch einen Pfarrer?"

Als Generalvikar und Personalreferent der Diözese war Leopold Städtler auch für die Neubesetzung der Pfarren bzw. die Versetzung von Priestern zuständig. Eine Pfarre mit mehr als 2.000 Katholiken wurde im „Kirchlichen Verordnungsblatt" für die Diözese Graz-Seckau ausgeschrieben. Aufgrund der damaligen Dekanatsstruktur bat Städtler den zuständigen Dechanten sowie den jeweiligen geschäftsführenden Pfarrgemeinderatsvorsitzenden, ihm eine Beschreibung der Pfarrsituation zukommen zu lassen. Mithilfe des Personalausschusses der Diözese wurde dann der für die Situation der Pfarre geeignetste Bewerber ausgesucht. Städtler führte auch ein Gespräch mit dem Betroffenen. Im Falle, dass kein Bewerber für die ausgeschriebene Pfarre vorlag, musste sich der Generalvikar selbst auf die Suche nach einem geeigneten Kandidaten machen.[442]

Deutlich spürbar wurde in Städtlers Zeit als Generalvikar der zunehmende Priestermangel, was sich an der steigenden Zahl der offenen Pfarrstellen ablesen lässt. Waren 1975 vor Beginn seiner Amtszeit 34 der damals 383 steirischen Pfarren ohne ständigen Priester vor Ort, weitere sechs wurden von Kaplänen aus nahegelegenen größeren Pfarren mitbetreut,[443] erhöhte sich diese Zahl bei 388 Pfarren binnen zehn Jahren auf 64 unbesetzte Pfarren.[444] 1994 waren dies bereits 103 bei 390 Pfarren insgesamt.[445] Die Diözesanleitung reagierte einerseits mit der Errichtung von Pfarrverbänden und dem stetigen Aufruf, Pfarrgrenzen vor allem als ideelle und nicht so sehr als territoriale Grenzen zu sehen, andererseits versuchte man dafür Verständnis zu haben, wenn kleinere Pfarren Sorgen um den Erhalt ihrer Eigenständigkeit äußerten.

Das Anliegen der Zusammenarbeit in größeren pastoralen Räumen, welches Städtler bereits Ende der sechziger Jahre mit der „Zonenseelsorge" im Dekanat Judenburg verfolgte, zeigte sich auch in der Dekanatsregulierung von 1972/73. Vorausschauend erstellte Leopold Städtler erstmals einen Dienstpostenplan, der alle Planstellen für hauptamtliche Mitarbeiter – Priester wie Laien – umfasste und eine gerechte Verteilung des Personals gewährleisten sollte. Neu war auch, dass alle erwartbaren Personalveränderungen jeweils mit 1. September in Kraft traten. Damit einhergehend wurde ein 6-Jahres-Plan für anstehende diözesane Bauvorhaben entwickelt. Wie Prälat Städtler berichtet, stieß dieses Vorhaben anfänglich auf größere Skepsis. Für viele Kleriker war weder der Priestermangel absehbar, noch erfuhren die Laientheologen, die nun vermehrt als hauptamtliche Mitarbeiterinnen und Mitarbeiter angestellt wurden, ausreichende Akzeptanz.

Auch der Diözesanrat beschäftigte sich mehrfach mit der Frage des Priestermangels und der daraus resultierenden sonntäglichen Gottesdienstfeier ohne Eucharistie. Sowohl Generalvikar Städtler als auch Diözesanvisitator Thomann informierten die Delegierten in regelmäßigen Abständen über die aktuelle Personalsituation in der Diözese. Daraus resultierend beschloss der Diözesanrat beispielsweise in der Frühjahrssitzung 1985, dass unter Mithilfe des Pastoralamtes Laien aus Pfarrgemeinden ohne Priester zu Wortgottesdienstleitern ausgebildet werden sollten.[446]

Wenn sich durch Pensionierung oder Versetzung der Weggang eines Pfarrers abzeichnete, daher eine Nachfolgeregelung zu finden war oder keine Nachbesetzung mehr möglich war, konnte es zu schwierigen Verhandlungen oder gar zu Konflikten kommen. Die Letztentscheidung für die Nachbesetzung einer Pfarre hatte allerdings immer der Bischof. Häufig informierte sich Generalvikar Städtler im Vorfeld bei den Delegierten des Diözesanrats, um gut überlegte Entscheidungen treffen zu können.

Im Diözesanrat habe ich im Laufe der Zeit zwei- oder dreimal darüber reden können, wie sich die Situation darstellt, wie sie während der ersten zehn Jahre schlechter geworden ist, in denen ich im Ordinariat war. Zuerst waren es um die 30 Pfarren, die keinen eigenen Pfarrer mehr gehabt haben, das waren fast alles kleine Pfarren mit bis zu 200 Leuten. In die größeren Pfarren sind dann Schwestern hingekommen, wie Großlobming oder Tragöß. Mit dem jeweiligen Dechant habe ich immer viel gesprochen: „Du, der Pfarrer ist in zwei, drei Jahren soweit, um in den Ruhestand zu gehen." Mit manchen Pfarrern haben wir das auch schon zwei, drei Jahre früher ausmachen können. Manche haben das aber nicht wollen. Für ältere Pfarrer hat sich die große Frage gestellt, ob und wann sie in Pension gehen sollen. Das war gar nicht so einfach. Im Priesterrat wurde zwei Jahre darüber verhandelt. Dann ist die Entscheidung gekommen: Mit 70 kann ein Pfarrer um die Pensionierung ersuchen, mit 75 muss er ansuchen, so wie jeder Bischof. Die Praxis war dann doch ein bisschen anders. Da hatten wir Priester, die wollten recht rasch in Pension gehen – das gibt's wahrscheinlich bei jedem Personal –, und dann hatten wir aber auch Priester, die wollten noch weitertun, weil sie noch halbwegs gesund und gut beieinander waren: „Ich mach noch einige Jahre." Das haben wir dann mit denen verhandelt. Damals mussten alle, die in Pension gehen wollten, das bis zum Aschermittwoch melden.

Bald darauf sind dann die Delegationen gekommen, die immer gemischt waren, Pfarrgemeinderat plus Vertreter der politischen Gemeinde. Da habe ich allerhand erlebt. Bürgermeister sind mit drei, vier Gemeinderäten, mit dem Fremdenverkehrsobmann, dem Feuerwehrhauptmann, verschiedenen Funktionären und dem Pfarrgemeinderat aufgetreten. Manchmal ist der Bürgermeister allein gekommen. Das war aber an sich selten. Wo es ging, konnte ich bei diesen Gesprächen meine Überlegungen durchsetzen. Und in manchen Gesprächen ist, glaube ich, doch viel von den Leuten nachgedacht worden. Da war immer die Frage: „Wer wird dann unser Pfarrer?" Ich habe vorher wissen müssen, wer die Pfarre übernimmt. Dann habe ich es ihnen auch gesagt. Manche haben gesagt: „Das passt gut, den kennen wir gut", andere wiederum haben gesagt: „Den kennen wir gar nicht." Da bin ich auch draufgekommen, dass man im ganzen System der Pfarrverbände viel mehr darüber nachdenken muss, wie und wo die Leute in diesen Pfarren im Alltag zusammenkommen, einander begegnen können. Wenn das nicht funktioniert, geht wenig oder gar nichts. Wo aber starke Kontakte da sind, geht das gut. Bretstein und St. Oswald-Möderbrugg war für mich ganz ein typisches Beispiel: Die Leute haben sich wahnsinnig gut gekannt, weil mitten in Möderbrugg ein großes Kaufhaus war, und da sind alle hin, dort haben sich alle getroffen. Es gab dann kein Problem, als wir in Möderbrugg geschaut haben, einen größeren pastoralen Raum zu erreichen und eine Seelsorgestelle zu errichten, wo der zuständige Pfarrer arbeiten kann.

Für Pfarrbesetzungen war der Diözesanrat wahnsinnig gut, weil die Delegierten die Situationen gekannt haben. Immer wieder haben wir besprochen, wenn Delegierte aus den Dekanaten gefragt haben, wie schaut es in der und der Pfarre aus. Wie wird das in zwei Jahren weitergehen?

Dialog zwischen Kirche und Arbeiterschaft

Besuch im VOEST-Alpine-Werk Liezen, 1977.
Links: Generalvikar Städtler, Mitte: Pfarrer Josef Schmidt[447].

In der langen Zeitspanne, in der Leopold Städtler als Generalvikar der Diözese Graz-Se-ckau wirkte, blieb ihm der Dialog zwischen Kirche und Arbeiterschaft ein dauerhaftes Anliegen, welches in vielen Begegnungen und Veranstaltungen sichtbar wurde:

Im Symposium „Arbeiterbewegung und Kirche in der 1. Republik", welches anläss-lich des 50-jährigen Gedenkens an die Ereignisse des 12. Februar 1934 vom Katholischen Bildungswerk und dem Dr.-Karl-Renner-Institut gleichermaßen organisiert wurde, stellten sich 1984 namhafte Referenten wie Richard Barta, die Universitätsprofessoren Rudolf Kropf[448], Maximilian Liebmann und Josef Weidenholzer[449] oder der Bundes-vorsitzende der Arbeitsgemeinschaft „Christentum und Sozialismus" (ACUS) Gerhard Steger[450] im Kolpingheim Kapfenberg diesem problembelasteten Kapitel der österrei-chischen Geschichte. Generalvikar Städtler erinnerte in seinen Dankesworten daran, dass die Gespräche zwischen Arbeiterbewegung und Kirche viel Geduld bräuchten, „um die Position des anderen zu verstehen".[451]

Symposium „Arbeiterbewegung und Kirche in der 1. Republik" im Kolpinghaus Kapfenberg, 1984.
Oben: Die Universitätsprofessoren Kropf und Weidenholzer, KBW-Vorsitzender Harald Baloch[452],
Universitätsprofessor Liebmann und Hans Knoll, Leiter des Dr.-Karl-Renner-Instituts.
Unten: Generalvikar Städtler mit Bürgermeister Fekete und Dechant Poier.

Gespräch zwischen Kirche und Gewerkschaft zum Thema „Sonntagskultur" in der
Otto-Möbes-Schule, 1991.
Von links nach rechts: Universitätsprofessor Karl Amon; Werner Albler[453], Landessekretär
des ÖGB; Gerhard Winkler[454], Landessekretär der Gewerkschaft Druck und Papier;
Generalvikar Leopold Städtler.

In der Reihe der Gespräche zwischen Kirche und Gewerkschaft widmete sich eine weitere
Tagung in der Otto-Möbes-Schule im April 1991 der Sonntagskultur. Stellt doch der
arbeitsfreie Sonntag sowohl ein religiöses als auch ein soziales Anliegen dar. Kirchenhis-
torische und kulturgeschichtliche Perspektiven brachten etwa die Universitätsprofessoren
Karl Amon und Helmut Konrad[455] ein. Der Verlust des Sonntags würde einen Verlust an
Lebenskultur mit sich bringen, so der einhellige Tenor der Referenten und der Vertreter
der Gewerkschaft.

Der Generalvikar als Referent beim Arbeiterkammertag

Als Höhepunkt der Bemühungen um den Dialog zwischen Kirche und Arbeiterschaft
bezeichnet Leopold Städtler seine Rede zum Sozialhirtenbrief auf der Vollversammlung
der Arbeiterkammer in Graz 1991, ein bedeutsamer Schritt auf dem Weg zu dem von
Bischof Weber initiierten „Tag der Steiermark" 1993 unter dem Motto „Dialog", im Zuge
dessen der Generalvikar als häufiger Gesprächspartner gefragt war.

Überreichung des Sozialhirtenbriefes an Arbeiterkammer-
Vizepräsident Erich Schmid, 1990.

Rede bei der Vollversammlung der Arbeiterkammer Steiermark, 1991.
Leopold Städtler und AK-Präsident Erich Schmid.

Der Sozialhirtenbrief der österreichischen Bischöfe vom 15. Mai 1990 steht in Zusammenhang mit dem 100-Jahr-Jubiläum der Sozialenzyklika *Rerum novarum* (15. Mai 1891) von Leo XIII. (1810–1903), Papst von 1878 bis 1903. Ausgehend von einer Diskussionsgrundlage unter dem Titel „Sinnvoll arbeiten – solidarisch leben" formuliert das Schreiben Forderungen für eine menschengerechte Gestaltung von Arbeit und Wirtschaft sowie ein Leben in Solidarität und Verantwortung.

Der Generalvikar konnte den Hirtenbrief nach dessen Erscheinen im Mai 1990 persönlich an den nachmaligen Präsidenten der Arbeiterkammer Steiermark, Erich Schmid (1933–2016)[456], überreichen. Die Einladung, vor der Vollversammlung der steirischen Arbeiterkammer 1991 zu sprechen, war für Leopold Städtler „eine große Geschichte", die sowohl für den Referenten als auch für das Auditorium eine ungewöhnliche Situation darstellte: Ein Kirchenmann sprach vor den Delegierten der Arbeiterkammer. In seinen Ausführungen griff Städtler die Forderung des Sozialhirtenbriefs auf, dass der Mensch im Mittelpunkt von Arbeit und Wirtschaft zu stehen habe. Ferner verbände Kirche und Arbeiterkammer die Grundfragen zur Gestaltung des gesellschaftlichen Miteinanders. „Die Einladung […]" – so das Resümee des Sonntagsblattes – „stellte einen weiteren Höhepunkt im Bemühen von steirischen Kirchen- und Arbeitnehmervertretern dar, überholte Lagermentalitäten zu überwinden."[457]

Das war eine gewaltige Sache, muss ich ganz ehrlich sagen. Dieser Arbeiterkammertag des Präsidenten Schmid war eine Sensation. Da sind über 120 Betriebsräte da gewesen. Ich kann mich noch gut erinnern, ich bin vom Präsidenten und seinen zwei Vizepräsidenten feierlichst in der Arbeiterkammer empfangen worden. Er hat mich hineingeführt. Alle haben nur so geschaut. Dann war ausgemacht, ich sollte eine dreiviertel Stunde sprechen, anschließend war zwei Stunden Zeit für Diskussion. Bei diesen Gesprächen haben sich 19 Delegierte gemeldet, ziemlich beinhart. Aber es war ein großartiger Erfolg. Der Arbeiterkammerpräsident von Tirol, das war ja der einzige schwarze, den es in Österreich gab, hat gesagt: „Das wäre bei uns undenkbar, dass ein Kirchenvertreter beim Arbeiterkammertag das Hauptreferat hält." Aber das hat natürlich viel zu einer positiveren Stimmung beigetragen, dass endlich einmal alles, was da vor 1938 war, weg war. Dass wirklich ein neuer Anfang da ist, das hat man uns auch geglaubt.

Zu den vielen Kontakten, die Leopold Städtler seit der Zeit im Arbeitskreis für Industrieseelsorge hatte, gesellten sich neue:

Als Generalvikar lernte ich Peter Schachner-Blazizek[461], den damaligen Generaldirektor der Grazer Stadtwerke AG, kennen. Sehr bald kam es zu langen, intensiven Gesprächen über den allgemeinen Werteverfall in der Gesellschaft, über kulturelle, politische und kirchliche

„Kein Friede ohne Solidarität" - Gespräch zwischen Kirche und Gewerkschaft im Bildungshaus Schloss Seggau, 1993.
V. l. n. r.: Generalvikar Leopold Städtler, Universitätsprofessor Paul Michael Zulehner[458], Pfarrer Johann Feischl[459] und ÖGB-Landesbildungsreferent Gerhard Winkler.

Leopold Städtler im Gespräch mit Bürgermeister Alfred Stingl, Landeshauptmann-Stellvertreter Peter Schachner-Blazizek und Landesrat Dieter Strenitz[460] anlässlich des Empfangs beim Konsul der Bundesrepublik Deutschland zum „Tag der deutschen Einheit", 1990.

Problemsituationen. Ein wenig wurde ich zum Weggefährten seiner Familie. In Freundschaft sind wir heute noch miteinander verbunden.

Ich versuchte mit allen Verantwortlichen des öffentlichen Lebens in Land und Stadt der drei großen politischen Parteien, der Wirtschaft, Justiz, Polizei, des Militärs, der Gewerkschaft und den Kammern in ständiger guter Beziehung zu sein.

„In der Ökumene geht es gut weiter"

In der römisch-katholischen Kirche war das Zweite Vatikanische Konzil (1962–1965) mit seinem Dekret *Unitatis redintegratio* (1964), das den gegenseitigen Austausch und die Zusammenarbeit unter den christlichen Konfessionen forderte, für das ökumenische Anliegen impulsgebend. Der gemeinsame Weg der christlichen Kirchen in der Steiermark begann jedoch schon lange davor. Es gab freundschaftliche, ökumenisch gesinnte Gesten, Begegnungen und Gesprächskreise durch Pioniere und Pionierinnen, die als Bahnbrecher und Leitgestalten für konfessionsüberschreitende Initiativen und Aktivitäten gewirkt und das ökumenische Anliegen in der Steiermark in den nachfolgenden Jahren und Jahrzehnten entschieden vorangetrieben haben.

Eine wichtige Station des gemeinsamen Weges der christlichen Kirchen in der Steiermark bildete der erste ökumenische Gottesdienst, der im Grazer Dom am 28. Jänner 1967 mit Bischof Schoiswohl, dem Superintendenten der Evangelischen Kirche A.B., Leopold Achberger (1903–1994)[462], dem altkatholischen Pfarrer Kurt Spuller (1924–2016)[463] und dem methodistischen Pastor Hugo Mayr (1931–2017)[464] gefeiert wurde. Damals hielt Achberger die Predigt. Dort sprach Franz Leopold, seit 1966 Regens des Knabenseminars und Direktor des Bischöflichen Gymnasiums, die Bitte um Vergebung für das in der Gegenreformation geschehene Leid aus. Als ebenso symbolkräftige ökumenische Handlung kann die dann 1968 vom katholischen Priester Robert Knopper[465] gehaltene Predigt in der Grazer Heilandskirche gesehen werden.

Der „Interkonfessionelle Arbeitskreis Ökumene in der Steiermark" (IAS) wurde im Februar 1969 einstimmig gegründet, dessen erster Vorsitzender der altkatholische Pfarrer Kurt Spuller war. Dass zu diesem Zeitpunkt alle christlichen Kirchen der Steiermark zur Kooperation bereit waren, zeigt zum einen, wie sehr sie von der Wichtigkeit der christlichen Einheit überzeugt waren, zum anderen, wie stark sich die Beziehungen unter den christlichen Konfessionen zu wandeln begannen. Der IAS erhielt 1971 ein eigenes Statut und wurde offiziell von allen beteiligten Kirchen anerkannt. Zu den Gründungsmitgliedern zählten die Altkatholische Kirchengemeinde Graz, die Evangelische Superintendenz Steiermark, die Evangelisch-Methodistische Kirchengemeinde Graz, die Griechisch-Orientalische Metropolis (seit 1970), die Koptisch-Orthodoxe Gemeinde Graz und die Römisch-Katholische Diözese Graz-Seckau. Nach dem zweiten Artikel des Statuts widmete sich der IAS „der gemeinsamen Erfüllung ökumenischer Aufgaben". Der Weg vom Nebeneinander zum Miteinander wurde eingeschlagen und gegangen.

Die Bischofsweihe von Johann Weber am 28. September 1969 im Grazer Dom stand bereits im Zeichen des ökumenischen Gedankens. Superintendent Martin

Kirchschlager (1910–1985)[466] sowie der altkatholische Pfarrer Spuller und Superintendent Mayr von den Methodisten tauschten mit Weber den Friedenskuss aus.[467] Dieser hatte sich schon als Pfarrer von Graz-St. Andrä evangelischen und orthodoxen Christen zugewandt sowie Kontakte zu Pfarrer Spuller gepflegt. Zusammen mit Pfarrer Josef Leuthner (1925–2004)[468] von der evangelischen Kreuzkirche lud Pfarrer Weber zu einem ersten ökumenischen Wortgottesdienst in der St. Andrä-Kirche während der Weltgebetswoche 1965 ein.

Für Leopold Städtler, der zum damaligen Zeitpunkt in der Obersteiermark wirkte, war die Ökumene „eine völlig neue Sache":

In Judenburg, Murau und Fohnsdorf hat es evangelische Pfarrer gegeben. Wir hatten von der katholischen Seite zu den Evangelischen keinen Kontakt. Erst in Graz hörte ich, dass der Bischof Weber seinerseits als Pfarrer in der altkatholischen Kirche eine Predigt gehalten hat, und der altkatholische Pfarrer Spuller hat in St. Andrä gepredigt. Dadurch bin ich überhaupt erst auf die Ökumene gestoßen. Von den Orthodoxen hatte ich keine Ahnung, von den Evangelischen habe ich wenigstens gewusst, dass es solche A.B. und solche H.B. gibt [Augsburgisches Bekenntnis, Helvetisches Bekenntnis]. *Ich hatte aber keine Kontakte. In der Ökumene ist sicher durch Bischof Weber viel geschehen.*

In seiner bischöflichen Amtszeit setzte Johann Weber starke Gesten und Initiativen, womit er wesentlich zum Wachsen der Ökumene in der Steiermark beigetragen hat. Er engagierte sich sehr für die Förderung des ökumenischen Bewusstseins in den Pfarren.

Gegenseitige Einladungen unter den christlichen Kirchen folgten, so beispielsweise in die steirische Superintendentialversammlung oder in den Diözesanrat. Es gab kein kirchliches Großereignis, bei welchem man nicht einen ökumenischen Bezug eingeplant oder ökumenische Gastfreundschaft mitbedacht hatte. Das Festjahr 1981 mit den beiden Großveranstaltungen des Steirischen Katholikentages sowie der Feier zum Toleranzjubiläum begingen beide christlichen Kirchen mit einem gemeinsamen Gottesdienst am 10. Jänner 1981 im Grazer Dom, „um zu bezeugen, dass Katholikentag und Toleranzjubiläum weder Gegensätze sind noch Gräben zwischen den historischen Kirchen der Steiermark aufreißen wollen, vielmehr ein Ausloten der eigenen Glaubenstradition beabsichtigen, ohne die andere zu übersehen".[469] Bischof Weber predigte am 24. Mai desselben Jahres in der Grazer Heilandskirche, Superintendent Dieter Knall sprach bei der Eröffnung des Steirischen Katholikentages 1981.[470]

Der „Tag der Steiermark" im Juni 1993, der unter dem Motto „Dialog" stand, bildete in der Entwicklung des gemeinsamen ökumenischen Weges in der Steiermark einen weiteren Höhepunkt: Diözesanbischof Weber hielt die Predigt in der Heilandskirche und

Generalvikar Städtler begrüßt Anba Gregorius (1919–2001)[471], koptischer Bischof in Kairo, und Johannes el Baramousy[472], Pfarrer der koptisch-orthodoxen Kirche in Österreich, 1981.

der evangelische Superintendent Ernst-Christian Gerhold[473] im Grazer Dom.[474] Zur Feier des gemeinsamen Schlussgottesdienstes auf dem Hauptplatz waren Vertreter aller Religionsgemeinschaften eingeladen, Bischof Weber und Superintendent Gerhold predigten im Dialog.

Eine Umbenennung des Interkonfessionellen Arbeitskreises Ökumene in der Steiermark in Ökumenisches Forum der christlichen Kirchen in der Steiermark – kurz Ökumenisches Forum –, eine Prüfung bzw. Änderung der Satzung und eine Neukonstituierung erfolgten am 24. November 1999. Seit Jahresanfang 2018 leitet Christian Leibnitz[475], seit 2011 Stadtpfarrpropst, als Vorsitzender das Ökumenische Forum, 2021 wurde er für eine weitere Amtsperiode wiedergewählt.

Ich muss sagen, das ist in Graz schon eine großartige Sache. Ökumene hat es schon sehr früh bei uns gegeben, und das Miteinander der christlichen Bekenntnisse wurde sehr gefördert. Mir hat auch Bürgermeister Alfred Stingl sehr imponiert, der dafür gesorgt hat, dass die einzelnen Religionsbekenntnisse in der Stadt zu einem Miteinander kommen, und der Bürgermeister Siegfried Nagl[476], der 2006 den Interreligiösen Beirat in der Stadtgemeinde errichtete.

Die Zweite Europäische Ökumenische Versammlung (EÖV) fand vom 23. bis 29. Juni 1997 in Graz statt und bedeutete für die steirische Landeshauptstadt eine Auszeichnung vorbildlich gelebter Ökumene. Die Versammlungswoche wurde zu einem Fest der Begegnung von Christinnen und Christen unterschiedlicher Konfessionen und führte auch zu intensiven Beratungen der 700 Delegierten, die als offizielle Kirchenvertreter in Arbeitsgruppen und Plenarsitzungen diskutierten und um Entscheidungen in den verabschiedeten Dokumenten rangen. Für alle Teilnehmenden gab es ein breites Programm, das von Workshops und Vorträgen über gemeinsame Gottesdienste und Gebete bis hin zu kulturellen Angeboten und festlichen Aktivitäten reichte; die Gastfreundschaft der Kirchengemeinden hinterließ bleibende Eindrücke. 25.000 Menschen, davon 5.000 aus den christlichen Kirchen Osteuropas, nahmen am Sendungs- und Segnungsgottesdienst im Grazer Stadtpark teil, der eine ansteckende Aufbruchstimmung vermittelte und den „Geist von Graz" spürbar werden ließ.

Die Zweite Europäische Ökumenische Versammlung war ja eine abenteuerliche Geschichte. In meinem bisherigen Leben habe ich noch nie so viele Orthodoxe in der Stadt gesehen. Man muss für diese ökumenische Versammlung sehr dankbar sein, und was möglich ist, soll man auch miteinander tun.

Leopold Städtler hebt sein gutes Verhältnis zu den steirischen Superintendenten der Evangelischen Kirche hervor:

Mit den Superintendenten Dieter Knall und Ernst Christian Gerhold bin ich immer bestens zurande gekommen. Wir sind öfter miteinander ein Stück gegangen, nicht hoch hinauf, mit Gerhold sogar in der Semriacher Gegend. Ich habe den Eindruck, dass es in der Ökumene gut weitergeht.

Erinnerungen an kirchliche Großereignisse

Während Städtlers Amtszeit als Generalvikar fanden herausragende kirchliche Großereignisse in der Diözese statt. Neben dem Steirischen Katholikentag 1981, der schon zur
Sprache kam, waren es der Österreichische Katholikentag mit Papst Johannes Paul II.
vom 10. bis 13. September 1983, wobei der Abschluss dieses Pastoralbesuches Mariazell
gewidmet war, der Tag der Steiermark am 26. Juni 1993 und die Europäische Ökumenische Versammlung vom 23. bis 29. Juni 1997. Mit diesen Großereignissen verbindet
Städtler besondere Erinnerungen und einen „Dialog des Lebens und des Handelns".

Leopold Städtler begleitet Kardinäle und Bischöfe anlässlich des Papstbesuches zur Basilika in
Mariazell, 1983.
Vorne links: Kardinal László Lekai, rechts: Kardinal Joachim Meisner (1933–2017)[477].

*Ich war 1983 beim Papstbesuch in Wien natürlich dabei. Als Generalvikar hast du bei obersten
politischen Herrschaften die Kommunion spenden müssen, und es hat geregnet und geschüttet.
Wenn wir aufgestanden sind, ist das Wasser nur so heruntergeronnen. Schrecklich war das, aber
durchgestanden haben wir es.*

Dann war der Papstbesuch in Mariazell. Ich war für die 54 Kardinäle, Erzbischöfe und Bischöfe verantwortlich. Von Wien bin ich direkt nach Mariazell. Drei Beamte des Innenministeriums und der stellvertretende Bezirkshauptmann von Bruck waren mir zugeordnet. Für alle Eventualitäten waren wir verantwortlich. Im großen Hotel am Hauptplatz untergebracht, verstanden wir uns bestens und waren überzeugt: „Passieren kann eigentlich nichts." Plötzlich kam ein Gendarmeriebeamter mit einem Mann daher, der mit einem Priester sprechen wollte. Er war dunkel, fast schwarz angezogen, ohne Kollar: Er sei ein geheimer Bischof aus Rumänien und möchte unbedingt mit dem Papst sprechen. Auf der Bischofsliste des Innenministeriums war er nicht verzeichnet. Was machen wir mit dem? Versuchen wir Kardinal König zu erreichen, der bereits mit dem Papst im Hubschrauber nach Mariazell unterwegs war. Wir erreichten ihn, und er bestätigte: „Ja, es gibt einen geheimen rumänischen Bischof, der so heißt. Passt auf ihn auf." Da er auf keinen Fall in die Öffentlichkeit wollte, haben wir ihm im Hotel ein Zimmer verschafft, ihm dort zu essen gegeben und einen Beamten des Innenministeriums gebeten, vor der Tür aufzupassen. Dem Kardinal haben wir mitgeteilt, was wir gemacht haben. Er wies uns an: „Führt ihn in den Pfarrhof, der Papst will mit ihm sprechen."

Dann kam der Papst mit dem Hubschrauber an. Mit allen Eminenzen und Exzellenzen stand ich vor dem Haupttor der Basilika zum feierlichen Empfang. Der Papst ging dann sofort in den Pfarrhof, um mit dem Geheimbischof zu reden. Er war tatsächlich ein geheim geweihter Bischof, der „schwarz" über Ungarn nach Mariazell kam, um den Papst zu treffen. Etwa eine halbe Stunde war er mit dem Papst zusammen. Dann wollte er sofort wieder weg, auf dem selben Weg über Ungarn. In der Öffentlichkeit wollte er auf keinen Fall erscheinen, das hätte ja sein Leben kosten können. Mit einem Brucker Gendarmerieauto wurde er ins Burgenland in die Nähe der ungarischen Grenze geführt. Für mich war das ein spannendes und aufregendes Erlebnis.

Beim Mittagessen im Pfarrhof waren die Priesterseminaristen Gäste des Papstes. Ich musste vor der Tür stehen, dass ja keine Exzellenz hineingeht. Scheinbar hat der Papst gewusst, was ich da zu tun habe. Beim Vorbeigehen sagte er: „Pass gut auf!" Beim Herausgehen nach dem Essen gab er mir die Hand und sagte: „Bleib katholisch!" Ich habe nur lachen können.

Trotz der scharfen Sicherheitsvorkehrungen kam es zu zwei unvorhergesehenen Begebenheiten, die Schlimmes befürchten ließen und letztendlich – glücklicherweise – sich als harmlose Vorkommnisse erwiesen.

Zwei außergewöhnliche Situationen hat es schon gegeben: Am Vorabend war plötzlich die Basilika hell erleuchtet: Das gibt's ja gar nicht, die ist ja zugesperrt! Der Beamte des Innenministeriums hat sofort Alarm geschlagen, es gab ja Scharfschützen auf den Dächern und Gendarmen mit scharfen Hunden. Die waren schnell da. Es hat kein Mensch gewusst, was unter Umständen wirklich passieren könnte. Die Basilika wurde aufgesperrt: Bei der Orgel oben war Licht. Was war da los? Es war der Organist, der für den Festgottesdienst proben wollte und den Schlüssel vom guten Pater Veremund [P. Veremund Hochreiter (1917–1994)][478] *bekommen hat. Ihn haben wir dann einmal „zusammengeputzt“: „Du hast genau gewusst, dass da niemand mehr hinein darf, weil ja rundherum alles bewacht wird.“ Er hat mich dann gebeten, für die Papstmesse alles noch einmal durchzuschauen. Das war das eine Problem, das dann sofort gelöst war.*

Am nächsten Tag stellen wir fest, dass auf der Stiege ein kleines Blumenstöckerl stand. Wie gibt's denn das? Da ist ja alles abgesperrt. Die Leute vom Innenministerium und die Gendarmerie haben sich das angeschaut. Eine Frau kam hintennach. „Verschwinden Sie, Sie haben hier nichts zu suchen!“ Sie wollte nicht gehen. „Was wollen Sie da?“ „Ja, das Blumenstöckerl habe ich da hergestellt.“ Die Frau hat es trotz der Bewachung zusammengebracht, einen Blumenstock auf die Stiege zu stellen. Die Sicherheitsbeamten glaubten, dass da sicher irgendwas drinnen sei. Mit einer irrsinnig langen Stange waren sie sofort zur Stelle, um zu überprüfen, ob da nicht Sprengstoff drinnen ist. Das waren Begebenheiten, an die ich mich beim Papstbesuch in Mariazell noch gut erinnere.

Der weitere Ablauf des Großereignisses bot weniger Anlass zu Besorgnis. Reaktionsvermögen und helfende Hände des Generalvikars waren gleichwohl nötig.

Grundsätzlich ist aber alles reibungslos gegangen. Die Kardinäle sind dort stehengeblieben, wo man sie hingestellt hat, bis das nächste Kommando gekommen ist. Bei den Erzbischöfen ist es auch noch recht gut gegangen, aber die Bischöfe, die sind ständig herumgegangen und haben ununterbrochen geredet. Am Abend davor haben wir mit den Herrschaften vom Innenministerium noch so gelacht. Einer hat mich gefragt, ob ich wohl alles eingesteckt habe, was ich brauche, wenn einer von den hohen Herren irgendwas benötigt. Ich dachte mir: „Naja, Schneuztüchl und ein paar so Sachen habe ich schon mit, aber ich werde ja nichts brauchen.“ „Naja, wir brauchen auch immer etwas“, haben sie gesagt. Kaum hatten wir die Eminenzen und Exzellenzen aufgestellt, sagte der Kardinal Lékai aus Ungarn, dass ihm ein Knopf beim Talar abgebrochen ist. Er brauche einen Zwirn und jemand, der ihm den Knopf annäht. Natürlich hatte ich weder einen Zwirn noch eine Nadel mitgehabt. Aber das haben wir dann schnell organisiert, das war das Einzige.

Der Kardinal Lékai wollte auch einen Schnaps haben. Vor allem mit diesen Kardinälen war es recht lustig. Der Kardinal aus Irland [Tomás Séamus Kardinal Ó Fiaich (1923–1990)][479] *war ein fröhlicher Mensch. Aber „den Haufen“ zusammenzuhalten, das war nicht ganz einfach. Aber es ist Gott sei Dank alles gut gelaufen.*

Was die Bedeutung des Papstbesuches 1983 anbelangt (wie auch der Pastoralvisiten von Johannes Paul II. 1988 und 1998 in Österreich), so lagen sie nach Städtlers Meinung weniger in der Stärkung des persönlichen Glaubens der Christen als vielmehr in der öffentlichen Wahrnehmung der Kirche des Landes.

Der Papstbesuch in Wien und vor allem Mariazell war natürlich auch eine große Sache, aber ob sie für den persönlichen Glauben viel gebracht haben, das weiß ich nicht. Die Pastoralbesuche des Papstes waren in der öffentlichen Wahrnehmung sicher Ereignisse, die hoch anerkannt worden sind. Der Papst kommt, und so viele Menschen sind da beisammen. Aber für den persönlichen Glauben der Menschen, glaube ich, hat es weniger gebracht. In Wien sind wir lange am Heldenplatz gesessen, es war ein wunderschöner Tag. In der großen Gemeinschaft hast du irgendeinen von einer anderen Diözese getroffen, den du schon lange nicht mehr gesehen hast. Das gab schon eine große Freude. Für die Öffentlichkeit sind solche Ereignisse, glaube ich, auch notwendig.

Konfliktträchtige Bischofsernennungen in Österreich

Mit mehreren Bischofsernennungen in Österreich ab Ende der achtziger Jahre gingen Spannungen und Konflikte einher, die Misstöne und Misstrauen säten. Dies betraf vor allem die Besetzung der Bischofsstühle in Wien und Sankt Pölten. Da Diözesanbischof Weber von 1995 bis 1998 als Vorsitzender der Österreichischen Bischofskonferenz fungierte, war er durch diese Angelegenheiten besonders herausgefordert und empfand sie als belastend, ebenso sein Generalvikar. Gegen den Wiener Erzbischof Kardinal Hans Hermann Groër (1919–2003)[480] wurden Vorwürfe des sexuellen Missbrauchs erhoben, die schließlich zu seinem Rücktritt führten.

Ich kann mich noch gut erinnern, wie der Groër ernannt worden ist, da war ich gerade auf der Fahrt zu einem Jungscharsportlager zum Schloss Schielleiten. Ich habe den Namen vorher nie gehört. Unser Bild von Bischöfen war geprägt von Weber oder Aichern [Maximilian Aichern][481] oder dem Tiroler Bischof Stecher [Reinhold Stecher (1921–2013)][482] und dem Weihbischof Krätzl [Helmut Krätzl][483] in Wien. Mit denen hat man reden können, die waren aufgeschlossen. Die sind als Bischöfe normale Menschen geblieben, würde ich sagen. Die Leute haben das sofort kapiert. Und die Leute, das war interessant, haben sich auch sofort ein Urteil gebildet.

Die Zeit, in der Bischof Weber den Vorsitz der Bischofskonferenz hatte, war für ihn eine schwierige Zeit. Das kostete ihm schlaflose Nächte. Und vor allen Dingen, wie er da in Rom behandelt wurde, weil ihm nicht geglaubt wurde. Das war ja unglaublich. Da habe ich dem Nuntius [Donato Squicciarini (1927–2006)][484] meine Meinung gesagt: „Da wird der Vorsitzende der Bischofskonferenz im Vatikan ‚zusammengeputzt‘, weil er die Wahrheit sagt und wie das Volk enttäuscht ist durch das Verhalten eines Bischofs, der mit Missbrauchsvorwürfen konfrontiert wurde.“ Das waren schwere Zeiten nicht nur für Bischof Weber allein.

Wie konnte es zu den Bischofsernennungen in Wien und Sankt Pölten kommen? Nach Städtler habe dazu nicht nur die persönliche Präferenz von Papst Johannes Paul II. beigetragen, sondern auch die Einflussnahme einzelner Politiker aus Österreich: „Ja, ich glaube und bin überzeugt, das waren österreichische Politiker über die Nuntiatur.“

Leopold Städtler vertritt die Meinung, dass das Ansehen der Kirche unter den Menschen und in der Gesellschaft stark von den leitenden Persönlichkeiten abhängt.

Das Image der Kirche hängt ganz stark von den Obrigkeiten ab, da kannst du sagen, was du willst. Die Kirche wird so beurteilt, wie der Bischof ist. In den Pfarren wird die Kirche nach dem Pfarrer beurteilt. Wenn gesagt wird: „Mit dem Pfarrer kannst du reden“, dann ist das

das größte Lob, das du kriegen kannst. Und für die Diözese, für die Kirche in der Steiermark ist halt einmal der Erste der Bischof. So wie der Bischof ist, so wird Kirche im Allgemeinen beurteilt.

In den 1980er und 1990er Jahren habe man die steirische Kirche „eindeutig nach dem Bischof Weber" beurteilt: „Es ist halt einmal so, auch bei einem Verein schaut man, wie der Obmann ist."

Ich finde, es ist einfach unheimlich positiv gewesen, was sich da ja alles im Laufe dieser Zeit geändert hat. Wenn man daran denkt, in der Ersten Republik gab es den Politischen Katholizismus. Die Kirche und die Christlichsoziale Partei waren praktisch in einer Ehe. Dass es möglich war, bis zu den siebziger Jahren ein neues Verhältnis in unserer Diözese zwischen Kirche und politischen Parteien aufzubauen, zwischen Kirche und Arbeiterschaft neues Vertrauen herzustellen und einander ernst zu nehmen, war eine ganz große Errungenschaft. Damit begann auch eine hoffnungsvolle Zukunft für die Diözese, für die Menschen in Kirche und Land.

Leitungsaufgaben und Funktionen

Eine große Anzahl an Leitungsaufgaben und Funktionen hatte Prälat Städtler während und auch in den Jahren nach seiner Amtszeit als Generalvikar inne, auf diözesaner Ebene sowie im außerkirchlichen Bereich.

Bereits 1972 wurde er von Bischof Weber in das Grazer Domkapitel berufen, von 1989 bis 2007 übernahm er die Funktion des Dompropstes und damit den Vorsitz im Domkapitel.[485] Er gehörte dem Diözesangericht als Promotor iustitiae an. Bis 1983 fungierte Städtler zudem als Pro-Synodalexaminator; demnach war er Prüfer bei den Pfarrbefähigungsprüfungen von Priestern. Dieses Amt gab es im erneuerten Kirchenrecht seit 1983 nicht mehr.

Von Amts wegen gehörte Leopold Städtler der Konferenz der Generalvikare Österreichs als auch der Konferenz der Generalvikare des deutschen Sprachraumes an. So beteiligte er sich regelmäßig an deren Zusammenkünften. Im Mai 1997 lud er selbst zur Tagung in die Steiermark ein. 40 Generalvikare aus dem deutschsprachigen Raum, aus Österreich, Deutschland, der Schweiz und Südtirol nahmen daran teil, tagten auf Schloss Seggau, begaben sich zum Ursprung der Diözese nach Seckau und feierten mit Bischof Weber Gottesdienst am Hochfest Christi Himmelfahrt im Grazer Dom.[486]

40 Generalvikare aus dem deutschsprachigen Raum tagten auf Schloss Seggau, 1997. In der Bildmitte: Generalvikar Leopold Städtler.

Als Generalvikar gehörte Städtler folgenden diözesanen Gremien an: dem Konsistorium, dem Priesterrat, der Dechantenkonferenz, dem Diözesanrat, der diözesanen Superioren-konferenz sowie der Auszeichnungskommission für Priester und Laien. Er stand dem Dienstpostenausschuss vor, der sich aus den Leitern von Rechtsamt, Personalbüro und Finanzkammer zusammensetzte; diese waren übrigens allesamt Laien.

Städtler war Vorsitzender der Amtsleiterkonferenz im Ordinariat. Als Personalrefe-rent war er zunächst selbst Mitglied des Personalausschusses, der dem Generalvikariat zugeordnet war. Als Generalvikar leitete er diesen dann. Ebenso war er als Generalvikar Vorsitzender der Kommission für den Ständigen Diakonat und Vorsitzender der Diszi-plinarkommission für kirchlich bestellte Religionslehrer, welche beim Amt für Schule und Bildung angesiedelt war. Er gehörte als Mitglied dem Diözesanvermögensrat und dem Kindergartenbauausschuss an. Zunächst war er Mitglied des Bauausschusses der Diözese, dann übernahm er dessen Vorsitz von Kanzler Johann Reinisch und trug große Verantwortung für die Bauangelegenheiten der Diözese.[487]

In jene Zeit fiel auch das größte Bauvorhaben in der Diözesangeschichte, nämlich die Sanierung des Grazer Priesterseminars; der Kostenaufwand belief sich auf rund 240 Millionen Schilling. Drei Monate nach dem „Tag der Steiermark" wurde am 26. September 1993 mit einem Festgottesdienst im Grazer Dom, der bis auf den letzten Platz gefüllt war, das 775-Jahr-Jubiläum der Diözese Graz-Seckau begangen und gleich-zeitig das generalsanierte Priesterseminar feierlich eröffnet. Seit 450 Jahren besteht „das geistige und religiöse Herz der Diözese", wie es Leopold Städtler treffend zum Ausdruck bringt.[488] Dieser konnte mit großer Freude eine beachtliche Festgemeinde, darunter viel Prominenz aus Kirche, Politik und Gesellschaft, im Hof des Priesterseminars begrüßen. Die Segnung des Priesterseminars nahm Bischof Weber vor. Der Jubiläumsgottes-dienst und die Begegnung im Renaissancehof des renovierten Priesterseminars wurden zu einem unvergesslichen Fest des Glaubens, die steirischen Dekanate sorgten für die Gastfreundschaft.

Die 72-seitige Farbillustrierte „Zeichen der Hoffnung", gedruckt im Styria Druckzen-trum in Graz-Messendorf, dokumentierte die kirchlichen Ereignisse des Jahres 1993 – den Tag der Steiermark, das 775-Jahr-Jubiläum der Diözese Graz-Seckau und die Eröffnung des Priesterseminars – in Wort und Bild. Mit einer Auflage von 130.000 Stück war diese Veröffentlichung in den steirischen Pfarren erhältlich. Mit einem finanziellen Beitrag im Zuge des Erwerbs der Broschüre konnte die Generalsanierung des Priesterseminars finanziell unterstützt werden. Der Verein der Freunde des Priesterseminars hat sowohl die finanzielle Unterstützung der Renovierung als auch die Förderung der Einstellung zum Priesternachwuchs zum Ziel.

Seit 1974 war Städtler Mitglied im Katholischen Pressverein (Katholischer Medien Verein), von 1980 bis 2004 Mitglied des Verwaltungsausschusses, von 1992 an Mitglied des

Sanierungsbeginn im Priesterseminar in Anwesenheit des Grazer Bürgermeisters Alfred Stingl, des Vizebürgermeisters Erich Edegger (1940–1992)[489] und des Regens Gottfried Lafer, 1991.

Feierliche Eröffnung des generalsanierten Priesterseminars,
Begrüßung der Festgemeinde durch Leopold Städtler, 1993.

Direktionsrats der Styria / des Katholischen Pressvereines bis zur AG-Werdung der Styria im Jahr 1997. Er gehörte als Mitglied dem Gründungsvorstand der Katholischer Medien Verein Privatstiftung (Mehrheitseigentümerin der Styria Media Group AG) von 1997 bis 2012 an. Am 10. April 2015 nahm er im Rahmen des Festakts die Segnung des neuen Styria Media Centers Graz am Gadollaplatz 1 vor.

Festakt am 10. April 2015 mit Premiere der Fernsehdokumentation „Josef Ritter von Gadolla" in der Messe Graz.
V. r. n. l.: Styria-Aufsichtsratsvorsitzender Friedrich Santner[490], Leopold Städtler, Bürgermeister Siegfried Nagl, Landeshauptmann-Stellvertreter Hermann Schützenhöfer[491], Landeshauptmann Franz Voves[492], Superintendent Hermann Miklas[493], Bischofsvikar Heinrich Schnuderl[494], Johann Trummer, Obmann des Katholischen Medien Vereins.

Leopold Städtler ist dem Diözesanmuseum, als dessen Kustos er von 1990 bis 2009 fungierte, sehr verbunden. Das Diözesanmuseum war ab dem Jahr 1974 in einem Teil des Gebäudekomplexes des Minoritenklosters am Grazer Mariahilfer Platz 3 untergebracht, nachdem diesen die Diözesane Treuhandverwaltung übernommen hatte, zumal der Orden die Klosterräume nicht mehr zur Gänze nutzen konnte. Schon damals hatte Leopold Städtler die Umbauphase des Diözesanmuseums wesentlich unterstützt. 2002 wurde innerhalb einer sechsmonatigen Bauzeit die Generalsanierung des Diözesanmuseums vorgenommen.

Sanierung des Diözesanmuseums: Erster Hammerschlag als Kustos des Diözesanmuseums, rechts: Gemeinderätin Sissi Potzinger[495], 2002.

Als der Mietvertrag im Minoritenkloster auslief, fand das Diözesanmuseum in den Erdgeschoßräumen des Grazer Priesterseminars einen neuen Standort. Es wurde im März 2010 von Bischof Egon Kapellari feierlich wiedereröffnet. Eine große Anzahl an Ausstellungseröffnungen nahm Leopold Städtler als Kustos vor. Er steuerte den Ausstellungen sogar manche Exponate aus seiner Briefmarkensammlung oder aus der Sammlung seiner Marienandachtsbilder bei.

Als Generalvikar war Städtler für die Vergabe von Kunstpreisen der Diözese zuständig, so für den Filmpreis der Diözese und den Ankaufspreis der Diözese Graz-Seckau für zeitgenössische bildende Kunst. Schon 1965 war er von Bischof Schoiswohl zum Mitglied der Sektion für kirchliche Kunst in der Diözese Graz-Seckau ernannt worden.

Ebenso wirkte Leopold Städtler in der Bischof-Johann-Weber-Stiftung mit, die anlässlich des silbernen Bischofsweihejubiläums vom damaligen Diözesanbischof im November 1994 für die Steiermark und ihre Nachbarländer ins Leben gerufen worden war. Damit werden Studienaufenthalte für junge Menschen aus ehemals kommunistischen Ländern ermöglicht.

Er war Vorsitzender der Kuratorien für den Kirchlichen Vermögenfonds Minoritenkloster Graz und des Dr.-Friedrich-Funder-Fonds. Auch im Verwaltungsrat Bischöfliches Seminar – Bischöfliches Gymnasium war Prälat Städtler vertreten.

Heimo Kaindl[496] (rechts), Direktor des Diözesanmuseums, mit Helmut Burkard[497]
und Leopold Städtler, o. J.

Generalvikar Städtler, Nuntius Squicciarini, Regens Josef Bierbauer[498] und Direktor Leipold im Bischöflichen Seminar und Gymnasium, 1990.

Am Ball des Steirischen Bauernbundes mit Minister Josef Riegler[499] und Hofrat Gerold Ortner[500], 1988.

Wichtige Repräsentationsaufgaben im öffentlichen Leben im Land, der Stadt und bei Behörden und Institutionen nahm er wahr. Auch gehörte Städtler über viele Jahre dem Raumordnungsbeirat der Steiermärkischen Landesregierung an.

Zeitintensive Gespräche führte er als Generalvikar mit dem Klerus, dem Personalbüro, dem Bauamt, der Finanzkammer, mit dem Generalsekretär der Katholischen Aktion und der Jugend. Er nahm zahlreiche Ehrungen von Ordinariatsmitarbeiterinnen und -mitarbeitern vor, indem er sich bei jenen für ihren persönlichen Einsatz bedankte, der oft über den bezahlten Einsatz hinausging. 1980 wurden ihnen erstmals die „Treueringe der Diözese" übergeben. 1986 wurde seine ehemalige Mitarbeiterin Friederike Krienzer für ihren 25-jährigen Dienst in der Diözese geehrt. Dieser folgte Maria Pichler nach, die ihn als Sekretärin bis zu seinem Abschied als Generalvikar verlässlich unterstützte.

Jahrestagung des Kummerinstituts Steiermark in Mariatrost, 1991.
1. Reihe v. l. n. r.: Hans Stoisser[501], Franz Hasiba[502], Leopold Städtler und Hermann Schützenhöfer.

„Ein Mensch, auf den man sich verlassen kann" – Beendigung der Tätigkeit als Generalvikar

Als Leopold Städtler seinen 60. Geburtstag im April 1985 feierte,[503] hielt Bischof Weber – als „Sprecher der Katholiken, zumal der Priester unseres Landes" – eine aufschlussreiche Ansprache, nicht nur bezüglich ihres gewachsenen Vertrauensverhältnisses seit gemeinsamen Studienjahren und dessen Dienst als Generalvikar:

„1970 habe ich ihn sozusagen ausgeliehen. Es war daran gedacht, daß er wieder in seine Pfarre zurückkehre, aber dann kam es anders. Er wuchs in seine Aufgaben, die zuerst die Strukturen der Diözese ändern mußten, so sehr hinein, daß er bald (1973) Personalreferent wurde und schließlich – wie gesagt – 1976 zum Generalvikar bestellt wurde. […]

Es geht mir einfach gut mit ihm. Er bringt das Kunststück zusammen, seinem Bischof ein getreuer Vikar zu sein und zugleich ein in Kürze gar nicht beschreibbares Maß von selbständigem Überlegen, Planen, Überprüfen und Durchführen zusammenzubringen. Er ist der Mensch, auf den man sich verlassen kann. Und der dann immer und immer wieder sozusagen nebenbei und ohne Aufhebens in einer ungespielten Bescheidenheit wieder etwas Neues zum Nutzen unserer Diözese vorweist."

Die Worte des Bischofs spiegeln zugleich eine wirklichkeitsnahe Einschätzung des Dienstes als Generalvikar und der Persönlichkeit Städtlers wider:

„Das, was das Kirchenrecht in nüchternen Worten beschreibt, ist in Wirklichkeit – und das ist das Beglückende in unserer Kirche – nur die Schale für ein Leben von Herausforderung, mitunter Ratlosigkeit und ständiger Erfahrung der Gnade. Es ist ein Leben, das romantische Floskeln nicht verträgt, in dem aber in der Nüchternheit der Anforderungen ein nüchterner Mann sehr deutlich die Dankbarkeit, die Sympathie und die gute Kameradschaft derer erfahren darf, mit denen er spricht, die er berät, mitunter auch zurechtweisen muß."[504]

Im Jahr 1995 zeigte sich ein weiteres Mal öffentlich, welche hohe Wertschätzung sich Leopold Städtler in der steirischen Öffentlichkeit erworben hatte. Aus Anlass des 70. Geburtstages, den er am 23. April freudig beging, lud Diözesanbischof Weber zu einem Empfang in das Refektorium des damals erneuerten Priesterseminars ein. Landeshauptmann Josef Krainer (1930–2016)[505] und Spitzenvertreter aus Politik und Wirtschaft, Kirche und Gesellschaft nahmen daran teil. Bischof Weber bezeichnete seinen Generalvikar als „Architekt[en] und Vorarbeiter Gottes" in der Diözese. Als Architekt arbeite Städtler „sachgemäß" und „menschengemäß". Er habe versucht, „verzwickte Situationen gerade im Personalbereich im Sinne der Seelsorge zu lösen und Schwierigkeiten offen ins Gespräch zu bringen".[506] Als Vorarbeiter stehe er selbst in der Seelsorge und könne andere motivieren. Kurz vor dem 70. Geburtstag war Leopold Städtler die höchste kirchliche Auszeichnung für einen (Welt-)Priester verliehen worden: der Titel „Apostolischer Protonotar".

Feier anlässlich des 70. Geburtstags von Generalvikar Leopold Städtler, 1995.

Anlässlich dieses Festtages sprach der Chefredakteur des Sonntagsblattes, Herbert Meßner[507], der Städtlers ehemaliger Ministrant gewesen war und für den Städtler die Primizpredigt gehalten hatte, mit dem Altgeneralvikar in einem Interview über dessen Erfahrungen als Priester. „Mit dem können wir reden" habe Städtler oftmals als Pfarrer von Judenburg-St. Magdalena vernommen. Die Leute erlebten die Kirche hauptsächlich im zuständigen Pfarrer. Es käme darauf an, „mit den Leuten zu leben, hinzugehen zu ihnen, an ihrem Leben teilzunehmen. Ich habe in Judenburg-St. Magdalena nie gespürt, dass der Pfarrhof eine Schwelle war. Die Leute konnten einfach kommen."[508]

Der Abschied vom Amt des Generalvikars nahte im Jahr 1997. Eigentlich hatte Leopold Städtler seinen Dienst mit seinem 70. Geburtstag beenden wollen, doch fügte er auf ausdrückliche Bitte von Bischof Weber noch zwei Amtsjahre an. In jener Zeit leitete er noch die Umstellung des Ordinariatsbetriebs auf EDV ein.

Mit dem 1. September 1997 schied Prälat Städtler aus dem Amt des Generalvikars, der damalige Pastoralamtsleiter Helmut Burkard folgte ihm. Kirche und Land Steiermark verabschiedeten ihn mit einem bewegenden Dankfest.[509] Waltraud Klasnic[510], Landeshauptmann der Steiermark, würdigte dessen Verdienste, vor allem um die gelungene

Der scheidende Generalvikar Leopold Städtler im Gespräch mit seinem Nachfolger Helmut Burkard, 1997.

Generalvikar Städtler überreicht Bischof Weber das von ihm mitherausgegebene Buch „Schloß Seggau. Geschichte, Architektur und Kunst der steirischen Bischofsburg", 1997.

Partnerschaft zwischen Land und Kirche, der Grazer Bürgermeister Alfred Stingl stellte dessen Bemühungen um Arme, Arbeitslose, Fremde und Bettler im Dialog mit der Stadt heraus.

Bischof Weber griff seine bisherigen *laudationes* auf und erzählte vom Rat, den er und andere gegeben haben, wenn es Probleme zu lösen gab: „Geh zum Generalvikar!" Zuständig für die Organisation und das Personal der Diözese, habe sich Städtler um „eine Seelsorge, die den Gegebenheiten der Zeit und dem Strukturwandel in unserem Land gerecht wird", gekümmert. Er schloss beim Abschiedsfest mit einem persönlichen Dank: „Wir haben miteinander studiert und dann in unseren Ämtern voll Vertrauen miteinander gearbeitet." Der Diözesanbischof betonte „persönliche Vorlieben" seines langjährigen Generalvikars wie „Bergsteigen, großes Kunstverständnis, Briefmarkensammeln und Geselligkeit".[511]

Der Grazer Kirchenhistoriker und damalige Dekan der Katholisch-Theologischen Fakultät an der Universität Graz, Maximilian Liebmann, widmete dem scheidenden Generalvikar die druckfrische Ausgabe des zweiten Heftes der Reihe „Christentum und Kirche in der Steiermark". Als Generalvikar hatte Städtler wesentlichen Anteil daran, dass die sechs Ausgaben umfassende Reihe zur steirischen Diözesangeschichte in den Pfarren weite Verbreitung fand.[512]

Stefanie Fuchs und Andreas Gjecaj[513], Vertreter des Betriebsrats, überreichten dem scheidenden Generalvikar als Dank eine mundgeblasene Bärnbacher Glasvase, den Einsatz Städtlers als Industrie- und Arbeiterseelsorger, der aus der Weststeiermark stammt, symbolisierend. Zugleich wurde mit dem Glas die Klarheit seiner Persönlichkeit zum Ausdruck gebracht: Er habe es verstanden, „glasklare Worte" zu sprechen, und man wusste bei ihm, woran man war. Die Vase als Gefäß für Blumen wurde als Bild für Leopold Städtler verwendet, der immer „sein Amt mit seinem Menschsein zu verbinden wußte". In seinem Festvortrag „Bergpredigt und Bürokratie"[514] würdigte der Linzer Pastoraltheologe Wilhelm Zauner den beliebten, langjährigen Generalvikar, der sich als großer Organisator der Diözese Graz-Seckau verdient gemacht habe und doch kein Bürokrat gewesen sei. Aus der umfassenden Korrespondenz, welche Personen des kirchlichen und öffentlichen Lebens mit Prälat Städtler geführt haben, nicht nur zum Ende von dessen Amtszeit, geht die hohe Wertschätzung hervor, die er als Amtsträger weit über die Steiermark und Österreich hinaus genossen hat.

IM RUHESTAND:

ZURÜCKBLICKEN UND AKTIV BLEIBEN

Leopold Städtler, 2020.

Aushilfspriester und Seelsorger
für kranke und ältere Priester

Im Ruhestand konnte Städtler sich nun jenen Bereichen der Seelsorge widmen, für die er in seiner aktiven Zeit als hoher Verantwortungsträger der Diözese weniger Zeit fand. Die Aushilfe in priesterlosen Pfarren, um dort am Sonntag den Gemeindegottesdienst zu feiern, aber auch Besuche bei alten und kranken Priestern hatten für ihn seitdem oberste Priorität. Leopold Städtler half regelmäßig in vielen Pfarren aus, so etwa in Kitzeck oder auch in Osterwitz. Heute noch feiert er die kirchlichen Hochfeste in Kalwang oder die Sonntagsmessen bei weiblichen Ordensgemeinschaften, wie den Kreuzschwestern, in Graz.

Als Generalvikar habe ich eines bemerkt, wo ich in meiner Amtszeit sehr nachlässig war: im Besuchen älterer Priester. Dafür hatte ich nie richtig Zeit. Hie und da bin ich beim Vorbeifahren stehengeblieben. Nun habe ich mir im Ruhestand gesagt: Das mache ich jetzt auf alle Fälle anders. Ich werde schauen, dass ich hauptsächlich für die alten und kranken Priester meine Zeit verwenden werde. Bischof Weber habe ich gesagt, dass ich keine Pfarre übernehmen werde, aber selbstverständlich bereit bin, jedes Wochenende dort auszuhelfen, wo ich gebraucht werde. Und das habe ich dann auch so gemacht: Jeden Samstag und Sonntag habe ich irgendwo ausgeholfen.

Vor allem die Priester in den Krankenhäusern und die alten Priester habe ich besucht. Das machte ich regelmäßig und habe viel Dank dafür bekommen. Meistens haben wir auch miteinander Mittag gegessen. Die Wirtschafterinnen hatten durchwegs eine Freude über meinen Besuch: „Da kommt der Städtler aus Graz, den kennen wir eh." Dabei bin ich draufgekommen, wie es einem alten Priester wirklich geht. Von der Diözese weiß er nicht mehr viel. Mir geht's jetzt ganz gleich. Würde ich nicht mit Dompfarrer Heinrich Schnuderl frühstücken, wüsste ich auch kaum etwas. Du bist einfach weg. Bischof Weber hat mir einmal nach seiner Resignation gesagt: „Du, eigentlich wissen wir nur mehr das, was im Sonntagsblatt steht."

Bei manchen kranken Priestern habe ich viel Zeit verbracht und im Zuge dessen auch alle Krankenhäuser der Steiermark und dasjenige in St. Veit an der Glan kennengelernt wie auch das große Kreuzschwesternspital in Linz. Dort waren vor allem kranke Admonter Stiftsgeistliche. Hervorragend fand ich die Krankenhäuser auf der Stolzalpe und in Rottenmann[515]. Die meisten Primare und viele Oberschwestern kannte ich persönlich. Auf der Stolzalpe haben sie gesagt: „Wir haben den großen Vorteil, dass bei uns fast nur Leute aus der Umgebung arbeiten. Die kennen sich alle." Und in Rottenmann haben sie das gleiche gesagt. Das hat man einfach gemerkt, in diesen Häusern war alles etwas anders. Es war eine große Ruhe da, eine unglaubliche Freundlichkeit von allen, ob das jemand vom Putzdienst oder

Weihe der „Leopold-Glocke" in der Pfarre
Graz-St. Leonhard, 8. November 1998,
links: Pfarrer Franz Fink.

Altarweihe in St. Andrä im Sausal, 9. August 1999, links: Pfarrer Anton Lierzer[516].

ein Arzt war. Die Dechanten habe ich gebeten: „Meldet mir bitte jeden Kranken sofort." Das hat gut funktioniert. Innerhalb von ein, zwei Tagen habe ich immer gewusst, wo einer liegt und was er hat. Langsam habe ich mich auch ziemlich gut in den einzelnen Krankenhäusern ausgekannt. Dieser Dienst hat mir große Freude bereitet.

Als ranghoher Geistlicher und Generalvikar im Ruhestand wurde Leopold Städtler oftmals von den Pfarren zu Anbetungstagen, zu Jubiläumsgottesdiensten, zu Firmungen oder anderen festlichen Ereignissen, wie Glocken- und Altarweihen oder Pfarrhofsegnungen, eingeladen. Doch sein Einsatz wurde im Jahr 2016 jäh durch unerwartete gesundheitliche Probleme beeinträchtigt.

Ja, dann habe ich halt ausgeholfen, und ich bin auch zu verschiedenen Festivitäten immer wieder eingeladen worden: Anbetungstag oder Pfarrfest oder irgendwas zu weihen. Zu solchen pfarrlichen Festivitäten haben sie halt einen höherrangigen Priester gebraucht. Bis zum Jahr 2016 ist das hervorragend gut gegangen, und dann hat es mich erwischt. Ich bin bei der Messe in der Domherrenkapelle zusammengebrochen. Dompfarrer Schnuderl hat mich schnell ins Krankenhaus der Elisabethinen gebracht. Die Untersuchung hat ergeben, dass die rechte Niere total versagt hat. Der Oberarzt sagte, dass es ziemlich knapp war. Als ich ihn gefragt habe, was knapp gewesen sei, schaute er mich verdutzt an: „Ja, das mit der Niere." Ich hatte keine Ahnung und nie etwas gespürt. Im LKH Graz haben sie mich wieder hergerichtet. Fünf Tage bin ich in der Intensivstation gelegen. So etwas habe ich zum ersten Mal erlebt.

Mit dem Autofahren musste ich aufhören. Innerhalb von wenigen Tagen habe ich das Auto verkauft, seitdem muss ich halt abgeholt werden. Und das ist heute noch so in den verschiedenen Pfarren, in denen ich aushelfe: Osterwitz holt mich ab, Frannach holt mich ab, und der Pfarrverband Liesingtal[517] holt mich ab. In Graz feiere ich nach wie vor die heilige Messe bei den Kreuzschwestern oder in der Dult, wenn sie mich brauchen. So ist mein Leben jetzt. Ich bin in Frieden, glaube ich, vom Werk der Krankenbesuche, die mir viel Freude schenkten und die ich für notwendig erachtet habe, geschieden. Viele Kontakte waren automatisch da, weil ich viel draußen war, bei den Alten und Kranken. Was ich so erlebt habe, hat mich zur Erkenntnis geführt, dass jeder sein Leid zu tragen hat. Auch Altwerden muss man erst lernen. Da kommen Sachen daher, mit denen du vorher nie etwas zu tun gehabt hast.

Von Hobbys und dem Altwerden

Auf die Bedeutung von Hobbys beim Älterwerden verweist Leopold Städtler. Er ist überzeugt, dass „jeder und jede ein gescheites Hobby braucht". Dabei ist die damit verbundene soziale Komponente bei älter werdenden und einsamen Menschen nicht zu unterschätzen. Und das Altwerden ist ein Lernprozess.

Ein Priester, der kein Hobby hat, ganz gleich was es ist, das ist ein armer Mensch. Denn wenn er ein Hobby hat, hat er irgendetwas, das ihn interessiert, wo er sich wieder dazusetzt. Außerdem findet er vielfach Leute, die das Hobby teilen, da kommt er in Kontakt. Fast jeden Priester, der in Pension gegangen ist, habe ich gefragt: „Hast du ein Hobby?" Da habe ich manchmal schon geschaut. Der Pfarrer Platzer [Franz Platzer (1939 2019)][518] von Allerheiligen war zum Beispiel Kunsttischler. Davon hatte ich keine Ahnung, obwohl ich ihn jahrzehntelang kannte.

Ich halte das für ganz wichtig, weil die Einsamkeit im Alter einfach da ist. Leute, die du gut kennst und die älter sind, die sterben nach und nach. Du wirst immer einsamer, auf einmal bleibst du halt über. Ohne Hobby „lebst" du so dahin, du beschäftigst dich ununterbrochen nur mit dir selbst, das ist überhaupt nicht gut. Hobbys und das Altwerden-Lernen finde ich ganz wichtig. Ich lebe ja noch und kann für die Kirche noch etwas tun.

„Altpapiersammler"

Ein leidenschaftliches Hobby von Leopold Städtler ist das Briefmarkensammeln. Vor mehr als acht Jahrzehnten ließ der damalige Ligister Kaplan Lackner den 14-Jährigen die Freude an den Briefmarken entdecken. Der Jugendliche begann mit dem Sammeln. Er war fasziniert von der Schönheit der Vatikanmarken mit ihren Darstellungen der Päpste und Heiligen. Seit 1970, als Städtler an das Bischöfliche Ordinariat gerufen wurde, ist er Mitglied der Philatelistischen Gesellschaft Graz. Dort lernte er die richtige Weise des „Sammelns", wie etwa die Konzentration auf eine bestimmte Serie, auf ein Land oder ein Thema. Sein Interesse galt vor allem Motiven, die mit dem Religiösen und dem menschlichen Leben zu tun haben. Mehrere Motivsammlungen und Serien besitzt er inzwischen, wobei jene zu Mariazell, zu den Bauernregeln und den Heiligen an den Lostagen sowie zu den Ikonen herausragen. Auch verfügt er über eine Spezialsammlung der 6. Briefmarken-Ausgabe der Monarchie, die von 1867 bis 1884 gültig war, mit steirischen Stempeln. Nach seinen Worten können die Sammler bei der beständigen Beschäftigung mit der Marke viel lernen: „Über die Technik der Herstellung, die Künstler und natürlich auch über die politische Situation, die ja immer im Hintergrund eine Rolle spielt und Einfluss auf die Marken nimmt und darauf, wie sich Motive verändern."[519] Die Weihnachtsbriefmarke mit der Darstellung von Christi Geburt aus dem Krainburger Altar anlässlich des 775-Jahr-Jubiläums der Diözese hat der „Fachmann" Generalvikar Städtler angeregt.

Ich bin ein „Altpapiersammler", so nennt man die Philatelisten. Seit dem Jahr 1939 bin ich Briefmarkensammler, weil der Kaplan Lackner von Ligist einen Kollegen in Rom hatte. Die haben sich viel geschrieben, und mir haben die Vatikanmarken so gut gefallen. Und so hat das halt angefangen. Wie ich nach Graz gekommen bin, hat mich der Dr. Leitinger [Anton Leitinger (1921–2011)][520], der ein großer Philatelist war, in die Philatelistische Gesellschaft eingeführt. Da bin ich erst dahintergekommen, wie man Briefmarken zu sammeln hat und was dabei wichtig ist. Bei diesem Verein bin ich heute noch.

Faszinierend findet Prälat Städtler, dass weder Religion oder Weltanschauung noch Partei im Philatelistenverein eine Rolle spielen. Als Priester ist er dabei nicht nur Auskunftsperson für religiöse Themen, sondern auch Ratgeber für manche Anliegen der Vereinsmitglieder.

Da sind auch von der Kirche Ausgetretene dabei. Jeder hat dasselbe Hobby, und jeder redet mit jedem, und ich bin dort ein gern gesehener Gast. „Wir haben noch nie einen hohen Herrn von der Kirche gehabt", sagen sie, „wenigstens haben wir dich." Da wird alles Mögliche gefragt: Der eine entdeckte auf der Marke einen orthodoxen Bischof aus Bulgarien: „Du, was ist denn orthodox ganz genau?" In kirchliche Gespräche kommst du ununterbrochen. Der andere ist ausgetreten und fragt: „Meine Tochter heiratet einen, der ist auch ausgetreten. Wie geht das denn überhaupt?" Ich glaube, da kannst du auf einer völlig anderen Ebene auch ein bisschen etwas machen, für mehr Menschlichkeit und vielleicht auch für mehr Christsein.

Leopold Städtler nimmt seit vielen Jahrzehnten an den Gildetagen der Philatelisten teil. Er ist ein international gefragter Redner bei der Präsentation von Sondermarken und -stempeln. So reiste er im Alter von 96 Jahren Mitte Juli 2021 zur Präsentation der Sondermarke aus der Serie „Moderne Architektur" zur Granatkapelle am Penken im Zillertal, gelegen auf über 2.000 m Seehöhe. Dies war vom Österreichischen Philatelistenverein St. Gabriel initiiert worden, dessen Ehrenmitglied Städtler ist. Am 24. Juni 2022 konnte in Maria Straßengel eine Sonderbriefmarke präsentiert werden; dabei referierte der langjährige Briefmarkensammler Leopold Städtler über die faszinierenden Anfänge seiner Sammelleidenschaft.

Leopold Städtler bei der Briefmarkenausstellung zum 1500-Jahr-Jubiläum des heiligen Benedikt in Mariazell mit Karl Ohnmacht (links) und Georg Stecher (rechts), 1980.

Ehrung von Leopold Städtler durch den Philatelistenverein St. Gabriel in Nestelbach bei Graz anlässlich des Ersttages der Marke „Erntemonstranz", die im Rahmen der Serie „Volksbrauchtum und volkskundliche Kostbarkeiten" herauskam, 1991.
Vorne rechts Karl Ohnmacht, im Hintergrund Bischof Weber und Landeshauptmann Krainer.

1-Schilling-Briefmarke „800 Jahre Mariazell" mit Ersttagsstempel, 1957.

Leopold Städtler gewährt Einblick in seine Briefmarkensammlung, 2012.

„Alle Wege führen zu Gott, einer über die Berge"

Wenn Leopold Städtler auf die Berge zu sprechen kommt, wird sofort klar, dass Wandern und Bergsteigen für ihn mehr als bloße Freizeitaktivitäten sind. Bereits seit 1939 ist er Mitglied der Sektion Graz des Österreichischen Alpenvereins. In Summe hat der Gipfelstürmer über 300 Dreitausender und 16 Viertausender, vorrangig in Frankreich und der Schweiz, erklommen.

Mehr durch Zufall als durch Planung kam der Jugendliche im Jahr 1939 auf den Geschmack, hohe Berge zu besteigen. Mit einem Freund unternahm er eine mehrtägige Radtour über die Pack nach Hinterbichl ins Osttiroler Virgental. Dort angekommen, wollten die beiden die Wiener Sängerknaben bestaunen, die in dem Ort am Fuß des Großvenedigers (3.674 m) ein Ferienheim besaßen. Zu verlockend erschien ein Hinweisschild zur „Johanneshütte – Defreggerhaus". Der Plan hinaufzugehen verfestigte sich, da bisher keiner der beiden je einen Gletscher gesehen hatte.

Nach der Übernachtung in der Jugendherberge, das kostete damals 10 Pfennig, gingen wir am nächsten Tag los. Bergausrüstung hatten wir keine, nur feste Schuhe und einen Anorak für schlechtes Wetter. In 4,20 Stunden erreichten wir das Defreggerhaus, 2.962 m, das letzte Stück schon über Schnee.[521]

Der Hüttenwirt staunte nicht schlecht, als er die zwei unzureichend ausgerüsteten „Bergsteiger" sah und sie mit kritischen Blicken fragte: „So wollt ihr hinauf?" Mit einem erfahrenen Bergführer wurde, eigentlich völlig ungeplant, der Aufstieg auf den Dreitausender von Süden her über das Rainertörl in Angriff genommen. Die völlig durchnässten Schuhe und die erlittenen Sonnenbrände konnten das erhebende Gefühl, am Gipfel zu stehen, nicht schmälern: „Wir konnten nur schweigen, schauen und staunen […]. Eine unbeschreibliche innere Glückseligkeit erfüllte uns."

Wieder zu Hause angelangt, erzählte der junge „Alpinist" seinen Eltern voll Begeisterung von dem beeindruckenden Erlebnis, seinen ersten Dreitausender bezwungen zu haben. Die Reaktion der Mutter war eindeutig: „Hast nix G'scheiteres im Kopf', und [sie] gab mir zwei ‚Watschen'."

Nach wie vor zieht es den heute 97-Jährigen in die Bergwelt. Mittlerweile werde er nach einer Wanderung doch etwas müde, gesteht er mit einem Lächeln ein. Der Blick vom Gipfel ins Tal lässt einen Abstand vom Alltag gewinnen, gewährt somit neue Über-Blicke, ist Städtler überzeugt. Diesen Abstand benötigte er auch während seiner Zeit als Generalvikar. Jeden Sommer machte er Urlaub in den Bergen.

Er feierte unzählige Bergmessen, begleitete etliche Wallfahrten, segnete Hütten und Gipfelkreuze. Altbischof Johann Weber verfasste anlässlich des 90. Geburtstags von

Leopold Städtler am Piz Zupò zwischen Italien und der Schweiz (3.996 m), 1954.

Am Mariazellerweg in der Veitsch, 1991.

Leopold Städtler mit Wallfahrerinnen und Wallfahrern auf dem Weg nach Maria Waitschach, 1977.

Städtler eine Laudatio für die Grazer „Alpenvereins-Nachrichten". Darin führt Weber mit Augenzwinkern aus, dass er „immer etwas Neid auf Leopold Städtler" gehabt hätte, da der um zwei Jahre Ältere und damals bereits 90-Jährige noch „munter einen Berg nach dem anderen" besteigt. Städtler sei auch als Generalvikar einer gewesen, „dem man vertrauen mag, der Sicherheit gibt, wenn es steil wird, der in die Weite der Zukunft schaut und der die Müden ermuntert. Das passt also gut zusammen mit den Bergen." Der Bischof war davon überzeugt, dass Städtler „ein Glücksfall für mich und alle im ganzen Land" ist.[522]

Das Bild vom Unterwegssein wendet Leopold Städtler bewusst auf die Menschen an, die sich auf den Weg des Lebens und des Glaubens machen und mit der Kirche unterwegs sind.

Zu allererst muss ich einmal wollen, und wie bei jedem Berg es spannend ist, weil jeder anders ist, ist die Kirche deshalb spannend, weil die einzelnen Glieder dieser Kirche alle anders sind. Jeder ist für sich ein eigener Mensch und ein eigener Christ, würde ich sagen. Das eine nimmt er mit Begeisterung an, das andere lehnt er völlig ab. Das ist eine wunderbare Sache, dass wir Christen so unterschiedliche Leute sind. Stell dir vor, es wären alle in ihrem Denken und Handeln ganz gleich, das wäre eine schreckliche Geschichte. Beim Berggehen lernt man verschiedenste Leute kennen, und man lernt vor allen Dingen sich selber auch ein bisschen mehr kennen.

Wer auf Wallfahrt geht, möchte ein wenig Zeit für sich selbst haben, um sein Leben zu überschauen, es vielleicht auch neu zu orientieren, um seinen persönlichen Glauben zu stärken und um mit neuer Zuversicht und Hoffnung wieder heimzukehren. Wichtig bei einer Fußwallfahrt sind der Weg und die Gemeinschaft. Wir verlassen unseren Alltag, alles, was tagaus und tagein in uns und um uns ist, lassen wir hinter uns. Wir sind einige Tage mit gleichgesinnten Menschen unterwegs, haben ein gemeinsames Ziel und erleben alle dasselbe Wetter. Da hören wir hin und wieder die harte Lebensgeschichte eines Mitpilgers, die sehr nachdenklich macht, wie gut geht es mir eigentlich gegenüber diesem. Mühsal und Last meines Lebens werden leichter, Freude und Dankbarkeit am Leben größer. Neue Bekanntschaften und Freundschaften entstehen, die unser Leben bereichern.

Das bekannte Sprichwort „Alle Wege führen zu Gott, einer über die Berge", das Leopold Städtler 2018 im Zuge der Segnung des Gipfelkreuzes am Himmelkogel (2.018 m) in den Triebener Tauern ins Gipfelbuch schrieb, mag als Sinnbild für die spirituelle Dimension des Berggehens dienen. Anlässlich des Jubiläums „800 Jahre Diözese Graz-Seckau" gestaltete Richard Kriesche[523] dieses Gipfelkreuz mit der durchscheinenden Aufschrift „Du bist nicht allein". Beim Wandern als auch auf dem Weg des Lebens und des Glaubens ist das gemeinsame Unterwegssein wichtig, da es Zaghafte bestärkt, Schwachen Kraft gibt sowie Unsicheren Halt und Mut.

Segnung des Gipfelkreuzes am Himmelkogel zum Diözesanjubiläum durch Leopold Städtler, rechts: P. Michael Robitschko OSB[524], 2018.

Du brauchst jemand, bei dem du dich anhalten kannst. Das ist eine ganz normale Sache. Wenn ich auf einen Berg gehe, wenn ich allein bin, ist eine Unsicherheit da und auch eine gewisse innere Gefahr: Werde ich das wohl schaffen? Denn dort ist eine Stelle, die ist nicht ganz einfach. Wenn ein zweiter Weggefährte mitgeht, fühle ich mich viel sicherer. Ich bin nicht mehr allein. Und dieses Nicht-mehr-allein-Sein, das Miteinander und Füreinander, das kann auch eine ganz starke Kraft im Glauben sein.

Bei manchen Wallfahrten habe ich erlebt, dass vor allem Frauen vorher gesagt haben: „Ich kann nicht schnell gehen. Ich weiß nicht, ob ich das derpacke." Ich habe immer das gleiche gesagt: „Gehen wir einmal los, wenn es für dich zu schnell ist, rufst du halt." Nie hat jemand aufgeben müssen. Hinterher waren alle froh· „Ich habe es derpackt." Die Freude, es geschafft zu haben, gibt neue Kraft für den Alltag. Auf Wallfahrt gehen heißt auch, Rücksicht nehmen und Zuversicht geben.

Gemeinsames Unterwegssein als Charakteristikum

Als Generalvikar führte er oftmalig die Gruppe von Ordinariatsmitarbeiterinnen und -mitarbeitern an, die sich alle zwei Jahre drei Tage lang zu einer Fußwallfahrt nach Mariazell aufmachten. Das gemeinsame Unterwegssein eröffnete den Frauen und Männern die Möglichkeit, sich auf einer anderen – nämlich der persönlicheren – Ebene als auf der „amtlichen" im Ordinariat zu begegnen. Organisiert wurde die Wallfahrt von Michael Pregartbauer[525]. Anlässlich jener Wallfahrt, die er letztmalig in seiner Funktion als Generalvikar nach Mariazell im Jahr 1997 begleitete, bedankte sich der Priester Städtler mit den Worten: „Jeder einzelne von euch hat mir gleich viel bedeutet, ob es die ‚kleine Schreibkraft' war oder der Leiter einer Abteilung."[526]

Wallfahrt der Ordinariatsmitarbeiter nach Mariazell, 29. September bis 2. Oktober 1989, vorne: Bischof Johann Weber, in der Mitte: Leopold Städtler.

Er habe sich bei den Menschen, die im Ordinariat arbeiteten, „sehr wohl gefühlt". Die Begegnungen mit vielen Abordnungen aus den Pfarren, die ihre Anliegen bei ihm vorbrachten, betrachtete er als „kostbar", da er so „das Leben und die Wirklichkeit der Basis in der Diözese kennengelernt" habe.

Spirituelle Beheimatung

Für Leopold Städtler, der seit Anfang der 1970er Jahre im Domherrenhaus in der Bürgergasse 1 lebt, ist die Grazer Dompfarre „seine" Pfarre. Er betet den Rosenkranz und das Brevier, feiert fast täglich die heilige Messe um 06:30 Uhr, an Samstagen die Laudes und die Vesper im Dom. Selbstverständlich ist es für ihn, an Begräbnissen von verstorbenen Mitbrüdern teilzunehmen. Als Priesterpensionist sieht er seine Aufgabe vor allem darin, „für die Diözese zu beten".

Fast jeden Tag feiere ich mit Dompfarrer Schnuderl um halb sieben Uhr in der Früh in der Barbarakapelle des Domes die hl. Messe. Alle, die ins Domkapitel aufgenommen wurden, haben ja gelobt, für die Diözese zu beten. Das kann ich noch machen, und ich mache es gerne. Froh und dankbar bin ich, im Domherrenhaus leben zu dürfen. So gehöre ich zur Dompfarre, und Schnuderl ist eben mein Pfarrer.

Auf sein Leben zurückschauend, fasst Prälat Städtler seine spirituellen Prägungen zusammen. Da waren zum einen die Spiritualität des Begründers der Christlichen Arbeiterjugend, Kardinal Cardijn, mit dem Dreischritt „Sehen – Urteilen – Handeln", zum anderen die Theologie des Zweiten Vatikanischen Konzils, die seine Sicht auf die Kirche beeinflussten. Die beiden Kapläne von Ligist, Franz Derler und Johann Lackner, dienten ihm als Vorbilder und haben ihm einen kostbaren Zugang zu den Menschen vermittelt.

Ganz stark beeinflusst hat mich sicher Cardijn, muss ich sagen. Durch Cardijn habe ich gelernt, die Kirche tiefer zu sehen. Damals war Kirche für uns alle „Priesterkirche". Oben sitzt der Papst, er leitet das ganze „Unternehmen", unter ihm die Bischöfe, deren Helfer wir Priester sind. Weiß Gott wie berührt hat uns das nicht. Da sagt nun Cardijn: „Die jungen Arbeiter sind die Missionare in den Fabriken." Das Konzil hat mir wahnsinnig viel gebracht. In Wirklichkeit habe ich erst durch das Konzil wirklich Theologie studiert. Von unseren Kaplänen in Ligist habe ich eines gelernt: Du musst jeden so nehmen, wie er ist. Du musst mit den Menschen viel reden, dann wird schon etwas werden. Das war mir sehr sympathisch. Erst als Kaplan merkte ich, jeden so nehmen, wie er halt ist, das spüren die Menschen. Mir kam vor, da bin ich ein wenig über den rein innerkirchlichen Raum hinausgewachsen.

Besuch von Altbischof Johann Weber und Altgeneralvikar Leopold Städtler bei Bischof Wilhelm Krautwaschl und Generalvikar Erich Linhardt[527] im Bischöflichen Ordinariat.

40-jähriges Priesterjubiläum von Leopold Städtler in seiner Heimatpfarre Ligist, 1990.
1. Reihe v. l. n. r.: Sr. Julia Gößler (1939–2000), Sr. Bartholomäa Raffler (1927–2010), Leopold Städtler, Sr. Maria Kreszentia Guggi (1911–1997).
2. Reihe v. l. n. r.: Franz Oberländer (1923–2006)[528], Matthias Keil[529], N. N., Hannes Schreiber[530], Rupert Rechberger, Johann Veit (1941–1999)[531], Franz Schröttner (1930–2018)[532], Festprediger Herbert Meßner, Sr. Marianne Urban[533], Otto Pexa (1933–2012)[534], Peter Orthofer[535].

„Platzanweisung" für den Priester

Wie Leopold Städtler sein Leben als Priester in Kirche und Gesellschaft verstanden und daraus Kraft und Wegweisung für die Seelsorge geschöpft hat, geht aus seinem beeindruckenden Referat vor dem steirischen Diözesanrat aus Anlass seines Abschieds als Generalvikar im Juni 1997 hervor. In seinem Weihejahr 1950 erlebte er die Kirche im Zeichen des großen Aufbruchs und der Zukunftshoffnung. Fast fünf Jahrzehnte später hat sich die Lebenssituation der Menschen stark verändert, die Kirche hat an Bedeutung in der Öffentlichkeit enorm eingebüßt. In seiner Rede erinnerte Städtler daran, dass der Priester nur Werkzeug in der Hand Gottes sei. Das Auf-dem-Boden-Liegen bei der Priesterweihe nahm er zum Anlass, um auf die „Platzanweisung" für einen Priester hinzuweisen:

Nicht hoch hinaus, sondern am Boden bleiben, zu denen gehören, die am Boden liegen, niedergeschlagen, durch was oder wen auch immer, das Geheimnis des letzten Platzes begreifen, weil Jesus diesen Platz eingenommen hat, und sich nicht auf den ersten Plätzen breitmachen, den Blick auf die kleinen Leute nicht verlieren. Hoffentlich widerstehen wir Priester der ständigen Versuchung, Pastoralstrategen zu werden, die alles im Griff haben wollen, am Ende Gott selbst auch noch. Die Wahrheit über uns Priester ist, daß wir zerbrechliche Gefäße sind, brüchig, oft schuldig werden und auch vieles schuldig bleiben, was mit Recht von uns erwartet wird. Wir sind es nicht, von denen das Heil zu erwarten ist. Aber durch uns kann und soll das Heil – Jesus Christus – hindurchstrahlen.[536]

In Bezug auf die Theologie des Zweiten Vatikanums betonte Leopold Städtler in seinen Ausführungen vor dem Diözesanrat, dass Priester und Laien durch die Taufe eine gemeinsame Berufung und Sendung haben:

Priester und Laien sind gemeinsam auf dem Weg. Alle sind wir dazu berufen, miteinander unsere Verantwortung als Christen in dieser Welt und für sie wahrzunehmen. Nur Wohlwollen und Vertrauen zueinander helfen uns, nicht nur gut miteinander umzugehen, sondern auch Probleme zu vermeiden, die wir selbst produzieren, mit denen wir uns dann oft stundenlang beschäftigen müssen. Ich bitte alle, uns Priester in unserer ureigensten Berufung in Anspruch zu nehmen und uns zu helfen, gute Seelsorger zu sein.
Man spricht heute auch viel von der Krise der Kirche und der Seelsorge, die Priester ziehen sich in die ‚Sakristei' zurück, die Pfarrgemeinden richten ihren Blick eher nach innen als nach außen, die Pfarrgemeinderäte kümmern sich mehr um ‚Stein als um Bein', die Gremien, Kommissionen, Ausschüsse sitzen und tagen viel zu viel usw. Daran ist sicher manches oder vieles wahr. Der entscheidende Grund aber, wenn man von einer Krise spricht, liegt wohl darin,

Feier des Goldenen Priesterjubiläums von Bischof Johann
Weber und Leopold Städtler,
25. Juni 2000.

Im Gespräch mit Kardinal Franz König und Bischof Egon Kapellari anlässlich des 75. Geburtstags
von Bischof Johann Weber, 28. April 2002.

Fest zum 90. Geburtstag: Leopold Städtler, Altbischof Johann Weber und der neu ernannte Diözesanbischof Wilhelm Krautwaschl, 2015.

Altgeneralvikar Leopold Städtler mit dem damaligen Landeshauptmann-Stellvertreter Hermann Schützenhöfer, 2015.

daß wir ‚Freude und Hoffnung, Trauer und Angst der Armen und Bedrängten' nicht teilen (Gaudium et spes, Art. 1). Nur dort, wo einer des anderen Last trägt, bleiben wir dem Herrn Jesus auf der Spur. […] Meine Freude und meine Hoffnung durch all die Jahrzehnte herauf, daß mein Leben als Priester halbwegs gelingen wird, ist das Wort des Herrn: ‚Nicht ihr habt mich erwählt, ich habe euch erwählt und dazu bestimmt, daß ihr euch aufmacht und Frucht bringt […]' (Joh 15,14).[537]

Die Feier des 90. Geburtstags beging Leopold Städtler mit einer Festmesse am Vorabend des Guten-Hirten-Sonntags am 25. April 2015 im Grazer Dom. Diözesanadministrator Heinrich Schnuderl betonte beim Festgottesdienst, dass Städtler für eine Generation stehe, „die wie kaum eine andere enorm viele Veränderungen und Umwälzungen in Politik, Gesellschaft und Kirche erlebt, aber auch kreativ mitgetragen hat".[538]

Das äußerst seltene 70-jährige Priesterjubiläum feierte Prälat Städtler am 5. Juli 2020. Die Festpredigt in der Dankmesse des Grazer Doms, an welcher u. a. Bischof emeritus Kapellari, Dompfarrer Schnuderl und Landeshauptmann Schützenhöfer teilnahmen, hielt der Chefredakteur des Sonntagsblattes, Herbert Meßner. Dieser sprach von der „Marke Leopold Städtler" und zählte dazu den Wanderer und den Seelsorger mit dem „Mut zum Aufbruch", der „Ausdauer auf dem Weg" und dem „Blick auf das Ziel". Das Wirken des Seelsorgers Städtler prägten „[n]icht Sitzungen und Konzepte, sondern das Hingehen zu den Menschen. […] Menschennähe und Geradlinigkeit zeichneten ihn auch in den Jahren als Generalvikar unserer Diözese aus."[539]

Feier des 70-jährigen Priesterjubiläums von Leopold Städtler im Grazer Dom, 2020.
V. l. n. r.: Diakon Dominik Wagner[540], der Jubilar Leopold Städtler, Festprediger Herbert Meßner,
Dompfarrer Heinrich Schnuderl.

Begegnung im Hof des Priesterseminars, Anstoßen mit Mitgliedern der Katholischen Studentenverbindung „Carolina", 2020.

Persönliche Begegnungen und Vorbilder

Leopold Städtler plädiert im Hinblick auf die Berufungspastoral für mehr persönliche Begegnungen und stärkere Kontakte von Priestern und Ordensleuten zu jungen Menschen. Dies ermögliche, Berufungen zum Priester- und Ordensleben zu wecken, da die Jugendlichen so die Möglichkeit erhielten, diese Lebensform kennenzulernen. „Wir hatten früher Tag und Nacht Zeit für die jungen Menschen", merkt er an. Für seine Berufswahl war das Vorbild der Kapläne von Ligist deutlich prägend. Diese hatten die Jugendlichen ermutigt, sich während der dunklen Jahre des Nationalsozialismus in Österreich im Glauben zu bewähren und zu ihrem Glauben zu stehen. Dass kaum mehr Priester im Schuldienst stehen bzw. Religion unterrichten, dass die Niederlassungen der Klöster stark zurückgehen und auch die Gruppen der Katholischen Jugend zahlenmäßig überschaubar werden, wirke sich ebenso nachteilig aus. Überhaupt sollte „die Unterstützung von geistlichen Berufungen an die erste Stelle" seitens der Pfarren und der katholischen Organisationen gesetzt werden.[541]

In einer Aktion zum Jugendfest für Firmlinge und Jugendliche
Ende April 1996 seilt sich Leopold Städtler aus dem Ordinariat ab.

Also, wenn ich auf mein Leben zurückschaue: Die Kapläne, die ich erlebt habe, die haben mir was gesagt. Sie haben mir zumindest nahegebracht, das wäre vielleicht auch etwas für mich. Ich glaube, die Kontakte müssten stärker sein. Früher, als die Jugendbewegung stark war, war das viel einfacher. Das ist heute wahnsinnig schwierig. Es gibt ja kaum noch eine katholische Jugend. Wie komme ich als Priester zu jungen Leuten? Kaum einer unterrichtet heute in der Schule. In der Schule haben die Schüler gespürt: Da ist einer, der ist ja vielleicht doch mehr offen. Ich habe aus meiner Zeit in Murau auch zwei Schwestern „zusammengebracht". Nur durch die Schule, eigentlich durch die Jungschar, bin ich draufgekommen und habe mir gedacht: Vielleicht denken die gar an so etwas, und dann habe ich mit ihnen geredet. Mir kommt vor, diese persönliche Begegnung zwischen Priester, vielleicht auch Ordensfrau, und den jungen Leuten, die wird immer weniger. Das wäre aber eine wichtige Sache. Man muss von den Leuten abschauen können: Wie leben die? Ist der glücklich? Ist die glücklich? Wie sieht er seine Zukunft? Das ist eine ganz wichtige Frage. Wie soll jemand überhaupt auf die Idee kommen, Priester oder Ordensfrau zu werden, wenn keiner davon redet? Nun ist es sicher heute schwieriger, weil wir nicht mehr so mit der Jugendwelt zusammenkommen.

Weg von der Sitzpastoral, hin zur Gehpastoral

Die Zukunft der Seelsorge hänge „viel davon ab, ob wir Menschen haben, die auf die Leute zugehen. Die Menschen müssen spüren: Da ist einer, der mir zuhört, zu dem ich gehen kann."[542] Die Kirche könne gerade bei den geistigen Nöten heute – wie Isolation, Einsamkeit, Sinnleere – den Menschen Hilfe anbieten. Leerläufe durch zu viele Gremiensitzungen und Ausschüsse ortet Städtler nicht nur in der steirischen Ortskirche. „Unsere Seelsorge ist eher eine Sitzpastoral geworden", merkt er kritisch in seinem Abschiedsinterview als Generalvikar mit dem Sonntagsblatt im Sommer 1997 an. Stattdessen wünschte er sich „mehr eine Gehpastoral […] zu den Menschen […], damit wir ihre Nöte sehen". Für den damals „zweiten Mann" in der Diözese Graz-Seckau war und ist das Erste immer der Mensch. Den Menschen ernst nehmen, wie er nun einmal ist, mit seinen Freuden, mit seinen Sorgen. Städtler hat sein Priestersein „immer als Dienst und Dasein für die Menschen verstanden, nie als etwas für mich. So ist das Breviergebet ein Dienst, den ich für die Gläubigen verrichte, als Anwalt vor Gott, weil sie weniger Zeit haben als ich."[543] Seine Spiritualität war geprägt vom Leben der Menschen, mit denen er als Priester am jeweiligen Ort zu tun hatte. Die Menschen wollen die Kirche in erster Linie nicht „als Institution spüren", sondern sie brauchen den persönlichen Kontakt zum Priester, zu den Seelsorgern, die ihnen bei ihren Fragen und ihrem Suchen weiterhelfen, hatte Leopold Städtler bereits auf der Kaplanswoche auf Schloss Seggau im Jahr 1985 moniert. Es sei nicht gut, dass bei den Menschen der Eindruck eines abgehetzten und überlasteten Priesters entstünde, sondern der Priester müsse als einer erlebt werden, der Zeit für sie hat.[544]

Zeit haben für die Menschen

Nach Ansicht Städtlers sollen die Menschen die Seelsorger nicht als gehetzte Pastoralmanager wahrnehmen. Es sei eine Frage der zeitlichen Einteilung, ob Seelsorger Zeit für eine Begegnung oder ein persönliches Gespräch hätten.

Als Pfarrer kann ich mir vieles einteilen, was ich mache, was ich kann, was zeitlich möglich ist, wo meine Stärken sind, wo ich glaube, das packe ich recht gut, das soll ich so gut es geht machen, als Mensch, als Priester. Aber dass ich ständig ein Gehetzter bin und nie Zeit habe?! Bischof Weber hat wahnsinnig viele Leute verblüfft, wenn er sagte: „Ja, Zeit habe ich." Er hat nie gesagt, ich habe keine Zeit. „Zeit habe ich", und den Eindruck hatten auch alle, wenn man mit ihm geredet hat: Er ist für dich da. Und das hat er auch von uns im Ordinariat ganz stark verlangt: „Ihr müsst Zeit für die Leute haben." Davon bin ich heute nach wie vor überzeugt. Wir haben vielfach keine Zeit für viele Leute, oder wir sind einfach nicht da.

Wenn ich an die 14 Tage rund um Weihnachten denke, als ich während der Pandemie im Pfarrverband Liesingtal ausgeholfen habe, das war schon interessant. Am 27. Dezember war der letzte Gottesdienst, dann riefen Leute an, ob ich ein bisschen Zeit hätte für sie. Ich hatte keine Ahnung, was sie wollten. Reden haben sie wollen. Da und dort ist irgendwo ein Angehöriger schwer krank gewesen, aber mein Eindruck war, dass sie das Gefühl hatten, der hat wenigstens ein bisschen Zeit für mich. Wenn ich in eine andere Pfarre gekommen bin, nach Wald oder Mautern oder Traboch, haben sich die Leute bedankt, dass ich Zeit für sie habe. Dafür brauchten sie sich nicht zu bedanken. Dafür bin ich ja da. Ich habe gesagt, mein Leben schenke ich den Menschen unserer Diözese, so gut ich es halt zusammenbringe.

In der aktuellen Situation der steirischen Kirche und speziell in der Seelsorge sieht Leopold Städtler große Herausforderungen, da immer weniger Priester für immer größere Seelsorgeeinheiten und damit eine größere Anzahl an Pfarren verantwortlich werden.

Viele Enttäuschungen liegen sicher darin, dass die Priester immer weniger Zeit für die Menschen haben. Je mehr Pfarren ein Priester verantworten muss, desto weniger Zeit hat er für die Menschen. Man braucht nur überlegen, wie viel Zeit Priester im Auto verbringen müssen, um dahin und dorthin zu fahren. Zeit für die Menschen hat er dann immer weniger. Das ist sicher eine ganz ernste Entwicklung. Und die Hoffnungen, dass mit großen Strukturänderungen viel erreicht wird, sind bei vielen eher minimal.

Berufung und Zölibat

Die Verpflichtung zu einer zölibatären Lebensform – bei aller Wertschätzung von dieser – führe dazu, so Städtler, dass priesterliche Berufungen erschwert würden.

Die zölibatäre Lebensform spielt für die jungen Leute, glaube ich, sicher eine Rolle. Wenn ich an die denke, welche in diesen zehn Jahren bis 1973 bei uns weggegangen sind, das waren durchwegs sehr, sehr gute Leute, die uns wirklich echt abgegangen sind. Da ist praktisch eine ganze Generation ausgefallen mit über 30 Leuten, die im kleineren oder mittleren Bereich Verantwortung übernehmen hätten können. Also eine Rolle spielt das, glaube ich, sicher. Und ich glaube, dass es anders ja gar nicht mehr gehen wird. Was wird in 20, 30 Jahren sein? Die zölibatäre Lebensform muss sein, davon bin ich ganz überzeugt, weil es eben ein starkes Zeugnis der Nachfolge ist. Ein starkes, vielleicht das stärkste, aber es sollte auch andere Möglichkeiten geben, um Priester der katholischen Kirche zu sein.

Priestersein und Austausch untereinander

Bezüglich der Frage, wie es den Pfarrern und den Priestern heute geht, was gut ist oder was ihnen fehlt, weist Leopold Städtler auf die Bedeutsamkeit der Kommunikation und des Austausches der Priester untereinander hin.

Ich glaube, dass heute bei den Priestern das Zusammensein mit anderen Priestern fehlt. Als Priester muss man schauen, dass man wenigstens in irgendwelchen kleinen Kreisen zusammenkommt, wo man sich regelmäßig austauschen kann. Wir haben uns, als ich in Murau Kaplan war, bei jedem Anbetungstag mit den Pfarrern des ganzen Dekanats getroffen. Da habe ich erst die alten Pfarrer richtig kennengelernt, wie sie denken, wie sie leben, wo sie ihre Schwerpunkte sehen. Im Judenburger Dekanat sind wir monatlich bei der Pastoralkonferenz gewesen, und monatlich haben wir Kapläne uns getroffen, aus Judenburg, Weißkirchen, Pöls, Fohnsdorf und Zeltweg. Wir haben uns ausgetauscht, einander mitgeteilt, wie es uns geht, und gefragt: Wie machst denn du das? Kannst du mir da helfen? Da waren wir daheim, und es war einfach so selbstverständlich, das haben wir alle gebraucht. Ich finde es wahnsinnig wichtig, dass sich Priester in irgendwelchen Kreisen regelmäßig austauschen, und dies nicht nur als Priester, sondern als Menschen mit ihren menschlichen Bedürfnissen, mit ihren menschlichen Problemen. Jeder muss irgendwo daheim sein. Und das fehlt, glaube ich, heute ganz stark. Manche sagen: „Seit es keinen Dechanten mehr gibt, kommen wir überhaupt nie mehr zusammen."

Hinaus zu den Rändern der Gesellschaft

Leopold Städtler ist vom pastoralen Programm des gegenwärtigen Papstes Franziskus angetan: „Da ist unser Papst ja großartig. Der sagt uns eh ununterbrochen, weg vom Zentrum hinaus an den Rand. Da wird das immer wieder formuliert." Dieser hat in seinem ersten Apostolischen Schreiben „*Evangelii gaudium* – Über die Verkündigung des Evangeliums in der Welt von heute" (2013), das sich an die Bischöfe, Priester und Diakone, an die Ordensleute und die Laien richtet, die in der Verkündigung der Frohen Botschaft Jesu Christi heute stehen, den missionarischen Auftrag der Kirche betont. Der Papst fordert alle mehrmals auf, „hinauszugehen aus der eigenen Bequemlichkeit und den Mut zu haben, alle Randgebiete zu erreichen, die das Licht des Evangeliums brauchen". Leopold Städtler ist hinsichtlich der Zukunft der Kirche und der Weitergabe des Glaubens optimistisch.

Ich glaube, dass es positiv weitergehen wird. Es gibt wahnsinnig viele suchende Menschen. Die gibt es in jeder Pfarre. Seit dem Jahr 1997 bin ich fast nur in jenen Pfarren auf Aushilfe, in denen es keinen Pfarrer vor Ort mehr gibt, Jahrzehnte schon. Aber überall gibt es einen kleinen Kern von Mitarbeiterinnen und Mitarbeitern, einige Familien, die das pfarrliche Leben zusammenhalten, die sich gegenseitig ausreden, wie und was sie machen. Nur staunen kann ich, was ich da oft immer wieder erlebe: Auf einem Papier steht die Gestaltung der Messfeier, wer Lektorin oder Lektor ist, wer für Kirchenreinigung oder Schmuck zuständig ist usw. Diese Ehrenamtlichen brauchen niemand, der erklärt, was ein Ehrenamtlicher ist oder wie sie oder er das Ehrenamt auszuführen hat. Entscheidend ist, gut im Pastoralteam eingebunden zu sein und von dort auch Hilfe zu bekommen, wenn sie eine brauchen.

Und es gibt lustige Sachen: Die Ministrantenkästen in vielen kleinen Pfarren waren nie so sauber wie jetzt, die Mädchen und Buben noch nie so schön angezogen. Warum? Weil Frauen, die selbst unter den ersten Ministrantinnen waren, sagen: „Das können wir, das machen wir." Und die schauen auf die Ministrantengruppen, wer hätte das vor zehn oder zwanzig Jahren gedacht. Na, da bin ich schon überzeugt, der christliche Glaube, der geht nicht unter.

Dankbarkeit als Lebenseinstellung

An seinen Wirkungsstätten bemühte sich Städtler, das Leben zu teilen und für die Menschen da zu sein, „bei den Bauern und Bürgern in Mureck und Murau, den jungen Bergarbeitern in Fohnsdorf, bei den Gußstahlwerkern in Judenburg und bei allen, für die ich in meiner Tätigkeit im Ordinariat Verantwortung" trug.[545]

Ich bin dankbar für alles, was ich als Priester erlebte, wo immer ich gewesen bin. Überall hatte ich positive Erlebnisse und unendlich viele Begegnungen und Gespräche. Ob die sonntags in der Kirche waren oder nicht, war für mich nie entscheidend. In Mureck war die Kirche immer voll, in Murau hätten immer noch hundert Leute Platz gehabt. Immer hatte ich das Gefühl, reden kann ich mit allen, und ich versuchte, einfach zu leben wie sie, ich gehörte zu ihnen. Natürlich gab es Schwierigkeiten, Probleme und Enttäuschungen, die gibt es ja überall, wo Menschen sind, das ist nichts Außergewöhnliches.

Er würde das gleiche nochmal angehen, ist sich Leopold Städtler sicher. Auch 72 Jahre nach seiner Priesterweihe beeindruckt er mit seiner Authentizität und Glaubwürdigkeit. Städtlers Lebenseinstellung ist von Dankbarkeit geprägt. Mit dieser blickt er auf unendlich viele Menschen zurück, die ihn auf seinem priesterlichen Weg begleitet haben. Mehr als 70 Jahre Priester sein zu dürfen: „Das ist einfach ein Geschenk." Er gehe in die Zukunft hinein mit seinen Möglichkeiten und Kräften und mit dem vollen Vertrauen, dass es schon gut ausgehen werde, ist der 97-Jährige überzeugt.

50 Jahre Domherr – Leopold Städtler am 2. Juli 2022.

Ehrungen und Auszeichnungen
von Kirche und Gesellschaft

Kirchliche Ehrungen

Bischöflicher Geistlicher Rat: 19. November 1968.
Päpstlicher Ehrenkaplan (Monsignore): 14. September 1973.
Päpstlicher Ehrenprälat: 27. Februar 1978.
Apostolischer Protonotar: 30. März 1994.

Verleihung des päpstlichen Ehrentitels eines Apostolischen Protonotars durch Bischof Weber, 1994.

Ehrungen der Republik Österreich, des Landes Steiermark und von Gemeinden

Verleihung des Großen Silbernen Ehrenzeichens für Verdienste um die Republik Österreich durch Frau Landeshauptmann Klasnic, 2005.

Verleihung des Ehrenzeichens der Landeshauptstadt Graz in Gold durch Bürgermeister Alfred Stingl, 1987.

Verleihung des Großen Goldenen Ehrenzeichens durch Landeshauptmann Josef Krainer, 1985.

Bürgermeister Peter Schlacher verleiht Leopold Städtler den Ehrenring der Stadt Judenburg anlässlich seines 70. Geburtstags, 1995.

Verleihung des Großen Goldenen Ehrenzeichens des Landes Steiermark mit dem Stern durch durch Frau Landeshauptmann Waltraud Klasnic, 2001.

Ehrung Leopold Städtlers als Bürger der Stadt Graz durch Bürgermeister Siegfried Nagl, 2009.

Anmerkungen

1 Privatarchiv (= PA) Städtler, Geburts- und Taufschein. Dieser gibt 11 Uhr als Zeitpunkt der Geburt an.

2 Josef Friedrich, 1924–1927 Kaplan in Ligist, 1953–1954 Pfarrvikar in St. Jakob in Freiland.

3 Apollonia König ehelichte am 9. Februar 1931 in der Pfarrkirche Pöllau den „Besitzersohn" Franz Pfeifer (1899–1980). Ihre Mutter Johanna war eine geborene Städtler. Diözesanarchiv Graz-Seckau (= DAGS), Pfarre Pöllau, Trauungsbuch, tom. VII, pag. 41.

4 Franz Tonitz, 1916–1924 Kaplan in Ligist, 1928–1945 Pfarrer in St. Martin im Sulmtale.

5 DAGS, Pfarre Pöllau, Taufbuch, tom. X, pag. 7.

6 DAGS, Pfarre Ligist, Taufbuch, tom. XI, pag. 360.

7 DAGS, Pfarre Pöllau, Taufbuch, tom. IX, pag. 82.

8 DAGS, Pfarre Pöllau, Trauungsbuch, tom. VI, pag. 202. Das Brautpaar wird bei seiner Eheschließung als Besitzer von Winkl 38 und Obersaifen 58 angegeben.

9 DAGS, Pfarre Pöllau, Taufbuch, tom. IX, pag. 134.

10 Städtler, Meine Eltern, 11.

11 Bramreiter, Ligist, 145.

12 Bramreiter, Ligist, 204–213.

13 Städtler, Meine Eltern, 11.

14 Die damalige Schreibweise lautete Kogelhof. Anton Städtler wurde in Rabendorf 32 geboren. DAGS, Pfarre Kogelhof, Taufbuch, tom. IV, pag. 134.

15 Universitätsarchiv Graz, Doktoratsakten Anton Städtler.

16 DAGS, Pfarre Kogelhof, Taufbuch, tom. IV, pag. 210.

17 DAGS, Pfarre Graz-Graben, Sterbebuch, tom. V, pag. 126.

18 Bramreiter, Ligist, 177.

19 Julius Spann, 1933–1934 Kaplan in Ligist, 1960–1978 Pfarrer von Dobl.

20 Franz Fastl, 1934–1936 Kaplan in Ligist, 1952–1976 Pfarrer in Liezen.

21 Robert Salkowitsch, 1932–1934 provisorischer Schulleiter, 1938 Bürgermeister von Ligist, 1939–1943 und 1955–1970 Direktor der Volksschule Ligist.

22 Johann Richteritsch, 1927–1948 Pfarrer in Voitsberg, Kreisdechant.

23 DAGS, Pfarre Ligist, Taufbuch, tom. XII, pag. 58.

24 Der heutige Doppelname Graz-Seckau wurde erst 1963 eingeführt.

25 Dr. Leopold Schuster, 1893–1927 Fürstbischof der Diözese Seckau.

26 Liebmann, Pawlikowski.

27 Durchführung eines Erlasses der S. C. de Sacra vom 30. Juni 1932, in: AAS, XXIV, 271, abgedruckt in: Kirchliches Verordnungsblatt Seckau 1933, 92f.

28 Kirchliches Verordnungsblatt Seckau 1933, 93.

29 DAGS, Pfarre Graz-Graben, Trauungsbuch, tom. IX, pag. 94.

30 Franz Schuster, 1948–1972 Pfarrer in Heimschuh.

31 Personalstand der Diözese Seckau 1934, 351f.

32 DAGS, Fürstbischöfliches Visitationsprotokoll, 18.07.1927.

33 Dr. Hermann Juri, Religionsprofessor, Diözesaninspektor für den Religionsunterricht an höheren Schulen, 1960–1981 Kirchenrektor von St. Rupert in Hohenrain.

34 Amon, Pfarre, 206.

35 DAGS, Fürstbischöflicher Visitationsbericht an das Kreisdekanat Voitsberg, 08.05.1936. Die kanonische Visitation wurde am 27. April 1936 durchgeführt.

36 Janisch, Von der Studierstunde bis zum Seminar und Gymnasium heute, 59.

37 Dr. Josef Wallner, 1929–1936 Präfekt, 1938–1965 Verwalter im Bischöflichen Knabenseminar, 1936–1973 Professor am Bischöflichen Gymnasium.

38 Alois Kahr, 1887–1889 und 1893–1908 Präfekt im Bischöflichen Knabenseminar, 1894–1938 Professor am Bischöflichen Gymnasium und 1914–1938 Spiritual.

39 Franz Seidl, 1924–1933 Präfekt, 1934–1937 Regens-Stellvertreter, 1937–1966 Regens des Bischöflichen Knabenseminars und Direktor des Bischöflichen Gymnasiums.

40 DDr. Ferdinand Vockenhuber, 1881–1883 und 1886/87 Präfekt, 1881–1922 Professor, 1907–1922 Regens des Bischöflichen Knabenseminars und Direktor des Bischöflichen Gymnasiums.

41 Dr. Florian Kraus, 1906–1914 Präfekt im Bischöflichen Knabenseminar, 1914–1938 Professor am Bischöflichen Gymnasium,

1939–1945 Kuratbenefiziat an der Leechkirche und Professor am Akademischen Gymnasium.

42 Dr. Franz Schitter, 1912–1916 und 1919–1925 Präfekt im Bischöflichen Knabenseminar, 1917–1938 Professor am Bischöflichen Gymnasium.

43 Karl Kowald, 1937/38 und 1945–1956 Präfekt im Bischöflichen Knabenseminar, 1950–1977 Professor am Bischöflichen Gymnasium, 1971–1981 Provisor von Laßnitzhöhe.

44 Karl Lind, 1926–1938 Präfekt, 1938–1945 Betreuer der Seminaristen im Untergrund, 1945–1966 Generalpräfekt im Bischöflichen Knabenseminar.

45 Alois Pollhammer, 1936–1938 Präfekt im Bischöflichen Knabenseminar, 1956–1971 Pfarrer in Graz-St. Josef.

46 DDr. Blasius Unterberger, 1913–1917 und 1921–1924 Präfekt im Bischöflichen Knabenseminar, 1918–1938 und 1955–1961 Professor am Bischöflichen Gymnasium, 1940–1955 Regens des Priesterseminars.

47 Dr. Ernst Maier, 1925–1927 Präfekt im Bischöflichen Knabenseminar, 1928–1938 und 1945–1970 Professor am Bischöflichen Gymnasium, 1939–1945 Sekretär in der Finanzkammer der Diözese Seckau.

48 Dr. August Semlitsch, 1912–1917 und 1919–1922 Präfekt im Bischöflichen Knabenseminar, 1919–1938 und 1945–1952 Professor am Bischöflichen Gymnasium.

49 Dr. Peter Flach, 1918–1922 und 1924–1933 Präfekt im Bischöflichen Knabenseminar, 1927–1967 Professor am Bischöflichen Gymnasium, 1938–1945 Sachbearbeiter in der Finanzkammer der Diözese Seckau.

50 Dr. Johann Walter, 1930–1959 Professor am Bischöflichen Gymnasium, Religionsprofessor an der Lehrerbildungsanstalt.

51 Dr. Johann Dinawitzer, 1924/25 Präfekt im Bischöflichen Knabenseminar, 1929–1964 Professor am Bischöflichen Gymnasium, Kustos des Diözesanmuseums.

52 Dr. Franz Vollmann, 1927–1934 Präfekt im Bischöflichen Knabenseminar, 1938–1945 Betreuer der Seminaristen im Untergrund, 1945–1967 Spiritual, 1927–1972 Professor am Bischöflichen Gymnasium.

53 Dr. Anton Mayerhofer, 1933–1938 Präfekt im Bischöflichen Knabenseminar, 1956–1974 Rektor am Landessonderkrankenhaus Graz.

54 DDr. Blasius Reiter, 1934–1938 Präfekt im Bischöflichen Knabenseminar, 1947–1973 Professor am Bischöflichen Gymnasium, 1945–1948 Religionsprofessor am Bundesgymnasium Oeversee.

55 Dr. Karl Amon, 1960–1987 Universitätsprofessor für Kirchengeschichte an der Universität Graz.

56 Franz Fischer, 1962–1993 zunächst Provisor, dann Pfarrer in Bad Mitterndorf, 1970–1990 Mitprovisor von Kumitz.

57 Alois Lackner, 1959–1999 zunächst Pfarrverweser, dann Pfarrer in St. Veit in der Gegend, 1978–1998 Mitprovisor von Noreia.

58 Heinrich Suppan, 1967–1989 Pfarrer in Kumberg.

59 Josef Gschanes, 1964–2016 Pfarrer in Feldkirchen bei Graz.

60 Klement Moder, 1973–2002 Pfarrer in Murau, Dechant.

61 Franz Vollmann, Religionsprofessor, Kuratbenefiziat im Kloster der Ursulinen in Graz.

62 Dr. Johann Vogelsang, 1948 Sektionsleiter, 1950 Sektionschef der Sektion IV Unterricht und Erziehung.

63 Dr. Viktor Gölles leitete von 1938 bis 1945 das Akademische Gymnasium in Graz. Er fiel 1945 als Soldat der Wehrmacht.

64 Tremel, Akademisches Gymnasium, 75.

65 Johann Zottler, bis 1964 Religionsprofessor am Akademischen Gymnasium.

66 Die Abenteuerromanserie „Rolf Torring" erschien 1930–1939 und wurde ab 1949 neu aufgelegt.

67 Dr. Karl Adolf Mayer, Schriftsteller, 1936–1953 Professor am Akademischen Gymnasium.

68 Dr. Alois Muralter, 1932–1946 Professor am Akademischen Gymnasium.

69 Dr. Alfons Gorbach, 1961–1964 österreichischer Bundeskanzler.

70 Dr. Anton Saurugg, Distriktsarzt, 1931–1938 und 1945–1963 Bürgermeister von Ligist.

71 Dr. Alfonsa Mittag, geborene Gorbach.

72 DAGS, Personalakt Franz Derler.

73 Zur Theologie und zum „Volksliturgischen Apostolat" von Pius Parsch vgl. etwa Redtenbacher/Seper, Liturgietheologie.

74 Das Diözesangesang- und Diözesangebetbuch „Lobet den Herrn!" wurde ab 1932 eingeführt. Der Gebetbuchteil war unter der Leitung des Vorauer Chorherrn Pius Fank (1891–1976) erarbeitet worden, der recht traditionelle Gesangbuchteil von Anton Faist (1864–1933). Vgl. Meßner, Gottesdienst und sakramentale Praxis, 327.

75 DDDDr. Johannes Ude, 1910–1917 außerordentlicher, 1917–1934 ordentlicher Universitätsprofessor für spekulative Dogmatik an der Universität Graz.

76 Karl Quaß, 1945–1971 Pfarrvikar von St. Anna am Lavantegg.

77 Reismann, Ligist, 172.

78 Bramreiter, Ligist, 244–248.

79 Vgl. dazu Mittermüller, Religion und Glauben, 571–575; Reismann, Allgemeine Geschichte, 183–185.

80 Franz Gölles, 1938–1939 Kaplan in Ligist, zuvor 1937–1938 Pfarrer in Proleb.

81 Franz Hubmann, 1937–1939 Kaplan in Ligist, 1961–1994 zunächst Pfarrverweser, dann Pfarrer von Breitenfeld an der Rittschein.

82 Reismann, Ligist, 175.

83 Verehelicht mit Luise Saurugg (1909–2008).

84 Verehelicht mit Maria Salchinger (1906–1979).

85 Städtler, Seelsorge, 129.

86 Dorf, südöstlich von Ligist.

87 Dr. Richard Leitinger, Professor am Akademischen Gymnasium.

88 Karl Hermann, Postoberoffizial.

89 Johann Sturm, Hauptschuldirektor.

90 Dr. Helmut Passler, Distriktsarzt.

91 August Stelzer (1924–2018), Förster.

92 Dr. Johann Graf.

93 Dr. Josef Köhldorfer, HNO-Arzt.

94 Wilhelm Klepej (1923–2017), Regierungsrat.

95 Heribert Schimann, Landesbeamter.

96 „Alter Telegraf", Grabenstraße 12.

97 Tremel, Akademisches Gymnasium, 75.

98 Ort bei Wettmannstätten, Bezirk Deutschlandsberg.

99 DDDr. Andreas Rohracher (1892–1976), 1933 Weihbischof von Gurk, 1939–1945 Kapitularvikar der Diözese Gurk, 1943–1969 Erzbischof von Salzburg. Vgl. dazu Hintermaier / Rinnerthaler / Spatzenegger, Erzbischof Rohracher.

100 Vermutlich Silvester Hasenhütl (1918–1978).

101 P. Roman Hasenhütl OFM (1913–1998), 1960–1987 Pfarrer in Güssing, 1996–1998 Kaplan in Graz-Maria Himmelfahrt.

102 Wegner, Skandinavien, 961–1000.

103 Zum Kriegsende in Norwegen und zur Haltung Terbovens vgl. Wegner, Skandinavien, 1000–1005. Die Erinnerung an die Übergabe der Festung Akershus am 11. April 1945 schrieb sich in das kollektive Gedächtnis der Norweger ein. 1995 wurde dazu eigens eine Briefmarke herausgegeben. Vgl. dazu Bruland, Norwegen, 462f.

104 Wasserkraftwerk Vemork in Südnorwegen.

105 Erich Goldner (1922–1992), 1947–1986 Religionslehrer, Militärdekan der Reserve, Diözesanrichter.

106 Liebmann, Aufhebung und Wiedererrichtung der Theologischen Fakultät, 39–44.

107 Franz Leopold, 1947–1966 Professor am BG Oeversee, 1966–1971 Regens des Bischöflichen Knabenseminars und Direktor des Bischöflichen Gymnasiums (nach der personellen Trennung noch bis 1975), 1974–1981 Diözesaninspektor für den Religionsunterricht an Allgemeinbildenden Höheren Schulen.

108 Johann Wagner, 1945–1964 Pfarrer von Gnas.

109 Dr. Franz Žak, 1961–1991 Bischof von St. Pölten, zuvor 1956–1961 Koadjutor des Bischofs von St. Pölten, 1957–1961 Sekretär der Bischofskonferenz, 1969–1985 Militärvikar für das Österreichische Bundesheer.

110 Inge Nagele studierte nur zwei Semester Theologie in Graz und kehrte dann nach Wien zurück, wo sie das Studium wechselte und den akademischen Grad einer Diplomingenieurin erwarb.

111 Sohn-Kronthaler, Nachruf.

112 Kronthaler / Fischer, Frauen an der Katholisch-Theologischen Fakultät Graz.

113 Vgl. Liebmann, Aufhebung und Wiedererrichtung der Theologischen Fakultät, 44–53.

114 DDr. Oskar Graber (1887–1976), 1920–1939 und 1945–1963 Universitätsprofessor für positive Dogmatik an der Universität Graz.

115 DDr. Andreas Posch, 1919–1939 und 1945–1960 ordentlicher Universitätsprofessor für Kirchengeschichte und Patrologie an der Universität Graz.

116 Dr. Otto Etl, 1924–1939 außerordentlicher und 1946–1950 ordentlicher Universitätsprofessor für Katechetik und Pädagogik an der Universität Graz.

117 DDr. Johann Fischl, 1935–1939 außerordentlicher und 1946–1970 ordentlicher Professor für Christliche Philosophie und Apologetik an der Universität Graz. Er bekleidete als erster Theologe in der Nachkriegszeit 1948/49 das Rektorsamt, 1958/59 abermals Rektor der Universität Graz. Fischl nahm sich jener Studierenden an, die nach dem Ungarnaufstand 1956 an die Universität Graz gekommen waren. Sohn-Kronthaler, Bildung und Wissenschaft, 248.

118 DDr. Josef Trummer, 1945–1946 außerordentlicher und 1946–1962 ordentlicher Universitätsprofessor für Kirchenrecht an der Universität Graz, Offizial des Diözesangerichtes.

119 DDr. Johann List, zunächst außerordentlicher, dann ab 1946–1961 ordentlicher Universitätsprofessor für Pastoraltheologie an der Universität Graz, Domkapitular.

120 Dr. Gottfried Stettinger, 1925–1939 und 1945–1951 ordentlicher Universitätsprofessor für das Neutestamentliche Bibelstudium an der Universität Graz.

121 DDr. Franz Sauer, 1946–1951 außerordentlicher und 1951–1976 ordentlicher Universitätsprofessor für Alttestamentliches Bibelstudium und für die biblisch-orientalischen Dialekte, 1953/54, 1954/55 und 1963/64 Rektor der Universität Graz.

122 DDr. Leo Pietsch, 1948–1967 Weihbischof von (Graz-)Seckau, 1952/53 Generalvikar der Diözese (Graz-)Seckau. Pietsch war unter den Bischöfen Pawlikowski und Josef Schoiswohl mit mehreren Leitungsaufgaben in der Diözese betraut, so war er u. a. Obmann des Katholischen Preßvereins und Generalassistent der Katholischen Aktion.

123 Reismann, Bärnbach, 20.

124 PA Städtler, Absolutorium der Theologie, 21.06.1950.

125 PA Städtler, Mitteilung des Dekanats, gezeichnet von Dekan Johann Fischl, 12.05.1952.

126 PA Städtler, Bestätigung des Rektorats der Universität Graz, 26.04.1971.

127 Johann Weber, 1969–2001 Diözesanbischof von Graz-Seckau, 1995–1998 Vorsitzender der Österreichischen Bischofskonferenz. Vgl. Liebmann, Schoiswohl und Weber, 435–465.

128 Städtler, Seelsorge, 130.

129 Johann Riedrich, 1936–1949 Subregens und Ökonom des Priesterseminars, 1949–1965 Pfarrer von St. Ruprecht an der Raab, 1965–1977 Pfarrer von Graz-Zur Unbefleckten Empfängnis im Pensionistenheim und Krankenhaus der Stadt Graz, Dechant.

130 Graz, Paulustorgasse Nr. 13a.

131 Dr. Georg Hansemann, 1960–1965 außerordentlicher Universitätsprofessor, 1961 Gründungsdirektor des Grazer Instituts für Katechetik, 1966–1975 Universitätsprofessor für Katechetik an der Universität Graz.

132 Johann Schadl, 1970–1995 Pfarrer in St. Stefan ob Leoben.

133 Karl Grandner, 1959–2000 zunächst Seelsorger, dann Pfarrer in Kapfenberg-Schirmitzbühel.

134 Josef Hütter, 1963–2000 Pfarrer in Judenburg-St. Nikolaus, Dechant.

135 Karl Kiegerl, 1949–1960 Subregens und Ökonom des Priesterseminars, Kuratbenefiziat im Ursulinenkloster Graz.

136 Peter Zwanzgleitner (1913–1998), 1948–1955 Diözesanjugendseelsorger und Studienpräfekt im Priesterseminar, 1955–1991 Pfarrer in St. Lorenzen im Mürztale, Dechant.

137 Helmut Goldner, Philistersenior der Carolina.

138 Johann Baptist Zwerger, 1867–1893 Fürstbischof der Diözese Seckau.

139 Kresbach, 75 Jahre Carolina, 26f.; Hartmann, Im Gestern bewährt.

140 Liebmann, Laienapostolat, 407.

141 Priesterweihen von Diözesanpriestern 1945–1955: 1945: 0, 1946: 7+1, 1947: 9+1, 1948: 18+1, 1949: 15+1, 1950: 26, 1951: 18, 1952: 17+2, 1953: 10+2, 1954: 14+2, 1955: 15. Anm.: Die zweite Zahl steht für Priesterweihen an einem anderen Weihetermin als dem gewöhnlichen.

142 P. Franz Karlinger SDB, 1951–1959 Kaplan in Graz-Don Bosco, 1959–1981 Kaplan und Hausdirektor in Klagenfurt-St. Josef.

143 H. Theobald (Johann) Berghofer CRSA, Stift Vorau, 1968–1991 Pfarrvikar in Vorau, 1991–2000 Pfarrer in Schäffern, Dechant.

144 H. Benedikt (Josef) Stögerer CRSA, Stift Vorau, 1955–1957 Kaplan in Friedberg.

145 Sonntagsblatt, 02.07.1950, 2–6.

146 Josef Steiner, 1957–1991 Religionsprofessor Bruck an der Mur, 1975–1991 Diözesaninspektor für den Religionsunterricht an Allgemeinbildenden Höheren Schulen, 1968–2020 Seelsorger in Proleb.

147 Karl Wurmitzer, 1957–1977 Religionsprofessor in Mürzzuschlag.

148 Richard Dalheim, 1958–1987 Pfarrer in Stadl an der Mur.

149 Peter Egger, 1965–1988 Pfarrer in St. Ruprecht an der Raab.

150 Josef Hütter, 1965–1994 Pfarrer in Gnas.

151 Christian Karner, 1963–1989 zunächst Pfarrverweser, dann Pfarrer in Krakaudorf und Krakauebene.

152 Josef Koch, 1964–1991 Pfarrer in Thörl.

153 Andreas Lückl, 1970–1990 Pfarrer in Pischelsdorf.

154 Josef Reisenhofer, 1961–2002 Pfarrer in Heilbrunn.

155 August Riedl, 1963–1964 Provisor von Scheifling, Seelsorger im Bezirksaltenheim St. Pölten, Niederösterreich.

156 Josef Sallinger, 1952–1954 Kaplan in Aflenz, 1954–1958 Kaplan in Graz-Straßgang, 1959 Exkardinierung.

157 Johann Schinnerl, 1959–1990 Pfarrer in St. Marein im Mürztale.

158 Peter Schirnhofer, 1964–1983 Pfarrer in St. Martin am Wöllmißberg.

159 Josef Schnabel, 1964–1981 Pfarrer in Frauental an der Laßnitz.

160 Josef Wagner, 1963–1982 Pfarrer in Edelsbach.

161 Franz Josef Wolf, 1961–1979 Pfarrer in Blumau.

162 DDr. Winfried Gruber, 1963–1992 Universitätsprofessor für Dogmatik an der Universität Graz, 1972/73 Rektor der Universität Graz.

163 DDr. Johann Heimerl, 1962–1971 Universitätsprofessor für Kanonisches Recht an der Universität Graz, 1971 Laisierung, ab 1973/72 Dozent für Kirchenrecht an der Universität Linz.

164 DDr. Karl Gémes, 1968–1970 Regens des Priesterseminars, Religionsprofessor, 1988–1990 Direktor des BG/BRG Carnerigasse in Graz.

165 Josef Müller, 1967–1971 Pfarrer in St. Nikolai ob Draßling, 1973 Laisierung.

166 Franz Grinschgl, 1961–1992 Pfarrer in Langenwang.

167 Johann Gruber, 1969–1991 Pfarrer in St. Jakob im Freiland, Mitprovisor von Osterwitz und St. Oswald im Freiland.

168 Edmund Dechrius, 1960–1986 Pfarrer der Wiener Pfarre Am Schüttel.

169 Farmer/Farmer, Pfarre Ligist, 107.

170 P. Ambros Rosenauer OSB, Stift Seitenstetten, 1936–1954 Pfarrer in Biberbach, 1954–1971 Pfarrer in Krenstetten, Niederösterreich.

171 Johann Pöllabauer, 1959 Provisor, 1962–1985 Pfarrer in Unterlamm.

172 Haunerland, Primiz, 412–420, mit Verweisen auf das steirische Primizbrauchtum.

173 PA Städtler, Anstellung als Kaplan in Mureck per 16.08.1950, gezeichnet Generalvikar Siener, 08.08.1950.

174 Karl Wagner, 1948–1950 Kaplan in Mureck, bischöflicher Gutsverwalter auf Schloss Seggau.

175 Anton Mogg, 1926–1962 Pfarrer in Mureck.

176 Otto Gschiel, 1938–1951 Kaplan in Mureck, 1959–1966 Pfarrer in St. Marein bei Knittelfeld.

177 Johann Ofner, 1951–1953 Kaplan in Mureck, 1970–1989 Pfarrer in St. Wolfgang bei Obdach.

178 Personalstand der Diözese Seckau 1952, 290.

179 Sohn-Kronthaler, Pfarrhaushälterinnen.

180 PA Städtler, Versetzung als Kaplan nach Murau per 01.09.1952, gezeichnet Generalvikar Weihbischof Pietsch, 23.08.1952.

181 Personalstand der Diözese Seckau 1952, 234.

182 Wieland, Murau.

183 Josef Vögl, 1940–1973 Pfarrer in Murau, Kreisdechant.

184 Die Kreuzschwestern führten von 1901 bis 1988 das städtische Armenhaus in Murau, heute Elternhaus der Stadtgemeinde Murau.

185 Liebmann, Schoiswohl und Weber, 417–434.

186 Joseph Kardinal Cardijn (1882–1967), Gründer der internationalen Christlichen Arbeiterjugend (CAJ), 1965 Bischofsweihe, Ernennung zum Titularerzbischof und Kardinal. Zu Cardijn vgl. Krockauer/Weber, Mehrwert Mensch.

187 Zur Katholischen Arbeiterjugend (KAJ) in Österreich vgl. Ellbogen, Dokumente; Steger, Marx kontra Christus; Steurer/Bauer, Nicht Worte, sondern Taten.

188 P. Josef Zeininger OSFS, 1948–1957 Zentralseelsorger der KAJ, Pastoralamtsleiter und Bischofsvikar der Erzdiözese Wien.

189 Johann Wurzwallner, 1951–1956 Referent für Arbeiterseelsorge und Diözesanseelsorger der KAJ/M Steiermark, Religionsprofessor, Diözesaninspektor für den Religionsunterricht.

190 Zum Werden der KAJ in der Diözese (Graz-) Seckau vgl. Krobath, Industrieorte, 79; Fichler /Ungar, KAJ/M Steiermark, ferner Cemko, Katholische Arbeiterjugend.

191 Hedwig Steurer, geb. Göttinger, 1951–1952 KAJ/M-Zentralführerin.

192 So zum Beispiel in der Sozialenzyklika von Johannes XXIII. (1958–1963) *Mater et magistra* vom 15. Mai 1961 und in der Pastoralkonstitution des II. Vaticanums *Gaudium et spes* vom 7. Dezember 1965.

193 DAGS, Pfarrarchiv Murau, Gruppenbuch der KAJ Murau, 1952–1954, zur Verfügung gestellt von Wolfgang Wieland, Murau.

194 Gruppenbuch der KAJ Murau, 07.12.1952, o. S.

195 Luise Eichler, geb. Reindl, erste Diözesanführerin der KAJ/M Steiermark.

196 Gruppenbuch der KAJ Murau, 01.–04.01.1953, o. S.

197 Gruppenbuch der KAJ Murau, 05.01.–06.01.1953, o. S.

198 Gruppenbuch der KAJ Murau, 04.04.1953, o. S.

199 Gruppenbuch der KAJ Murau, 11.10.1953, o. S.

200 Julius Raab, ÖVP-Politiker, 1953–1961 Bundeskanzler.

201 Josef Krainer, ÖVP-Politiker, 1948–1971 Landeshauptmann der Steiermark.

202 Konrad Königswieser, 1950–1959 Präsident, 1959–1963 Vizepräsident der KA Steiermark, Generaldirektor der Raiffeisen-Zentralkasse Steiermark.

203 Dr. Max Pietsch, 1947–1956 Generalsekretär der KA Steiermark, danach Präsident, 1955–1973 Professor an der Technischen Hochschule Graz.

204 Alfred Mitterhuber, 1952–1955 Zentralführer der KAJÖ.

205 P. Franz Teufl SDB, Seelsorger und Pfarrer in Linz-St. Severin, vielfältiges Wirken in der KAJ sowie als Exerzitienleiter und Volksmissionar.

206 Josef Steurer, 1948–1954 Zentralsekretär der KAJ, 1957–1970 Bundesvorsitzender der KAB.

207 Sonntagsblatt, 02.05.1954, 3.

208 Gruppenbuch der KAJ Murau, 01.05.1954, o. S.

209 Gruppenbuch der KAJ Murau, 01.05.1954, o. S.

210 Dr. Franz Jachym, 1950–1983 Erzbischof-Koadjutor sedi datus der Erzdiözese Wien.

211 Gruppenbuch der KAJ Murau, 01.05.1954, o. S.

212 Dr. Rupert Rosenberger, 1954–1976 Generalvikar der Diözese (Graz-)Seckau.

213 PA Städtler, Versetzung als Kaplan von Murau nach Fohnsdorf per 01.09.1955, gezeichnet Generalvikar Rosenberger, 17.08.1955.

214 Karl Dengg, 1952–1962 Pfarrer in Fohnsdorf.

215 Josef Völkl, 1949–1956 Kaplan in Fohnsdorf, 1969–1984 Pfarrprovisor von Teufenbach.

216 Zur Geschichte von Fohnsdorf vgl. Brunner, Fohnsdorf.

217 Rom-Buch der KAJ Fohnsdorf [1956–1957], o. S., zur Verfügung gestellt von Franz Zechner, Fohnsdorf.

218 Liebmann, „Mariazeller Manifest".

219 Richard Barta, Chefredakteur und Herausgeber der KathPress.

220 Franz Zechner (geb. 1935), Gebietsführer der KAJ Fohnsdorf-Aichfeld.

221 Johann Siener, 1928–1952 Generalvikar der Diözese Seckau.

222 Dr. Benedikt Reetz OSB, 1927–1957 Abt von Seckau, 1957–1964 Erzabt von Beuron, Abtpräses der Beuroner Benediktinerkongregation.

223 Johann Rodler, 1951–1963 Pfarrer in Judenburg-St. Nikolaus, Kreisdechant.

224 Alois Wieser, 1962–1986 erster Pfarrer in Hönigsberg und später auch von Kapellen an der Mürz.

225 Rom-Buch der KAJ Fohnsdorf, o. S.

226 Entspricht rund 4.500 Euro (Stand: 2022).

227 Rom-Buch der KAJ Fohnsdorf, o. S.

228 Dr. Joseph Köstner, 1945–1981 Diözesanbischof von Gurk.

229 DDr. Stefan László, 1954–1960 Apostolischer Administrator des Burgenlandes, 1956 Bischofsweihe, 1960–1992 erster Diözesanbischof von Eisenstadt.

230 Die steirischen Delegierten versammelten sich dazu in der Kirche Santa Maria in Portico in Campitelli im römischen Rione Sant'Angelo.

231 Eugène Kardinal Tisserant, Kurienkardinal, Kardinaldekan, Archivar des Vatikanischen Geheimarchivs und Bibliothekar der Vatikanischen Bibliothek.

232 Rom-Buch der KAJ Fohnsdorf, o. S.

233 Heiko Kolt, belgischer Choreograf und Tänzer.

234 Rom-Buch der KAJ Fohnsdorf, o. S.

235 Rom-Buch der KAJ Fohnsdorf, o. S.

236 „Pius XII.: Die Kirche bedarf heute mehr denn je junger Arbeiter", in: KathPress 199, 28.08.1957, Beilage 2.

237 PA Städtler, Manuskript der Rede zum 50-Jahr-Jubiläum der KAJ Fohnsdorf, 01.10.1996.

238 Personalstand der Diözese Graz-Seckau 1959, 99f.

239 Andritsch, Judenburg, 184.

240 1906 als „Steirische Gußstahlwerke AG" gegründet. 1973 Eingliederung in den VOEST-Alpine-Konzern. Gegenwärtig ist die „Stahl Judenburg" Teil der GMH Holding.

241 So beispielsweise von Städtlers Weihekollegen Franz Vollmann, der ab 1952 Kaplan in Judenburg war.

242 Sensenwerkgasse Nr. 6.

243 PA Städtler, Bestellung zum Kuraten der Seelsorgestelle St. Magdalena in Judenburg per 01.09.1960, gezeichnet von Bischof Schoiswohl, 08.08.1960.

244 Sensenwerkgasse Nr. 3. Das Judenburger Sensenwerk (gegründet 1847/48) stellte nach häufigen Besitzerwechseln nach dem Zweiten Weltkrieg seinen Betrieb ein.

245 Gottfried Karl Lafer, 1960–1966 Kaplan in Judenburg-St. Nikolaus, 1968–2015 Dompfarrer, 1970–1997 Regens des Grazer Priesterseminars.

246 Josef Haas, 1963–1999 Pfarrer in Fohnsdorf und 1971–1999 in Allerheiligen bei Pöls.

247 PA Städtler, Errichtung der „Stadtpfarre zur hl. Magdalena in Judenburg" per 01.01.1964, gezeichnet Bischof Schoiswohl, 01.12.1963.

248 PA Städtler, Verleihung der Pfarre Judenburg-St. Magdalena per 01.01.1964, gezeichnet Bischof Schoiswohl am 01.01.1963.

249 Zitiert in: Liebmann, Schoiswohl und Weber, 421.

250 Poier, Gelöbniswallfahrt.

251 Zu Bischof Rusch vgl. Alexander, Der „rote Bischof".

252 Liebmann, Dominanz, 440–445.

253 DDr. Franz Kardinal König (1905–2004), 1952–1956 Weihbischof-Koadjutor von St. Pölten, 1956–1985 Erzbischof von Wien.

254 Zum Wirken von Kardinal König vgl. etwa König, Unterwegs; Neuhold, König.

255 DDr. Hans Steiner, ÖVP-Politiker, 1960–1982 Obmann des Katholischen Bildungswerkes, Landesschulinspektor, Landtagsabgeordneter.

256 Die Otto-Möbes-Akademie im Stiftingtal ist seit 1950 ein Bildungshaus der Arbeiterkammer Steiermark. Namensgeber war der SPÖ-Politiker Otto Möbes (1879–1963), erster Präsident der Arbeiterkammer Steiermark nach 1945.

257 DDr. Rupert Gmoser, SPÖ-Politiker, 1958–1994 Leiter der Otto-Möbes-Volkswirtschaftsschule.

258 Franz Senghofer, 1946–1972 Bildungssekretär des Österreichischen Gewerkschaftsbundes, Erwachsenenbildner, Publizist.

259 Franz Fekete, SPÖ-Politiker, 1963–1987 Bürgermeister von Kapfenberg.

260 DDr. Hanns Sassmann, Generaldirektor des Druck- und Verlagshauses Styria.

261 Dr. Maximilian Liebmann, 1909–2002 Universitätsprofessor für Kirchengeschichte und Kirchliche Zeitgeschichte an der Universität Graz.

262 Hans Groß, SPÖ-Politiker, 1980–1990 Landeshauptmann-Stellvertreter..

263 Josef Gruber, SPÖ-Politiker, 1962–1988 Landesrat.

264 Dr. Aladar Pfniß, 1957–1981 Leiter des Arbeitsamts Graz, 1952–1994 pädagogischer Leiter der Volkshochschule Graz, Erwachsenenbildner.

265 Adalbert Sebastian, SPÖ-Politiker, 1970–1980 Landeshauptmann-Stellvertreter.

266 Siegfried Schrittwieser, SPÖ-Politiker, 2009–2015 Landesrat, Landeshauptmann-Stellvertreter, Zweiter Landtagspräsident.

267 Alfred Stingl, SPÖ-Politiker, 1985–2003 Bürgermeister der Stadt Graz.

268 Das „Österreichische Klerus-Blatt" erschien von 1956 bis 1982 jeden zweiten Samstag im Monat.

269 Liebmann, Schoiswohl und Weber, 430.

270 Dr. Theodor Goger, 1946–1963 stellvertretender Direktor der Finanzkammer der Diözese (Graz-)Seckau.

271 Dr. Johann Trummer, 1966–1969 Bischöflicher Sekretär und 1969–1974 Leiter des Büros für Öffentlichkeitsarbeit, 1979–2008 Universitätsprofessor für Liturgik, liturgische Praxis und deutschen Kirchengesang an der Universität für Musik und darstellende Kunst in Graz, 1983–2019 Obmann des Katholischen Medienvereins und 1997–2019 Mitglied des Aufsichtsrats der „Styria Media Group AG".

272 DDDr. Emmerich Trummer, AHS-Professor, 1970–1974 erster geschäftsführender Vorsitzender des Diözesanrats der Diözese Graz-Seckau.

273 DDr. Philipp Harnoncourt, 1963 Gründer der Abteilung für Kirchenmusik an der Akademie für Musik und darstellende Kunst, 1972–1999 Universitätsprofessor für Liturgiewissenschaft, Christliche Kunst und Hymnologie an der Universität Graz, Domkapitular.

274 Weber erfuhr schriftlich vom Nuntius am Pfingstsonntag, dem 25. Mai 1969, dass Papst Paul VI. ihn für die Nachfolge von Diözesanbischof Schoiswohl ausersehen habe.

275 Johann Kern, 1950–1961 Direktor des Volksbildungsheimes St. Martin, 1961–1974 Direktor des Bischöflichen Bauamtes, Domkustos.

276 Dr. Rudolf Pieber, 1969–1975 Direktor der Bischöflichen Finanzkammer. Pieber war der erste Laie, der mit 1. Jänner 1969 zum Direktor der Bischöflichen Finanzkammer bestellt wurde und als solcher dem Konsistorium angehörte. Er war für die Verwaltung des kirchlichen Vermögens wie auch für die Kirchenbeiträge verantwortlich. Er gehörte verschiedenen Gremien an, u. a. war er im Wirtschaftsrat der Grazer Dompfarre und beriet auch bei der baulichen Sanierung des Grazer Priesterseminars. Vgl. Sonntagsblatt, 05.01.1969, 7; Sonntagsblatt, 05.05.2019, 5.

277 Maximilian Flucher, 1967–1971 Pastoralamtsdirektor, 1971–1988 Pfarrer in Graz-Christkönig, Geistlicher Assistent der Katholischen Frauenbewegung und der Katholischen Männerbewegung.

278 Friedrich Schaffer, 1971–2009 Pfarrer in Oberzeiring und 1975–2009 zunächst Mitprovisor, dann Pfarrer in Pusterwald.

279 Franz Tunkel (geb. 1939), 1977–1991 Pfarrer in Graz-Puntigam, 1991–1998 Pfarrer in St. Lorenzen im Mürztale und St. Marein im Mürztale.

280 Ferdinand Kochauf (geb. 1936), 1972–2014 Pfarrer in Judenburg-St. Magdalena.

281 Martin M. Trummler (geb. 1963), 2014–2022 Pfarrer in Judenburg-St. Nikolaus und Judenburg-St. Magdalena, Seelsorgeraumleiter. Ihm folgt mit 01.09.2022 Rudolf Rappel (geb. 1974), bislang Pfarrer im Seelsorgeraum Knittelfeld, nach.

282 Dazu Städtler, Seelsorge, 134f.

283 Franz Aldrian, 1954–1981 Pfarrer von St. Peter ob Judenburg, Dechant.

284 Städtler, Neue Einteilung, 10.

285 Städtler, Neue Einteilung, 6f.

286 Kirchliches Verordnungsblatt Graz-Seckau 1972, 91.

287 Kirchliches Verordnungsblatt Graz-Seckau 1972, 91–94.

288 Margarethe Himmler, Absolventin des Seminars für kirchliche Frauenberufe in Wien-Ober St. Veit. „Schwester Grete", wie sie genannt wurde, bekam ihre erste Anstellung als Pfarrschwester in Köflach (1955–1967). 1967–1979 war sie in der Pfarre Judenburg-St. Magdalena als Pfarrschwester bzw. pastorale Mitarbeiterin, ab 1979 bis zu ihrer Pensionierung als pastorale Mitarbeiterin in der Pfarre Graz-Heiligster Erlöser im Landeskrankenhaus tätig.

289 Personalstand Graz-Seckau 1971, 23–27, 35, 125, 215.

290 PA Städtler, Verleihung des Kanonikats, gezeichnet Bischof Weber, 23.06.1972.

291 DDr. Franz Möstl, 1950–1968 Direktor der Bischöflichen Finanzkammer, 1969–1976 Generalvisitator, Dompropst.

292 Karl Hofer, 1971–1999 Stadtpfarrpropst der Grazer Stadtpfarrkirche zum Heiligen Blut, Domkapitular.

293 Johann Klement, 1954–1970 Pfarrer in Weizberg, Erzdechant, Domkapitular.

294 Johann Reinisch, 1954–1968 Schulamtsleiter, 1954–1989 Ordinariatskanzler, Domdechant.

295 Rupert Gschiel, 1968–1972 Leiter des Amtes für Schule und Bildung, Bischofsvikar, Domkapitular.

296 Eduard Fally, General, Kommandant des I. Korps.

297 PA Städtler, Bestellung zum Personalreferenten per 01.09.1973, gezeichnet Bischof Weber, 29.08.1973.

298 Dr. Dr. h. c. Egon Kapellari (geb. 1936), 1964–1981 Hochschulseelsorger in Graz und Leiter des Afro-Asiatischen Instituts, 1981–2001 Diözesanbischof von Gurk, 2001–2015 Diözesanbischof von Graz-Seckau.

299 Dr. Anton Kolb, 1970–2000 ordentlicher Professor für Philosophie an der Katholisch-Theologischen Fakultät der Universität Graz.

300 PA Städtler, Verlängerung als Personalreferent, gezeichnet Bischof Weber, 20.12.1974. Als Personalreferent trug Städtler die Verantwortung bis zu seiner Pensionierung am 31. August 1997.

301 In der Diözese Graz-Seckau wurde 1960 eine Diözesansynode mit dem bemerkenswerten Thema „Der Laie in der Kirche" abgehalten. Nach dem Konzil erfolgten Diözesansynoden in Wien 1967–1969, Salzburg 1968, Linz 1970–1972, Eisenstadt 1970, Gurk 1971–1972, Innsbruck 1971, St. Pölten 1971–1972.

302 Österreichischer Synodaler Vorgang, 187.

303 Vgl. Berichte dazu: Sonntagsblatt, 01.04.1973, 7; Sonntagsblatt, 15.04.1973, 7; Sonntagsblatt, 04.11.1973, Sonntagsblatt, 12.05.1974, 8f.

304 Wilhelm Zauner, 1970–1994 Professor für Pastoraltheologie in Linz, 1979/80 erster Rektor der Katholisch-Theologischen Hochschule Linz.

305 Weitere steirische Mitglieder dieser Kommission waren Bischof Johann Weber, Ägidius Leipold, Josef Otter und Franz Tropper.

306 Österreichischer Synodaler Vorgang, 24.

307 Österreichischer Synodaler Vorgang, 25.

308 Siehe auch Kleine Zeitung, 21.08.2016.

309 Roman Krobath, 1961–1966 Diözesansekretär der KAB Steiermark.

310 Rosa Illek, erste weibliche Angestellte der Katholischen Aktion Steiermark, 1977–1988 Diözesanleiterin der KFB.

311 DDr. Karl Gastgeber, 1968–1991 Universitätsprofessor für Pastoraltheologie an der Universität Graz.

312 Martin Gutl, Hochschulseelsorger, 1984–1994 Rektor des Bildungshauses Mariatrost.

313 Heribert Diestler (geb. 1937), Religionspädagoge.

314 DDr. Karl Berg, 1973–1988 Erzbischof von Salzburg.

315 Josef Otter, 1962–1976 Pfarrer in Knittelfeld, 1976–1992 Pfarrer in Lind bei Zeltweg und Schönberg bei Knittelfeld, Dechant des Dekanates Knittelfeld, Ehrenkanonikus.

316 Dr. Josef Jamnig, 1971–1980 Regens des Bischöflichen Knabenseminars, 1980–1994 Caritas-Direktor, 1995–2013 Provisor von St. Margarethen an der Raab, Domkapitular.

317 Dr. Theodor Piffl-Perčević, ÖVP-Politiker, 1964–1969 Bundesminister für Unterricht, 1969–1989 Präsident der Stiftung Pro Oriente.

318 Hildegard Mauerhofer (geb. 1946, verheiratete Steger-Mauerhofer), Diözesansekretärin der Jung-KAJ in Graz und Leoben, 1973–1977 Bundesleiterin der KAJÖ, 1991 Leiterin der Abteilung Frauenpolitik im Renner-Institut, Wien.

319 Dr. Ägidius Leipold, 1969–1985 Spiritual des Grazer Priesterseminars, 1985–1992 Direktor des Bischöflichen Gymnasiums, Domkapitular.

320 Karl Gölles, 1966–1968 Diözesanseelsorger der KAJ, 1969–2000 Pfarrer von Leoben-Waasen, Dechant.

321 Dr. Johann M. Schmeiser (geb. 1930), Tierarzt in St. Stefan in Rosental.

322 Dr. Johann Wulz (geb. 1929), Notar in Pöllau, Mitglied des Diözesanrats.

323 Franz Tropper (geb. 1936), 1971–1976 Pastoralamtsleiter der Diözese-Graz-Seckau, 1989 2002 Pfarrer von Graz-Graben.

324 Karl Kalcsics (geb. 1941), 1970–1979 Direktor des Bildungshauses Mariatrost, 1979–2002 Volksbildungsreferent für die Steiermark, 1988–2004 Vorstandsvorsitzender des Grazer Büros für Frieden und Entwicklung.

325 Michael Hasslinger, Hochschulvertreter.

326 Franz Fink, 1976–1984 Pastoralamtsleiter, 1984–2008 Pfarrer in Graz-St. Leonhard, Ehrenkanonikus.

327 Weber, In memoriam.

328 Sonntagsblatt, 04.07.1976, 1.

329 Städtler, Seelsorge, 139.

330 Josef Fink (geb. 1935), Pfarrer in Gleisdorf, Dechant des Dekanates Gleisdorf.

331 Sr. Andrea Eberhart, 1975–2004 Direktorin des Ursulinengymnasiums.

332 Dr. Christine Filipancic, 1979–2011 Leiterin des Projekts Alleinerziehende im Familienreferat der Diözese Graz-Seckau, Aufbau von „Rainbows" und der Österreichischen Plattform für Alleinerziehende in der Steiermark.

333 Erich Kobilka, 1962–2002 Pfarrer in Schladming, 1962–2012 zunächst Mitprovisor, dann Pfarrer in Kulm in der Ramsau und 1975–2002 in Pichl an der Enns, Dechant.

334 Konrad Karner, 1976–2001 Pfarrer in Irdning.

335 Benedikt XVI. (Joseph Kardinal Ratzinger), 1977–1982 Erzbischof von München und Freising, 2005–2013 Papst, Papst emeritus.

336 Johann Treyer, Provinzial und Visitator der Österreichischen Provinz der Lazaristen, Direktor der Barmherzigen Schwestern Graz.

337 Josef Fink, Künstler und Autor, 1975–1999 Rektor des Kulturzentrums bei den Minoriten.

338 Josef Fantic (geb. 1949), Betriebsratsobmann, Diözesansekretär der Katholischen Arbeitnehmerbewegung, Mitarbeiter des Sonntagsblatts.

339 Dr. Herbert Thomann, 1962–1977 Ordinariatssekretär, 1976–2007 Diözesanvisitator, 1977–2007 Referent des Generalvikars, 1979–2011 Pfarrer in Tobelbad.

340 Dr. Alois Wagner, 1969–1981 Weihbischof in Linz, 1981–1999 Vizepräsident des Päpstlichen Rates Cor Unum, 1992 Titularerzbischof.

341 Dr. Alfred Kardinal Bengsch, 1961–1979 Bischof von Berlin, Titularerzbischof.

342 Städtler, Leopold: Manuskript zur Umfrage der Kleinen Zeitung, 18.03.1970.

343 Paier, LaientheologInnen, 21.

344 Jörg Mayr, Architekt, plante u. a. gemeinsam mit seiner Frau, der Architektin Ingrid Mayr,

die neue Synagoge (2000) und die neue Zeremonienhalle am Jüdischen Friedhof (1990/91) in Graz.

345 Dr. Josef Wilhelm (geb. 1947), 1982–1986 Generalsekretär der Katholischen Aktion in der Steiermark, 1987–2010 Direktor des Akademischen Gymnasiums in Graz.

346 Dr. Rudolf Kirchschläger, 1974–1986 Bundespräsident der Republik Österreich.

347 DDr. h. c. Dieter Knall, 1976–1983 Superintendent der Evangelischen Kirche Steiermark A. B., 1983–1995 Bischof der Evangelischen Kirche A. B. in Österreich.

348 Dr. José Ivo Lorscheiter, 1974–2004 Erzbischof von Santa Maria (Brasilien), 1979–1986 Vorsitzender der Brasilianischen Bischofskonferenz (Conferência Nacional dos Bispos do Brasil CNBB).

349 Dr. František Kardinal Tomášek, 1977–1991 Erzbischof von Prag.

350 Dr. Gerhard Gruber (geb. 1928), 1968–1990 Generalvikar des Erzbistums München und Freising.

351 Als sogenannte Friedenspriester, benannt nach der Vereinigung katholischer Geistlicher „Pacem in terris", wurden regimetreue Priester in der Tschechoslowakei und anderen kommunistischen Staaten bezeichnet.

352 Erwin Huber, Grazer Bildhauer, schuf u. a. Porträtbüsten, Glocken, Kirchentore, sakrale und profane Plastiken sowie die Erinnerungszeichen für den Österreichischen Katholikentag 1983 und zum Papstbesuch 1988 in Österreich.

353 Mairead Corrigan (geb. 1944), nordirische Friedensaktivistin und Nobelpreisträgerin.

354 Dr. Hubertus Brandenburg, 1977–1998 Bischof von Stockholm.

355 Joseph Byeong Hwa Chang, 1968–1988 Bischof von Masan (Südkorea).

356 Liebmann, Schoiswohl und Weber, 441.

357 Liebmann, 225 Jahre Domkapitel, 46.

358 Dr. h. c. Franz Küberl (geb. 1953), 1994–2016 Direktor der steirischen Caritas, 1995–2013 Präsident der Caritas Österreich.

359 Dr. Vinzenz Absenger, Professor am BG/BRG Gleisdorf, 1974–1983 geschäftsführender Vorsitzender des Diözesanrats der Diözese Graz-Seckau.

360 Ingrid Dielacher, AHS-Professorin, gehörte bereits als Stellvertretende Vorsitzende dem Diözesanrat in der 5. Funktionsperiode an.

361 PA Städtler, maschinschriftliches Redemanuskript von Ingrid Dielacher.

362 Dr. Kurt Zisler (geb. 1945), 1985–2007 Direktor der Religionspädagogischen Akademie der

Diözese Graz-Seckau, Stellvertretender Vorsitzender des Diözesanrats.

363 Karl Haas (geb. 1926), Direktor des Pädagogischen Instituts, Obmann der Katholischen Lehrer- und Erziehergemeinschaft, Stellvertretender Vorsitzender des Diözesanrats.

364 Kirchliches Verordnungsblatt Graz-Seckau 1978, 29f.

365 Daniel Kern, 1972–1983 Leiter des Amtes für Schule und Bildung, Domkapitular.

366 Kern, Diözesanrat, 78.

367 PA Städtler, Manuskript für den Beitrag im Sonntagsblatt „30 Jahre Bischof Weber", 06.06.1999.

368 Dr. Josef Wiedner, 1928–1973 Pfarrer von St. Stefan im Rosentale, Ehrendomherr.

369 Giovanni Bellini, 1966 Titularerzbischof von Tusuros, 1967 Substitut im Kardinalstaatssekretariat, 1977–1982 Erzbischof von Florenz.

370 Dr. László Kardinal Lékai, 1976–1986 Erzbischof von Esztergom-Budapest, Primas von Ungarn.

371 Anton Ertl, 1970–1996 Pfarrer in Weiz, Dechant des Dekanates Weiz.

372 Arnold Heindler (geb. 1937), Diözesaninspektor für den Religionsunterricht an Berufsschulen in Steiermark, Pfarrer in Wagna.

373 Johann Zechner, 1955–1980 Pfarrer in Hartberg, Dechant des Dekanates Hartberg, Ehrenkanonikus.

374 P. Altmann Dehmer OCist, 1952–1981 Pfarrvikar von Thal, Dechant des Dekanats Rein.

375 Franz Höllinger, 1971–1980 Pfarrer in Leibnitz, Dechantstellvertreter des Dekanates Leibnitz.

376 Dr. Simon Poier, 1971–1999 Pfarrer und Propst von Bruck an der Mur, 1985–1999 Provisor von St. Dionysen-Oberaich, Dechant des Dekanates Bruck an der Mur, Ehrenkanonikus.

377 Dr. Willibald Rodler, 1970–1982 Pfarrer in Birkfeld, 1973–1982 Dechant des Dekanates Birkfeld, 1975–1982 Mitprovisor von Miesenbach, 1984–2003 Leiter des Amtes für Schule und Bildung, 2003–2011 Bischofsvikar, Domkapitular.

378 Anton Teschl, 1956–1993 Pfarrer in Oberwölz, Mitprovisor von Schönberg bei Niederwölz, Dechant des Dekanates Murau.

379 Josef Großschädl, 1966–1998 Pfarrer in Heiligenkreuz am Waasen, Dechant des Dekanates Graz-Land.

380 Franz Taucher (geb. 1938), Pfarrer in Söchau, Dechant des Dekanates Waltersdorf.

381 Friedrich Fließer, 1962–1997 Pfarrer in Straden, Dechant des Dekanates Radkersburg.

382 Alexander Thiel, 1967–1980 Caritasdirektor, Domkapitular.

383 Anton Schneidhofer (geb. 1935), Militärdekan, Militärgeneralvikar.

384 Dr. Leopold Bichler, 1971–2005 Pfarrer in Graz-St. Josef, Dechant von Graz-Linkes Murufer.

385 Karl Thaller, 1968–1999 Pfarrer in Graz-Karlau, Dechant des Dekanates Graz-Rechtes Murufer, Ehrenkanonikus.

386 Johann Kollar, 1972–2009 Pfarrer in Deutschlandsberg, 1991–2009 auch Pfarrer in Osterwitz, St. Jakob in Freiland und St. Oswald in Freiland, Dechant des Dekanates Deutschlandsberg.

387 Franz Narnhofer, 1958–1990 Pfarrer in Köflach und 1988–1990 Pfarrer in Hirschegg, Modriach und Pack, Dechant des Dekanates Voitsberg, Ehrenkanonikus.

388 Siehe dazu Kurz, Orden und Diözese, 11.

389 Koloman Holzinger OSB, 1956–1978 Abt von Admont.

390 Hermann Schaller (geb. 1932), ÖVP-Politiker, 1987–1991 Landesrat, 1994–2006 Vorsitzender der Diözesankommission für Weltkirche und Entwicklungsförderung und des Welthauses Graz.

391 Robert Beigl OCist, 1994–1996 Abt des Stiftes Rein.

392 Otto Strohmaier OSB (geb. 1937), 1982–2013 Abt des Stiftes St. Lambrecht.

393 Benedikt Schlömicher OSB, 1978–1996 Abt des Stiftes Admont.

394 Gerhard Rechberger CRSA (geb. 1946), 2000–2019 Propst des Stiftes Vorau.

395 Benedikt Plank OSB (geb. 1949), 1983 Prior, 1986 Ökonom, seit 2013 Abt der Benediktinerabtei St. Lambrecht. Er war von 2014 bis 2020 Vorsitzender der Superiorenkonferenz der Männerorden in der Steiermark. 2020 wurde die Diözesane Ordenskonferenz gegründet.

396 Dr. Friedrich Zeck, 1965–2001 Pfarrer in Bärnbach.

397 Schloss Johnsdorf bei Fehring war von 1954 bis 1999 im Besitz der Salesianer Don Boscos (SDB), die dort ein Bildungs- und Exerzitienhaus betrieben.

398 Kurz, Orden und Diözese, 12–22.

399 In diesem Abschnitt werden die ersten Einsatzorte und die Schwestern genannt, die als Gemeindeassistentinnen Pionierarbeit leisteten.

400 Sr. Franziska Meyer (geb. 1927) und Sr. Herlinde Riegler (1933–2011), Kreuzschwestern, ab 1971 Gemeindeassistentinnen in der Pfarre Selzthal.

401 Sr. Magda Schmidt (geb. 1947) und Sr. Eva Maria Lechner (geb. 1944), Grazer Schulschwestern, ab 1972 Gemeindeassistentinnen in der Pfarre Großlobming.

402 Sr. Sigrid Eder (geb. 1948) und Sr. Angelika Pauer (geb. 1948), Barmherzige Schwestern, ab 1976 Gemeindeassistentinnen in der Pfarre Tragöß.

403 Barmherzige Schwestern wirkten ab 1988 in der Pfarre Hönigsberg: Sr. Engeltraud Fellinger (geb. 1941) und Sr. Maria Leopold (geb. 1963) als Gemeindeassistentinnen, Sr. Dietgera Kulovics (1920–2020) für die Haushaltsführung.

404 Sr. Margarethe Huber (geb. 1935) und Sr. Helene Unger (geb. 1952), Franziskanerinnen Missionarinnen, ab 1990 Gemeindeassistentinnen in der Pfarre Stubenberg.

405 Sr. Claudia Wendler (geb. 1948) und Sr. Luitgardis Wonisch (geb. 1933), Grazer Schulschwestern, ab 1977 Gemeindeassistentinnen in der Pfarre Klein.

406 Sr. Chiara Wiltsche (1936–2014) und Sr. Lima Gasperl (geb. 1946), Kreuzschwestern, ab 1973 Gemeindeassistentinnen in der Pfarre Kainach.

407 Sr. Maria Bosco Zechner (geb. 1940), Kreuzschwester, ab 1980 Pastoralassistentin in Graz-Andritz, ab 1993 in der Pfarre Bad Blumau.

408 Dr. Johann Pock (geb. 1965), 1995–1999 Pfarrmoderator von Bad Blumau, seit 2010 Universitätsprofessor für Pastoraltheologie an der Universität Wien.

409 Sr. Notburga Tauber (geb. 1927), Sr. Maria Schlackl (geb. 1952) und Sr. Magda Wiesenhofer (geb. 1943), Salvatorianerinnen, ab 1984 und 1986 Gemeindeassistentinnen in der Pfarre Kalwang.

410 Sr. Notburga Rauch (geb. 1942) und Sr. Hedwig Sudy (1923–2016), Schulschwestern, ab 1983 Gemeindeassistentinnen in der Pfarre Niederwölz.

411 Sr. Angelika Schmidt (geb. 1934) und Sr. Sigrid Guggenberger (geb. 1948), Grazer Schulschwestern, ab 01.09.1976 Pastoralassistentinnen in der Pfarre Graz-Süd.

412 Sr. Wiltrud List (geb. 1936), Kreuzschwester, ab 1980 Pastoralassistentin in Graz-Andritz, ab 1993 in der Pfarre Bad Blumau.

413 Sr. Christa Hofmann (1935–2011), Grazer Schulschwester, ab 1976 in der Pfarre Stainz nebenamtliche Pastorale Mitarbeiterin, ab 1995 in der Pfarre Kitzeck.

414 Diese Aufgabe hatte er bis 31. August 1990 inne; sein Nachfolger wurde Josef Bierbauer.

415 Josef Schneiber, 1940–1949 Leiter des Bischöflichen Seelsorgewerks, 1949 Gründung des Bildungshauses Mariatrost, 1958–1964 Regens des Grazer Priesterseminars.

416 Hildegard Holzer leitete von 1948 bis 1968 das Seminar für kirchliche Frauenberufe in Wien.

417 [O. V.], 25 Jahre Pfarrschwester sein, in: Sonntagsblatt, 09.12.1973, 8f. Vgl. Paier, LaientheologInnen, 177f.

418 Unter der Nachfolgerin Hildegard Holzers wurde in Reaktion auf den Wandel in der Gesellschaft das Seminar für kirchliche Frauenberufe auch für Männer geöffnet und in Seminar für kirchliche Berufe umbenannt. 2010 wurde dieses von der Bischofskonferenz mit Abschluss des letzten Jahrganges im Sommer 2014 geschlossen und die Berufsbegleitende Pastorale Ausbildung Österreichs als Nachfolgeausbildung anstelle der Seminarform errichtet.

419 Das Statut wurde unter Generalvikar Städtler 1985 novelliert.

420 Erika Fuchs (geb. 1929), Pastoralassistentin.

421 Sr. Augustina Bauer (geb. 1933), Kreuzschwester, 1974–1979 Mitglied im Diözesanrat.

422 Maria Hartinger (geb. 1929), 1973–1979 Leiterin der Berufsgemeinschaft der Pastoralassistentinnen.

423 Grete Zach (geb. 1935), 1967–1973 Leiterin der Berufsgemeinschaft der Seelsorgehelferinnen.

424 Sonntagsblatt, 30.03.1969, 5.

425 Adelheid Duschek (geb. 1939), Pastoralassistentin, Irmgard Keil (geb. 1948), Pastoralassistentin; Christine Görtschacher (geb. 1949), Pastoralassistentin in der Diözese Gurk.

426 Paier, LaientheologInnen, 178.

427 Rupert Kern (geb. 1945), Pastoralassistent.

428 Maria Weberhofer (geb. 1938), Pastoralassistentin.

429 Dr. Bernhard Körner (geb. 1949), 1993–2017 Universitätsprofessor für Dogmatik an der Universität Graz, Domkapitular.

430 Johann Paier, 1986–1997 Referent bzw. Ausbildungsleiter für Laientheologiestudierende.

431 Paier, LaientheologInnen, 5.

432 Die Seelsorge des Wallfahrtsortes Mariazell ist seit Langem den Benediktinern von St. Lambrecht anvertraut. Nur zwischen 1963 und 1966 kümmerten sich um diese die Benediktiner von Admont, von 1966 bis 1992 die Ordenspriester aus dem oberösterreichischen Benediktinerstift Kremsmünster. Sohn-Kronthaler, Maria und Heilige, 344.

433 Kern, Diözesanrat, 118–124.

434 Gottfried Aschenbrenner, Diakon in St. Marein bei Knittelfeld.

435 Dr. Franz Drumbl wurde 1986 zum Priester geweiht, vorher war er Diakon in Graz-St. Leonhard.

436 Franz Klampfer (geb. 1941), Diakon in Stanz.

437 Friedrich Neger (geb. 1928), Diakon in Graz-St. Leonhard.

438 Ludwig Wuchse (geb. 1941), Diakon in Hausmannstätten.

439 Hermann Schweighofer, Diakon in Weiz.

440 Franz Günther Seebacher (geb. 1939), Diakon in Rein.

441 Josef Thauses, Diakon in Knittelfeld.

442 Städtler, Bekommen wir noch einen Pfarrer, 7.

443 Personalstand 1975.

444 Sonntagsblatt, 17.03.1985, 8.

445 Städtler, Bekommen wir noch einen Pfarrer, 7.

446 Sonntagsblatt, 17.03.1985, 1; Kern, Diözesanrat, 135f.

447 Josef Schmidt (geb. 1939), 1976–2008 Pfarrer in Liezen.

448 Dr. Rudolf Kropf (geb. 1940), Universitätsprofessor für Sozial- und Wirtschaftsgeschichte an der Universität Linz.

449 Dr. Josef Weidenholzer (geb. 1950), Universitätsprofessor für Sozial- und Gesellschaftspolitik an der Universität Linz, SPÖ-Politiker, Mitglied des Europäischen Parlaments.

450 Dr. Gerhard Steger (geb. 1957), Beamter, Vorsitzender der Arbeitsgemeinschaft „Christentum und Sozialismus" (ACUS).

451 Sonntagsblatt, 04.03.1984, 7.

452 Dr. Harald Baloch (geb. 1943), 1970–1990 Bildungsreferent der Katholischen Hochschulgemeinde, Referent des Diözesanbischofs für die Kontakte zu Wissenschaft und Kultur.

453 Werner Albler, Gewerkschaftsrat, Landessekretär des ÖGB Steiermark.

454 Gerhard Winkler (geb. 1948), 1976–1990 Landessekretär der Gewerkschaft Druck und Papier, 1991–2010 Leiter der Bildungsabteilung im ÖGB Steiermark.

455 Dr. Dr. h. c. Helmut Konrad (geb. 1948), 1984–2016 Universitätsprofessor für Allgemeine Zeitgeschichte, 1993–1997 Rektor der Universität Graz.

456 Erich Schmid, 1990–1995 Präsident der Arbeiterkammer Steiermark.

457 Sonntagsblatt, 31.03.1991, 7.

458 DDr. Paul Michael Zulehner (geb. 1939), 1984–2008 Universitätsprofessor für Pastoraltheologie an der Universität Wien.

459 Johann Feischl (geb. 1948), 2006–2017 Stadtpfarrpropst in Bruck an der Mur, Ehrenkanonikus.

460 Dr. Dieter Strenitz (geb. 1940), SPÖ-Politiker, 1987–1996 Landesrat.

461 DDr. Peter Schachner-Blazizek (geb. 1942), SPÖ-Politiker, ab 1971 Universitätsprofessor für Finanzwissenschaft und öffentliche Finanzwirtschaft an der Universität Graz, 1975–1990 Vorstandsvorsitzender und Generaldirektor der Grazer Stadtwerke AG, 1990–2002 Vorsitzender der SPÖ Steiermark und Landeshauptmann-Stellvertreter.

462 Leopold Achberger, 1946–1969 Superintendent der Evangelischen Kirche A.B. in der Steiermark.

463 Kurt Spuller, 1954–1992 Pfarrer in der Altkatholischen Kirchengemeinde Graz.

464 Hugo Mayr, 1961 Pastor der Methodistengemeinde in Graz, 1967–1972 Superintendent der Evangelisch-Methodistischen Kirche in Österreich.

465 Robert Knopper (geb. 1930), Religionsprofessor, ab 1965 Rektor der Stiegenkirche in Graz, Provisor von Gabersdorf.

466 Martin Kirchschlager, 1969–1976 Superintendent der Evangelischen Kirche A.B. in der Steiermark.

467 Sonntagsblatt, 05.10.1969, 13.

468 Josef Leuthner, evangelischer Pfarrer.

469 Knall, Ökumenische Erinnerungen, 348.

470 Sonntagsblatt, 05.07.1981, 6.

471 Anba Gregorius, ab 1967 koptischer Bischof in Kairo, Beauftragter für Wissenschaften und Kultur.

472 Johannes el Baramousy, erster koptischer Seelsorger in Wien.

473 Ernst-Christian Gerhold (geb. 1942), 1987–1999 Superintendent der Evangelischen Kirche A. B. in der Steiermark.

474 Sonntagsblatt, 04.07.1993, 6.

475 Christian Leibnitz (geb. 1954), seit 2011 Stadtpfarrpropst in Graz, Domkapitular.

476 Siegfried Nagl (geb. 1963), 2003–2021 Bürgermeister der Stadt Graz.

477 Dr. Joachim Kardinal Meisner, 1980–1989 Bischof von Berlin, 1989–2014 Erzbischof von Köln.

478 P. Dr. Veremund Hochreiter OSB, 1966–1992 Superior in Mariazell, Stift Kremsmünster.

479 Tomás Séamus Kardinal Ó Fiaich, 1977–1990 Erzbischof von Armagh.

480 Dr. Hans Hermann Kardinal Groër OSB, 1986–1995 Erzbischof von Wien.

481 Dr. h. c. Maximilian Aichern OSB (geb. 1932), 1981–2005 Bischof von Linz.

482 Dr. Reinhold Stecher, 1980–1997 Bischof von Innsbruck.

483 DDr. Helmut Krätzl (geb. 1931), 1977–2008 Weihbischof in Wien.

484 DDr. Donato Squicciarini, 1989–2002 Apostolischer Nuntius in Österreich, Titularerzbischof.

485 PA Städtler, Ernennung zum Dompropst, gezeichnet Bischof Weber, 10.06.1989.

486 Sonntagsblatt, 18.05.1997, 13.

487 PA Städtler, Ernennung zum Vorsitzenden des Bauausschusses, gezeichnet Bischof Weber, 13.09.1989.

488 Städtler, Seit 400 Jahren.

489 Erich Edegger, ÖVP-Politiker, 1983–1992 Vizebürgermeister der Stadt Graz.

490 Friedrich Santner (geb. 1960), seit 1997 Geschäftsführer der Anton Paar GmbH, seit 2011 Aufsichtsratsvorsitzender der Styria Media Group AG.

491 Hermann Schützenhöfer (geb. 1952), ÖVP-Politiker, 2015–2022 Landeshauptmann der Steiermark.

492 Franz Voves (geb. 1953), SPÖ-Politiker, 2005–2015 Landeshauptmann der Steiermark.

493 Hermann Miklas (geb. 1953), 1999–2018 Superintendent der Evangelischen Kirche A.B. in der Steiermark.

494 Dr. Heinrich Schnuderl (geb. 1943), 1970–1982 Hochschulseelsorger in Leoben und 1982–1997 in Graz, 1997–2011 Leiter des Pastoralamtes, 1999–2011 Stadtpfarrpropst der Grazer Stadtpfarrkirche zum Heiligen Blut, 2011–2015 Generalvikar der Diözese Graz-Seckau, seit 2005 Bischofsvikar und Dompfarrer, Dompropst.

495 Elisabeth Potzinger (geb. 1957), ÖVP-Politikerin, Gemeinderätin in Graz.

496 Heimo Kaindl (geb. 1964), seit 1991 Direktor des Diözesanmuseums und Diözesankonservator.

497 Helmut Burkard, 1989–1995 Pfarrer in Fernitz, 1996–1997 Leiter des Pastoralamtes, 1997–2011 Generalvikar der Diözese Graz-Seckau, Domdechant.

498 Josef Bierbauer (geb. 1944), 1980–1990 Regens des Bischöflichen Seminars, 1989–1997 Ordinariatskanzler, 1997–2016 Pfarrer in Graz-Mariatrost, Domkustos.

499 Dr. h. c. Josef Riegler (geb. 1938), ÖVP-Politiker, 1987–1991 Bundesminister, 1989–1991 Vizekanzler der Republik Österreich.

500 Dr. Gerold Ortner (geb. 1936), Landesamtsdirektor.

501 Hans Stoisser (geb. 1927), 1970–1991 Landtagsabgeordneter, 1978–1983 Bürgermeister von Leibnitz.

502 Franz Hasiba (geb. 1932), 1983–1985 Bürgermeister der Stadt Graz, Landesrat und 2. Landeshauptmann-Stellvertreter, Landtagspräsident.

503 Sonntagsblatt, 28.04,1985, 1.

504 PA Städtler, Laudatio – 60. Geburtstag; vgl. Sonntagsblatt, 28.04.1985, 1.

505 Dr. Josef Krainer, 1981–1996 Landeshauptmann der Steiermark.

506 Sonntagsblatt, 30.04.1995, 15.

507 Dr. Herbert Meßner (geb. 1953), seit 1984 Chefredakteur des Sonntagsblattes für Steiermark, seit 2012 Provisor von Graz-Puntigam und Graz-St. Johannes.

508 Meßner, Mit den Leuten leben.

509 Sonntagsblatt, 26.10.1997, 10f.

510 Waltraud Klasnic (geb. 1945), ÖVP-Politikerin, 1996–2005 Landeshauptmann der Steiermark.

511 Sonntagsblatt, 26.10.1997, 10f.

512 Die Hefte 1–4 wurden von Maximilian Liebmann, die Hefte 5–6 von Michaela Sohn-Kronthaler verfasst.

513 Stefanie Fuchs, Mitarbeiterin im Generalsekretariat der Katholischen Aktion. Andreas Gjecaj war Diözesansekretär der Katholischen Arbeitnehmerbewegung und wurde im Juli 2022 zum Präsidenten der Katholischen Aktion Steiermark gewählt.

514 Auszüge aus dem Festvortrag sind im Sonntagsblatt, 26.10.1997, 7, wiedergegeben.

515 Heute LKH Rottenmann-Bad Aussee.

516 Anton Lierzer (geb. 1951), seit 1986 Pfarrer in Schwanberg, dazu zunächst Administrator, dann Pfarrer in Wiel (seit 1991) und in St. Anna ob Schwanberg (seit 2007).

517 Der Pfarrverband Liesingtal besteht aus den Pfarren Mautern, Kalwang, Kammern, Wald am Schoberpaß und Traboch und ist Teil des Seelsorgeraumes St. Michael.

518 Franz Platzer, 1977–2018 Pfarrer von Allerheiligen im Mürztale, ab 1990 auch von Stanz.

519 Remler, Philatelisten, 7.

520 Dr. Anton Leitinger, Prokurist der Marienmühle in Graz.

521 PA Städtler, Manuskript „Mein erster Dreitausender" für die Nachrichten des Alpenvereins Graz (2022).

522 Weber, Leopold Städtler, 29.

523 Richard Kriesche (geb. 1940), Künstler und Medientheoretiker.

524 P. Michael Robitschko OSB (geb. 1976), Stift Admont, seit 2009 Pfarrer in Trieben, Hohentauern und St. Lorenzen im Paltentale.

525 Dr. Michael Pregartbauer, 1989–2011 als erster Laie Vizekanzler und 2011–2021 Ordinariatskanzler der Diözese Graz-Seckau.

526 Bauer, „Gehpastoral", 8f.

527 Dr. Erich Linhardt (geb. 1956), seit 2015 Generalvikar der Diözese Graz-Seckau.

528 Franz Oberländer, 1973–1996 Pfarrer in Stallhofen.

529 Matthias Keil (geb. 1960), seit 2007 Pfarrer in Graz-Herz Jesu, Seelsorgeraumleiter.

530 Dr. Hannes Schreiber (geb. 1968), Diplomat.

531 Johann Veit, 1979–1999 Pfarrer in Mooskirchen.

532 Franz Schröttner, 1968–2001 Pfarrer in St. Stefan ob Stainz.

533 Sr. Marianne Urban (geb. 1959), Barmherzige Schwester, seit 1996 im österreichischen St.-Georgs-Krankenhaus in Istanbul.

534 Otto Pexa, 1962–2010 zunächst Provisor, dann Pfarrer in Lieboch.

535 Peter Orthofer (geb. 1935), 1976–2010 Pfarrer in Hitzendorf.

536 PA Städtler, Referat vor dem steirischen Diözesanrat (Manuskript), 06.06.1997. Auszugsweise wiedergegeben: Städtler, Was mein Leben als Priester trägt, 7. Vgl. dazu auch den Bericht von Bauer, Städtlers kleine Gespräche, 9.

537 PA Städtler, Referat vor dem steirischen Diözesanrat, 06.06.1997. Auszugsweise wiedergegeben: Städtler, Was mein Leben als Priester trägt, 7.

538 KathPress, 26.04.215, 10.

539 Sonntagsblatt, 12.07.2020, 3.

540 Dominik Wagner (geb. 1993), seit 2021 Kaplan in Gnas, Seelsorgeraum Südoststeirisches Hügelland.

541 Bauer, „Gehpastoral", 9.

542 Meßner, Mit den Leuten leben, 8f.

543 Bauer, „Gehpastoral", 8f.

544 Meßner, Ein Priester, der Zeit hat, 7.

545 Städtler, Was mein Leben als Priester trägt, 7.

Quellen- und Literaturverzeichnis

Diözesanarchiv Graz-Seckau (= DAGS).

DAGS, Pfarrarchiv Murau, Gruppenbuch der KAJ Murau, 1952–1954, zur Verfügung gestellt von Wolfgang Wieland, Murau.

Kirchliche Verordnungsblätter der Diözese Graz-Seckau, 1925–2022.

Österreichischer Synodaler Vorgang. Dokumente. Hg. v. Sekretariat des Österreichischen Synodalen Vorganges, Wien 1974.

Personalstand der Diözese (Graz-)Seckau, 1885–2010.

Privatarchiv Städtler (= PA Städtler).

Rom-Buch der KAJ Fohnsdorf [1956–1957], zur Verfügung gestellt von Franz Zechner, Fohnsdorf.

Sonntagsblatt für Steiermark, 1945ff.

Alexander, Helmut: Der „rote" Bischof. Paul Rusch und Tirol – Aspekte seines sozialen Engagements und gesellschaftspolitischen Selbstverständnisses, Innsbruck/Wien 2005 (Geschichte und Ökonomie 15).

Andritsch, Johann: Unser Judenburg. Eine kurzgefaßte Stadtgeschichte, Judenburg 1975.

Bauer, Johann A.: „Wir brauchen mehr Gehpastoral", in: Sonntagsblatt, 31.08.1997, 8f.

Bauer, Johann A.: Städtlers kleine Gespräche, in: Sonntagsblatt, 15.07.1997, 9.

Bramreiter, Sophie: Rund um Ligist. Hg. v. d. Marktgemeinde Ligist, Ligist 1999.

Bruland, Bjarte: Wie sich erinnern? Norwegen und der Krieg, in: Flacke, Monika (Hg.): Mythen der Nationen. 1945 – Arena der Erinnerungen. Eine Ausstellung des Deutschen Historischen Museums. 1., Berlin 2004, 453–480.

Brunner, Walter: Fohnsdorf. Rückblick in die Vergangenheit – Ausblick in die Zukunft, Fohnsdorf 1992.

Cernko, Jessica: Die Katholische Arbeiterjugend in der Steiermark nach 1945 am Beispiel von Pfarren des Dekanates Judenburg, Graz 2011 (Diplomarbeit Universität Graz).

Eichler, Luise/Unger, Liesl: KAJ/M-Steiermark. Eine Bewegung der Freundschaft, in: Steurer, Josef/Bauer, Josef (Hg.): Nicht Worte, sondern Taten. Die ersten 20 Jahre der KAJ in Österreich. Erlebtes und Erlittenes, Wien 1997 (Schriftenreihe des Dr. Karl Kummer-Instituts für Sozialreform, Sozial- und Wirtschaftspolitik, N.F. 8), 137–143.

Ellbogen, Christa u.a. (Red.): Dokumente. Etappen der katholisch-sozialen Bewegung in Österreich seit 1850. 30 Jahre Katholische Arbeiternehmer Bewegung in Österreich. Hg. v. d. KAB Österreichs, St. Pölten 1980.

Farmer Josefine / Farmer Karl: Pfarre Ligist. Die Pfarrgemeinde während der letzten 35 Jahre, in: Bramreiter Sophie: Rund um Ligist. Hg. v. d. Marktgemeinde Ligist, Ligist 1999, 88–138.

Fischer, Irmtraud / Kronthaler, Michaela: Frauen an der Katholisch-Theologischen Fakultät Graz seit 1945, in: Liebmann, Maximilian / Renhart, Erich / Woschitz, Karl Matthäus (Hg.): Metamorphosen des Eingedenkens. Gedenkschrift der Katholisch-Theologischen Fakultät der Karl-Franzens-Universität Graz 1945–1995, Graz / Wien / Köln 1995, 205–214.

Hartmann, Gerhard: Im Gestern bewährt – Im Heute bereit. 100 Jahre Carolina. Zur Geschichte des Verbandskatholizismus, Graz / Wien / Köln 1988 (GBTG 2).

Haunerland, Winfried: Die Primiz. Studien zu ihrer Feier in der lateinischen Kirche, Regensburg 1997 (StPaLi 13).

Hintermaier, Ernst / Rinnerthaler, Alfred / Spatzenegger, Hans (Hg.): Erzbischof Andreas Rohracher. Krieg – Wiederaufbau – Konzil, Salzburg 2010 (Schriftenreihe des Erzbischof-Rohracher-Studienfonds 7; Schriftenreihe des Archivs der Erzdiözese Salzburg 9).

Janisch, August: Von der Studierstube bis zum Seminar und Gymnasium heute, in: Jamnig, Josef (Hg.): 150 Jahre Bischöfliches Seminar in Graz, Graz 1980, 42–83.

Kern, Markus: Der Diözesanrat von Graz-Seckau 1970–1995, Graz 1998 (Diplomarbeit Universität Graz).

Knall, Dieter: Ökumenische Erinnerungen, in: Gerhold, Ernst Christian / Höfer, Ralf A. / Opis, Matthias (Hg.): Konfession und Ökumene. Die christlichen Kirchen in der Steiermark im 20. Jahrhundert, Wien 2002, 344–356.

König, Franz: Unterwegs mit den Menschen. Vom Wissen zum Glauben. Hg. v. Annemarie Fenzl, Wien 2001.

Kresbach, Emmerich: 75 Jahre Carolina. Geschichte der katholischen österreichischen Hochschulverbindung Carolina in Graz, Graz 1963.

Krobath, Roman: Industrieorte schneller gewachsen, in: Steurer, Josef / Bauer, Josef (Hg.): Nicht Worte, sondern Taten. Die ersten 20 Jahre der KAJ in Österreich. Erlebtes und Erlittenes, Wien 1997 (Schriftenreihe des Dr. Karl Kummer-Instituts für Sozialreform, Sozial- und Wirtschaftspolitik, N.F. 8), 79–85.

Krockauer, Rainer / Weber, Karl (Hg.): Mehrwert Mensch. Zur Aktualität von Joseph Kardinal Cardijn, Münster 2018 (Werkstatt Theologie 23).

Kurz, Anna Elvira: Orden und Diözese – gemeinsam unterwegs. Zusammenarbeit der weiblichen Orden und Kongregationen der Steiermark mit der Diözese Graz-Seckau, Graz 1993 (Diplomarbeit Universität Graz).

Liebmann, Maximilian: 225 Jahre Grazer Domkapitel. Die Domherren von Graz-Seckau 1987 bis 2011, Graz 2011.

Liebmann, Maximilian: Aufhebung und Wiedererrichtung der Theologischen Fakultät der Universität Graz, in: Ders. / Renhart, Erich / Woschitz, Karl Matthäus (Hg.): Metamorphosen des Eingedenkens. Gedenkschrift der Katholisch-Theologischen Fakultät der Karl-Franzens-Universität Graz 1945–1995, Graz / Wien / Köln 1995, 35–53.

Liebmann, Maximilian: Das Laienapostolat bewegt die Diözese, in: Amon, Karl / Ders. (Hg.): Kirchengeschichte der Steiermark, Graz / Wien / Köln 1993, 374–416.

Liebmann, Maximilian: Das „Mariazeller Manifest" als Teil einer Doppelstrategie, in: Burz, Ulfried / Derndarsky, Michael / Drobesch, Werner (Hg.): Brennpunkt Mitteleuropa. Festschrift für Helmut Rumpler zum 65. Geburtstag. Klagenfurt 2000, 639–657.

Liebmann, Maximilian: Die Diözese unter den Bischöfen Josef Schoiswohl und Johann Weber, in: Amon, Karl / Ders. (Hg.): Kirchengeschichte der Steiermark, Graz / Wien / Köln 1993, 417–465.

Liebmann, Maximilian: Die Zeit Fürstbischof Pawlikowskis, in: Amon, Karl / Ders. (Hg.): Kirchengeschichte der Steiermark, Graz / Wien / Köln 1993, 309–373.

Liebmann, Maximilian: Von der Dominanz der katholischen Kirche zur freien Kirche im freien Staat – Vom Wiener Kongreß 1815 bis zur Gegenwart, in: Leeb, Rudolf u. a.: Geschichte des Christentums in Österreich. Von der Spätantike bis zur Gegenwart, Wien 2003 (Österreichische Geschichte), 361–456.

Meßner, Herbert: Die Marke Leopold Städtler, in: Sonntagsblatt, 12.07.2020, 3.

Meßner, Herbert: Ein Priester, der Zeit hat. Kaplanswoche in Seggauberg, in: Sonntagsblatt, 13.10.1985, 7.

Meßner, Herbert: Mit den Leuten leben, in: Sonntagsblatt, 23.04.1995, 8f.

Meßner, Reinhard: Gottesdienst und sakramentale Praxis, in: Sohn-Kronthaler, Michaela /

Höfer, Rudolf K./Ruhri, Alois (Hg.): 800 Jahre Diözese Graz-Seckau. Von der Gründung bis zur Gegenwart, Wien/Graz/Klagenfurt 2018, 303–331.

Mittermüller, Franz: Religion und Glauben im Bezirk Voitsberg, in: Brunner, Walter (Hg.): Geschichte und Topographie des Bezirkes Voitsberg. 1. Allgemeiner Teil, Graz 2011 (Große geschichtliche Landeskunde der Steiermark 5/1), 519–592.

Neuhold, David: Franz Kardinal König – Religion und Freiheit. Versuch eines theologischen und politischen Profils, Fribourg/Stuttgart 2008 (Studien zur christlichen Religions- und Kulturgeschichte 8).

Paier, Johann: Die Berufsgemeinschaft der LaientheologInnen im kirchlichen Dienst der Diözese Graz-Seckau. Eine Dokumentation über 40 Jahre Laientheologinnen und Laientheologen in der Diözese Graz-Seckau 1969 bis 2008, Graz 2014 (Diplomarbeit Universität Graz).

Pillmayr, Katharina: Interview „Priestertum für Frauen wäre für mich kein Problem", in: Kleine Zeitung, 21.08.2016, 30f.

Poier, Simon: Die Gelöbniswallfahrt der Pfarre Judenburg nach Maria Waitschach in Zusammenschau mit Alltagserfahrung, Frömmigkeit und Volksfrömmigkeit, Graz 2002 (Dissertation Universität Graz).

Redtenbacher, Andreas/Seper, Daniel (Hg.): Die Liturgietheologie von Pius Parsch. Klosterneuburger Symposion 2021, Freiburg/Basel/Wien 2022 (Pius Parsch Studien 18).

Reismann, Bernhard: Allgemeine Geschichte des Bezirkes 1848–2005, in: Brunner, Walter (Hg.): Geschichte und Topographie des Bezirkes Voitsberg. 1. Allgemeiner Teil, Graz 2011 (Große geschichtliche Landeskunde der Steiermark 5/1), 129–220.

Reismann, Bernhard: Bärnbach, in: Brunner, Walter (Hg.): Geschichte und Topographie des Bezirkes Voitsberg. 2. Bezirkslexikon, Graz 2011 (Große geschichtliche Landeskunde der Steiermark 5/2), 16–23.

Reismann, Bernhard: Ligist Markt, in: Brunner, Walter (Hg.): Geschichte und Topographie des Bezirkes Voitsberg. 2. Bezirkslexikon, Graz 2011 (Große geschichtliche Landeskunde der Steiermark 5/2), 172–182.

Remler, Gisela: Philatelisten sind sehr friedliche Menschen, in: Sonntagsblatt, 25.11.2012, 7.

Sohn-Kronthaler, Michaela: Pfarrhaushälterinnen – ein kaum erforschter weiblicher Laienberuf in der katholischen Kirche, in: Dies./ Höfer, Rudolf K. (Hg.): Laien gestalten Kirche. Diskurse-Entwicklungen-Profile. Festgabe für Maximilian Liebmann zum 75. Geburtstag, Innsbruck-Wien 2009 (ThKD18), 241–255.

Sohn-Kronthaler, Michaela: Bildung und Wissenschaft, in: Dies./Höfer, Rudolf K./Ruhri, Alois (Hg.): 800 Jahre Diözese Graz-Seckau. Von der Gründung bis zur Gegenwart, Wien/Graz/ Klagenfurt 2018, 227–273.

Sohn-Kronthaler, Michaela: Maria und Heilige – Verehrung und Wallfahrt, in: Dies./Höfer, Rudolf K./Ruhri, Alois (Hg.): 800 Jahre Diözese Graz-Seckau. Von der Gründung bis zur Gegenwart, Wien/Graz/Klagenfurt 2018, 334–359.

Sohn-Kronthaler, Michaela: Nachruf auf DDr. Ingeborg Janssen (1926-2014), in: https:// genderforschung-theologie.uni-graz.at/de/ neuigkeiten/detail/article/nachruf-auf-ddr-ingeborg-janssen-1926-2014-1/ [abgerufen am 26.07.2022].

Städtler, Leopold: Bekommen wir noch einen Pfarrer?, in: Sonntagsblatt, 07.08.1994, 7.

Städtler, Leopold: Kirche sein in der Steiermark, in: Sonntagsblatt, 01.09.1985, 6f.

Städtler, Leopold: Meine Eltern waren einfache Leute, in: Sonntagsblatt, 07.12.1986, 11.

Städtler, Leopold: Seelsorge – wie ich sie erlebte, in: Gerhold, Ernst Christian/Höfer, Ralf A./Opis, Matthias (Hg.): Konfession und Ökumene. Die christlichen Kirchen in der Steiermark im 20. Jahrhundert, Wien 2002, 129–144.

Städtler, Leopold: Seit 400 Jahren das Herz der Diözese, in: Zeichen der Hoffnung. Hg. v. Verein der Freunde des Priesterseminars, Graz 1993, 12.

Städtler, Leopold: Warum eine neue Einteilung der steirischen Dekanate?, in: Sonntagsblatt, 11.02.1973, 7–10.

Städtler, Leopold: Was mein Leben als Priester trägt, in: Sonntagsblatt, 13.07.1997, 7.

Steger, Gerhard: Marx kontra Christus? Die Entwicklung der Katholischen Arbeiterjugend Österreichs 1946 bis 1980, Wien 1983.

Tremel, Ferdinand: 400 Jahre Akademisches Gymnasium in Graz, in: Danhofer, Wilhelm (Red.): 400 Jahre Akademisches Gymnasium in Graz. Festschrift, Graz 1973, 15–90.

Weber, Johann: In memoriam Rupert Rosenberger, in: Sonntagsblatt, 03.03.1985, 7.

Weber, Johann: Leopold Städtler ist 90, in: Alpenverein Graz, Nachrichten 2 (2015), 29.

Wegner, Bernd: Das Kriegsende in Skandinavien, in: Frieser, Karl-Heinz (Hg.): Das Deutsche Reich und der Zweite Weltkrieg. 8. Die Ostfront

1943/44. Der Krieg im Osten und an den Nebenfronten, München 2007, 961–1007.

Wieland, Wolfgang: Murau. Eine Stadt stellt ihre Geschichte vor. 2. Von 1850 bis zur Gegenwart, Murau 1998.

Abbildungsnachweis

Umschlag: PA Städtler (1), Sonntagsblatt (2).

Bäckenberger, Thomas: S. 249.

Diözese Graz-Seckau / Jungwirth: S. 11.

Institut für Kirchengeschichte und Kirchliche Zeitgeschichte, Graz: S. 146.

Jamnig, Bischöfliches Seminar, 61: S. 34.

KAJ Chronik Murau: S. 95, 100.

PA Städtler: S. 15, 18, 19, 20, 21, 23, 24, 25, 26, 27, 29, 31, 35, 37, 50, 51, 52, 53, 54, 62, 64, 65, 66, 68, 72, 74, 76, 78, 82, 83, 85, 86, 89, 90, 82, 99, 101, 102, 103, 106, 107, 109, 110, 115, 116, 120 (2), 122, 123, 125, 129, 130, 131, 132, 133, 141, 159 (2), 162, 164 (Gürer), 167 (4), 169 (1, 2), 171, 182, 188, 190 (2), 198, 212 (2), 217, 220, 228, 230 (2), 231, 240, 244, 245 (1), 247, 251, 253 (2), 255 (2), 265 (1, 3).

Rom-Buch KAJ Fohnsdorf: S. 118, 119, 120 (1).

Schützenhöfer, Hermann: S. 13.

Sonntagsblatt: S. 80, 172, 207, 215, 230 (1).

Sonntagsblatt / bruart: S. 256.

Sonntagsblatt / Amsüss: S. 167 (3), 168, 185, 234, 257, 258, 265 (2).

Sonntagblatt / Fantic: S. 209, 212 (1), 223, 264, 265 (4).

Sonntagsblatt / Hausmann: S. 167 (1).

Sonntagsblatt / Koren: S. 39.

Sonntagsblatt / Labner: S. 208.

Sonntagsblatt / Lohr: S. 210.

Sonntagsblatt / Neuhold: S. 238, 245 (2), 253, 263.

Sonntagsblatt / Neuwirth: S. 169 (3).

Sonntagsblatt / Oblak: S. 154.

Sonntagsblatt / Ohrt: S. 144, 160, 165, 168 (2), 170, 179, 190 (1, 3), 225, 226, 233, 235, 255 (1), 265 (4).

Sonntagsblatt / Schiffer: S. 127.

Sonntagsblatt / Stadt Graz / Fischer: S. 265 (6).

Sonntagsblatt / Wiesenhofer: S. 199.

Sonntagsblatt / Zitz: S. 159 (1).

Styria / Kleine Zeitung / Hofmann: S. 227.

Zechner, Maria Bosco: S. 195.

Personenregister

QR-Code zum Podcast

Leopold Städtler bei der
Aufzeichnung der Inter-
views im Gespräch mit
Chefredakteur Herbert
Meßner, Jänner 2021.

QR-Code zum
Audio-Pod-
cast ausgewählter
Interviewpassagen

Liebe Leserin, lieber Leser,

hat ihnen diese Städtler-Biografie gefallen? Dann freuen wir uns über
Ihre Weiterempfehlung, Austausch und Anregung unter
leserstimme@styriabooks.at

Inspirationen, Geschenkideen und gute Geschichten finden Sie auf
www.styriabooks.at

STYRIA
BUCHVERLAGE

© 2022 by Styria Verlag
in der Verlagsgruppe Styria GmbH & Co KG
Wien – Graz
Alle Rechte vorbehalten.
ISBN 978-3-222-13721-1

Bücher aus der Verlagsgruppe Styria gibt es
in jeder Buchhandlung und im Online-Shop
www.styriabooks.at

Covergestaltung: Raphael Drechsel/Great Design
Layout: Burghard List
Druck und Bindung: Finidr
Printed in the EU
7 6 5 4 3 2 1